मनोहर बिल्ललौरे

शिक्षा : स्नातक तक बरमान-घाट, नरसिंहपुर, म.प्र. में। सागर विश्वविद्यालय, सागर से वनस्पति विज्ञान में स्नातकोत्तर तथा शिक्षा-स्नातक।

जीविका : एक अनुदान प्राप्त विद्यालय में 1975 से 2015 तक जबलपुर (म.प्र.) में अध्यापन।

कार्यक्षेत्र : 30-35 सालों से 'पहल' से सघन जुड़ाव, प्रगतिशील साहित्यिक, सांस्कृतिक संस्थाओं से निरन्तर सम्बद्धता और सहयोग। 'पहल' के बन्द होने के बाद अब 'अन्विति' के सम्पादक मण्डल में।

प्रकाशन : 'पहल' सहित देश के प्रमुख साहित्यिक पत्र-पत्रिकाओं में समय-समय पर कविताओं और आलेखों का प्रकाशन। **कविता-संग्रह :** *गुरुत्वाकर्षण के विरुद्ध, पार होना चाहता हूँ*। **ज्ञानरंजन पर दो किताबों :** *अमरूद की ख़ुशबू* तथा *कुछ हमारी तुम्हारी* का संकलन संयोजन।

सम्पर्क : 1225, जयप्रकाशनगर, अधारताल, जबलपुर (म.प्र.)।

मोबाइल : 8103 777 232

ईमेल: manoharbillorey@gmail.com

● ● ●

ज्ञान-शिशिर उर्फ़ ज्ञानरंजन और कर्मेन्दु शिशिर के *ख़तो-किताबत* की यह महत्त्वपूर्ण किताब 'पत्र संवाद' और 'पत्र संवाद कला' का पारदर्शी आईना है। हिन्दी साहित्य में यह सुदीर्घ परम्परा है। यह कृति उसकी एक उज्ज्वल कड़ी है। किताब में इतिहास और संस्कृति के अक़्स हैं। साथ ही दो लेखकों के स्वभाव, सरोकार, राग, खुली मन:स्थिति, समय के चिन्ता-चित्र और विवादों पर उन्मुक्त रायशुमारी दृष्टव्य है।

दो अदीब जब संवाद में होते हैं तो यह जुगलबन्दी वाचिक के अलावा लिखित होती है। लिखा गया शब्द इतिहास में दर्ज होता है। वाचिक का संवाद विलुप्त हो जाता है। आत्मीय और मुक्त संवाद का माध्यम है पत्र-साहित्य। इसमें बिना लाग-लपेट के प्रकृत शिल्प में सत्य अभिव्यक्त होता है। नाटकीयता और पूर्वग्रह से मुक्त ऐसा लेखन अधिक विश्वसनीय होता है, जो यहाँ है। अपवादों को छोड़कर यह साहित्य, कालजयी होने के सफ़र पर भासमान दिखाई देता है। उदाहरण के लिए पत्र साहित्य के इतिहास में जगह बना चुके जो नाम स्मरण आते हैं उनमें भारतेन्दु, दयानन्द सरस्वती, गांधी, टैगोर, नेहरू, प्रेमचन्द, आचार्य महावीर प्रसाद द्विवेदी, प्रताप नारायण मिश्र, प्रेमघन, ठाकुर जगमोहन सिंह, महादेवी वर्मा, डॉ. वासुदेव शरण अग्रवाल, निराला, रामविलास शर्मा, केदारनाथ अग्रवाल, यशपाल, बच्चन, अज्ञेय, शमशेर, मुक्तिबोध, नामवर सिंह, अश्क़, मलयज, धर्मवीर भारती, कमलेश्वर आदि हैं। ग़ालिब और फ़िराक़ गोरखपुरी की परम्परा में उर्दू के लेखकों का पत्र-साहित्य भी आला दर्ज़े में शुमार है।

कह सकते हैं 'ज्ञान-शिशिर' का यह संवाद इस परम्परा का एक मानीख़ेज़ अध्याय है जिसमें बीते तीन दशकों का साहित्य समाज केन्द्र में है। वक़्त की तस्वीरें इनमें बरामद होती हैं। जबकि सोशल मीडिया ने पत्र-साहित्य को हाशिये पर डाल दिया है, तब यह किताब तत्कालीन समय के समय, समाज और इतिहास को अपनी तरह से रोशनी में लाती है।

–लीलाधर मंडलोई

ख़तो-किताबत

ज्ञानरंजन ⇄ कर्मेन्दु शिशिर

सम्पादन-संचयन

मनोहर बिल्लौरे

वाणी प्रकाशन

प्रकाशन के उत्कृष्टतम 63 वर्ष

vaniprakashan.com

पेपरबैक पहला संस्करण : 2026

वाणी प्रकाशन

4695, 21–ए, दरियागंज, नयी दिल्ली–110 002

फ़ोन : + 91 11 23273167, 23275710

शाखाएँ

अशोक राजपथ, पटना-800 004, बिहार

कॉफ़ी हाउस कैम्पस, महात्मा गांधी मार्ग, प्रयागराज-211 001, उत्तर प्रदेश

महात्मा गांधी अन्तरराष्ट्रीय हिन्दी विश्वविद्यालय, वर्धा-442 001, महाराष्ट्र

sales@vaniprakashan.in
vaniprakashan@gmail.com

Khato-Kitabat
Gyanranjan ⇄ karmendu Shishir
Edited and Compiled by Manohar Billaure

ISBN : 978-93-7348-089-3
Letters

मूल्य : ₹ 395

आर. टेक ऑफ़सेट, दिल्ली-110 032 में मुद्रित

वाणी प्रकाशन का लोगो मक़बूल फ़िदा हुसैन की कूची से

पत्रों की बीतती दुनिया

ज्ञानरंजन : कर्मेन्दु शिशिर

एक झलक

ज्ञानरंजन और कर्मेन्दु शिशिर के बीच के इस पत्राचार का आगाज़ 85 में होता है और जुलाई 16 को इस किताब में अंज़ाम पाता है। और भी पत्र निश्चय ही लिखे पढ़े गये होंगे जिन्हें समय की आंधी अपने साथ उड़ा ले गयी। कर्मेन्दु जी ने लगभग 7-8 साल पहले ज्ञान जी के उनको लिखे उपलब्ध पत्र टाईप करा कर भेजे थे। वे मुझे मिल गये थे।

कर्मेन्दु शिशिर जी शुरुआत से ही 'पहल' और ज्ञानरंजन से सघन रूप से जुड़े रहे। पटना और नोएडा रहते हुए भी पत्र-व्यवहार छूटा और टूटा नहीं। ज्ञानजी के कबाड़ख़ाने से कुछ साल पहले कुछ फाइलें मिलीं थीं। इनमें 'पहल' और उन्हें मिले धूल खाये, पीले जर्जर होते पत्रों के पुलिन्दे थे। बेतरतीब। खोजबीन के बाद वहीं से कर्मेन्दु जी के ज्ञान जी को लिखे पत्र प्राप्त हुए, जो इस किताब में सम्मिलित हैं। ज्ञान जी को लिखे अपने पत्रों की प्रतिलिपियाँ सम्भवतः उन्होंने नहीं रखीं। इस वजह से कर्मेन्दु जी के पत्रों की कमी इस किताब में महसूस होगी।

यह पत्राचार, गुरुता, शिष्यता, मित्रता, बन्धुता, सहकार, लगाव, कर्मठ निरन्तरता और कर्म के प्रति निष्ठा – की अपनी तरह की एक अलग मिसाल है। 'अभी बहुत काम करना है...' के दृढ़ संकल्प के साथ लगातार रचनामय रहना है। लिहाज़, आदर-सम्मान के साथ ही इस पत्राचार में स्वाधीन खुलेपन के साथ, मन की ही नहीं दिल की बात का भी अहसास आपको इससे गुज़रने पर होगा।

'पहल' इन पत्रों की रीढ़ रही। जिसके अन्दर मौजूद सुषुम्ना से निकले स्नायु परिवारों के बहुत भीतरी छोरों, कोनों, अन्तरों तक पहुँच कर परिवारों

की जीवन्तता को अक्षुण्ण बनाये हैं। तो यह सम्बन्ध साहित्य से गुज़रता हुआ, पारिवारिक ही नहीं समाजिक सांस्कृतिक भी हो जाता है।

जो बात शिष्यवत मित्र, सहयोगी किसी और से नहीं कह सकता वह ज्ञानरंजन से निःसंकोच बेबाक कह सकता है। रचनात्मक विषयों, अवधारणाओं और अन्य मसलों पर आपसी वैचारिक मत-भेद हो सकते हैं, उन पर स्वस्थ विमर्श हो सकता है, पर मनभेद की सम्भावना यहाँ शून्य है।

सम्बन्धों में आत्मीयता, भरोसा, जीवन्तता, जागृति, और सचेतना, निरन्तर सम्पर्क; मिलने और एक-दूसरे की मदद करने की गहरी आकांक्षा का प्रसार इन पत्रों में समाहित मिलेगा। सजग, सतर्क और चौकन्नी निगाह, जाग्रत और चेतन मन इन पत्रों में बसा रचा है। केवल बातों, वक्तव्यों, भाषणों या किताबों, औपचारिक व्यवहार तक भर में नहीं, बल्कि सम्बन्धों की रगों रेशे तक में सिझा-बिंधा है।

आज इंटरनेट की दुनिया में जब, पारम्परिक पत्र-व्यवहार पर गहरा संकट है, तब कुछ पीछे जाकर यह उपक्रम हस्तलिखित पत्रों की इस बीतती, पीछे छूट रही, रिश्तों के प्रति संवेदी, सजग, संज़ीदा, प्रगाढ़, इस सहकारी, सहयोगी दुनिया का अवलोकन, दिग्दर्शन; पत्र-व्यवहार यहाँ करता, कराता चलता है।

यहाँ विवेक को तरज़ीह है। एक अनुशासनबद्ध कार्यशैली का दर्शन है। रिश्तों की गर्माहट है। इस पत्र-व्यवहार से दोनों व्यक्तित्वों के कुछ ऐसे पहलू, आयाम भी सामने आयेंगे जो अब तक उजागर नहीं थे। किताब में मौजूद वाक्यों, वाकयों, सूक्तियों, उद्धरणों द्वारा इस सम्बन्ध की व्याख्या को और आगे बढ़ाया जा सकता है, पर इस पत्राचार से गुज़रते हुए आप स्वयं उन्हें खोजें, उन तक पहुँचें और नया अहसास करें। यह भी रचनाकार की ही उपलब्धि है कि वह अपनी चिट्ठियों में रचनारत रहता है। अपनी ही रचना करता है।

अन्त में बस यही कि इस किताब में संकलित पत्र 'पहल' की संकल्प-पंक्तियों : "इस महादेश के वैज्ञानिक विकास के लिए प्रस्तुत प्रगतिशील रचनाओं की अनिवार्य पुस्तक" की सार्थकता सिद्ध करते दिखते हैं।

किताब के इस रूप में आप तक पहुँचा पाने में मुझे ज्ञान जी और कर्मेन्दु जी की भरपूर मदद मिली। उनका आभार, उनके प्रति कृतज्ञता।

मनोहर बिल्लौरे

प्र

आपसी पत्राचार के हम सब आख़िरी गवाह हैं। पत्रों की दुनिया अपने समय की गतिविधियों, सक्रिय साहित्य जगत की हलचलों, उसमें शामिल साहित्यिक व्यक्तियों, उनके बीच के रिश्तों के ढीठ–विनम्र, सच–झूठ, ईर्ष्या–द्वेष,प्रेम–कटुता; एक तरह से कहिये तो तमाम अन्धेरे उजाले का गोपनीय दस्तावेज़ होता है। इनका होना साहित्य में अनेक दृष्टियों से बड़ा उपयोगी और आत्मीय होता है।

ज्ञानरंजन जी अपने समय के एक प्रमुख साहित्यिक सारथी थे और उनके रथ पर काफ़ी भीड़ रही। लगभग चार दशक तक उनका एक तरह का दबदबा जैसा रहा। पहल एक पत्रिका नहीं, आन्दोलन बन चुका था। मैं भी उसी भीड़ का एक हिस्सा भर था।

ज्ञानरंजन जी और मेरे बीच हुए पत्राचार के प्रकाशन की बात चली तो उन्होंने मुझे यह छूट दी कि मैं उन हिस्सों को सम्पादित कर सकता हूँ, जिससे मेरी छवि संदिग्ध होती हुई लगे। लेकिन मैं ऐसा बिलकुल नहीं चाहता था, बेशक उस उम्र में मेरे भीतर कम या अधिक वे सारी कमजोरियाँ थीं जो स्वाभाविक और सच है। कोई आदमी सत्यकाम की तरह पूर्व पवित्र ही तो होता नहीं। समय–समाज के संघर्षण में जूझकर निखरता है या नहीं भी निख़रता है। लेखक एक ओर दुनिया की कुरूपता से जूझता है तो दूसरी ओर एक संघर्ष वह अपने अन्दर भी करता है। यह जीवन की एक निरन्तर चलने वाली प्रक्रिया होती है। अगर इसके बावजूद उसमें टुच्चापन बचा रहे तो ज़रूर उसे अतीत की धवल छवि को सँवारने को लेकर सचेत रहना चाहिए। उसमें अतीत के चरित्र को स्वीकार करने का साहस नहीं तो वह किस बात

का लेखक? मेरी समझ से एक लेखक को वही दिखना चाहिए, जो वह है। इसलिए मैंने एक शब्द भी इसमें सम्पादित करने से परहेज़ किया। ज्ञानरंजन जी को भी यही सोच पसन्द आयी।

एक बड़े कथाकार, सम्पादक और बड़े रचनाकार के साथ हुए पत्राचार के स्वतन्त्र पुस्तक का हिस्सा बनना, मेरे लिए सचमुच बहुत बड़े सौभाग्य की बात है। मैं ज्ञानरंजन जी और मनोहर बिल्लौरे का बहुत आभारी और कृतज्ञ हूँ।

–कर्मेन्दु शिशिर

1. ज्ञानरंजन

763, अग्रवाल कॉलोनी, जबलपुर
10/11/85

प्रिय भाई कर्मेन्दु शिशिर,

आपसे जबलपुर में मुलाक़ात न हो सकी इसका खेद है। बिलासपुर में दो दिन ज़्यादा रुक जाना पड़ा। बहरहाल, आगे कभी मुलाक़ात की उम्मीद है। सुरेश से लौट कर हालचाल मिले। विश्वास है आप स्वस्थ प्रसन्न होंगे।

अलग रजि. डाक से मैं आपको 'पहल' के अंक 13, 14, 15, 16, 19, 20, 21, 22, 23, 24 भेज रहा हूँ। अंक 13 हार्डबाउण्ड है। कहानी अंक आप ले ही जा चुके हैं। इसका कुल मूल्य 65.00 होता है। कहानी अंक का मिला कर 80.00, आप अपनी सुविधा से राशि भेजें। इसे कठिन बाध्यता न मानेंगे।

उपरोक्त अंकों के बारे में आपकी प्रतिक्रिया और सुझावों का इन्तज़ार रहेगा। पहल पुस्तिकायें और कई अंक जैसे 17–18, 25 और 26 अब हमारे पास नहीं हैं। अब दूसरे अंक भी लगभग समाप्त हैं। 'पहल' अगर आपको प्रिय लगे तो इसके प्रसार और समृद्धि के लिए कुछ करें। इस समय 'पहल' सर्वाधिक प्रसारित और सबसे सस्ते मूल्य की पत्रिका है। हमें सहयोग भी रचनात्मक तरीक़े से सभी का मिल रहा है।

आपका
ज्ञानरंजन

*

कर्मेन्दु शिशिर

हनुमान नगर, शास्त्री नगर, पटना
16/11/985

मान्यवर भाई,

सादर प्रणाम!

भेंट न होने का खेद मुझे ज़्यादा रहा, क्योंकि लम्बी प्रतीक्षा विफल हुई। आगे सुयोग कब मिले? ख़ैर!

• 'पहल' के अंकों के लिए कृतज्ञता व्यक्त करते भी संकोच होता है। मैं फाइल रखता हूँ–इसलिए बीच के 17, 18, 25 और 26 मिल जाते, तो एक सिलसिलेवार क्रम रह जाता। वैसे, आपकी विवशता स्वाभाविक ही है, जिस तरह मेरी इच्छा!

• मेरा कॉलेज प्राइवेट था–पिछले सप्ताह सरकारीकरण की घोषणा हुई। औपचारिकताएँ पूरी होने तक वेतन बन्द रहेगा, इसलिए शायद रक़म भेजने में कुछ विलम्ब हो। फिर भी, मैं अपनी सुविधा से इसे सहज सम्भव कर लूँगा। मैं आपको 101/– एक सौ एक रुपये भेजूँगा। आजीवन आप अंक भेजें। आगे सुविधा से पूर्व प्रतियों की क़ीमत भी अदा कर दूँगा। 'पहल' के एक अदने, लेकिन अनिवार्य पाठक–ग्राहक में मुझे शरीक़ मानें। बस!

• 'पहल' के बारे में, मसलन उसकी भूमिका, महत्त्व, प्रसाद और प्रतिष्ठा से भला कौन सजग पाठक परिचित न होगा? मैंने इसके कई अंकों को देखा, पढ़ा और उस पर बातचीत भी की है। मैं प्रतिक्रिया और सुझाव क्या दे सकूँगा, हाँ, जैसा लगेगा लिखने में संकोच न करूँगा! सीखने का दूसरा रास्ता ही क्या?

• फ़िलहाल 'पहल' के लिए यही कर सकूँगा कि आप 5 प्रतियाँ (पाँच प्रतियाँ) राजकमल प्रकाशन, अशोक राजपथ, साइंस कॉलेज के सामने, पटना के पते से बिल सहित भेज दें। मैं कह दूँगा। यहाँ पत्रिका आती ही नहीं थी–पहले 'पारिजात' में जाती थी–मगर बाद में एक–एक कर सारी पत्रिकायें बन्द हो गयीं। 'साक्षात्कार' और 'पूर्वग्रह' से काफ़ी शिकायत सुनी, जो हो–राजकमल से ऐसी बात न होगी।

• भोपाल में हरि भटनागर और उनकी कलाकार मित्र पत्नी ने आपको जिस सघन आत्मीयता और सम्मान से याद किया–सोचकर, न मिल पाने का खेद अब गहरा होता है। अशोक शुक्ल और अरुण कुमार की सघन सजल मैत्री भी आपसे मिलने को उत्तेजित करती रही। परसाई जी के दर्शन और उन मित्रों की गहन मैत्री ने खेद ज़रूर कम किया, मगर फिर भी, कुछ वंचित–सा अनुभव तो करता ही लौटा।

• आपकी अक्सर आत्मीय चर्चायें मित्रों में होती हैं। इस यात्रा में श्री सोमदत्त जी ने और समृद्ध किया। श्री हरि भटनागर ने कुन्दन सिंह परिहार,

शशांक, अखिलेश और राजेन्द्र दानी का संकलन भेंट किया। शशांक, अखिलेश और दानी को पढ़ा। यह ज़रूरी है कि ख़ैमेगत विभाजन से अलग समकालीन कहानी परिदृश्य को स्पष्ट किया जाय। इससे युवा कथाकारों को अपने रास्ते जाने में सहूलियत होगी। उन पर सबसे ज़्यादा चर्चा ज़रूरी है, क्योंकि आगे का कथाकार इन्हीं के बीच से आयेगा। मेरा अपना विश्वास है, यह 'पहल' से ही सम्भव है। आप–सा समर्थ ही इसे कर सकेगा।

• अपनी अक्रमबद्धता और अल्पज्ञता के लिए क्षमा चाहूँगा। आपसे स्नेह अटूट रहे, इसी अपेक्षा से। बस!

कर्मेन्दु शिशिर

पुनश्च : 'पहल' की प्रतियाँ मिल गयीं। नेरुदा की कविता पुस्तिका अगर हो तो और कृपा होती। क्या 17, 18, 25, 26 नहीं ही मिलेंगे? अन्य स्रोत क्या हो सकते हैं?

• 'पहल' के लिए त्रिपाठी ने समीक्षा लिख ली। कल सुनाया। मुझे बेहद पसन्द आयी–एक–एक शब्द तक। इस समीक्षा की निश्चित रूप से व्यापक चर्चा होगी। त्रिपाठी निःसन्देह समर्थवान समीक्षक हैं–इनसे ऊँची सम्भावना की अपेक्षा बनती है। शायद आपको भी पसन्द आये।

कर्मेन्दु शिशिर

*

2. ज्ञानरंजन

763, अग्रवाल कॉलोनी, जबलपुर
22/11/85

प्रियवर,

आपका प्यारा पत्र मिला। मित्रवत और सहयोग भरा। अगर हम मिलते तो क्या बात थी। आपकी भी चर्चा ही चर्चा सुन सके। कल ही हरि भटनागर सपत्नीक आये थे दो दिन रहे और आपके बारे में सुनाते रहे। बहरहाल, कभी हम आपको इधर भी बुलायेंगे।

मैं प्रयत्न करूँगा कि आपको अंक 25–26 भी मिल जायें। दिसम्बर में कभी आप याद दिला देंगे तो इस समय कुछ फ़ुरसत होगी और खोजबीन कर लेंगे। आपको रूटीन में 'पहल' की राशि के बारे में लिख दिया था, अन्यथा न लेंगे और पैसों के लिए चिन्ता न करेंगे। बहुत सहूलियत के दिनों में भेजेंगे। हम इस बात को समझते हैं कि कैसी–कैसी दिक़्क़तें होती हैं साथियों की।

आपसे **विनय है कि 'पहल' की कमियों के बारे में हमें निरन्तर आगाह करते रहें। हम केवल कह कर नहीं, बल्कि व्यवहार में भी अपनी नीयत के साथ 'पहल' को व्यापक धरातल पर ही ज़ारी करना चाहते हैं।** कई सीमाओं के कारण कुछ खोज़ बनी हुई है पर हम निरन्तर जूझ रहे हैं कि समकालीन रचनाशीलता का इसे मंच बना सकें। आप सबकी ताक़त मिलती रहेगी तो राह बनती रहेगी।

नेरुदा की किताब के लिए अगर आप नीलाभ को मेरा सन्दर्भ देकर इलाहाबाद लिख सकें तो शायद मिल जाय। त्रिपाठी जी की समीक्षा का इन्तज़ार बना हुआ है। सस्नेह।

आपका
ज्ञानरंजन

राजकमल को 5 प्रति भेज रहे हैं–अलग से। आप कृपया देख लेंगे। हमारे पास प्रतियाँ समाप्त हैं। सो कम से कम पैसे उनके यहाँ न डूबें।

*

कर्मेन्दु शिशिर

हनुमान नगर, शास्त्री नगर, पटना
06/12/1985

आदरणीय भाई,
सादर प्रणाम!

आपके आत्मीय पत्र से देर तक सिक्त रहा। आपको पत्र लिखने के क्रम में ही 'पहल' के शेष अंक पढ़ रहा था। पढ़ना इतना उत्तेजक रहा कि कई

बातें उगने लगी थीं। 'कहानी अंक' पढ़ना शेष था। चाहता रहा विस्तार से पत्र लिखूँ। इस बीच सत्यभक्त जी के निधन का समाचार मिला। सौभाग्य से पिछले वर्ष उनका एक पत्र आया था–फिर पत्राचार से गहन आत्मीयता बढ़ी। रामविलास जी ने 'भारत में अंग्रेज़ी राज्य और मार्क्सवाद' में उन्हें भारत में साम्यवादी दल के पहले संस्थापक तथा समर्पित सुयोग्य लेखक के रूप में ऊँचा सम्मान दिया है। मैंने उनके दर्शन के लिए मार्च में जाने का तय किया। उन्होंने भेंट न होने की आशंका व्यक्त की थी–जिसे मैंने शुभाकांक्षा में नकार दिया था। 30/11/85 का लिखा उनका पत्र आया–3/12/85 की रात उनका निधन हो गया। वे मेरे नाना मुंशी नवजादिक साद के 'चाँद' में सहयोगी रह चुके थे। उनकी लड़की माया मेरी माँ की बचपन में सहेली थी। इन रिश्तों के कारण उनका बड़ा ही आत्मीय और पारिवारिक स्नेह बन गया था। 'कबीर' के इसी अंक में उन पर एक टिप्पणी तथा उनके 12 पत्र छप रहे हैं। उन्हीं टिप्पणियों में लग गया हूँ। इसे पूरा कर कुछ दिनों में चित्त शान्त होने पर आपको पत्र दूँगा। 'पहल' में आप उनके बारे में शोक अवश्य व्यक्त करें। डॉ. शर्मा की पुस्तक में खण्ड 1 में पृष्ठ 302 से और खण्ड 2 में 397 से 407 पर–सामग्री मिल जायेगी। उनकी निष्ठा, समर्पण और अटूट आस्था की याद आते चित्त क्लांत हो उठता है। निधन सूचना के दिन उत्तर देने जा रहा था।

–त्रिपाठी जी को आपका तार मिला। मसलन आपको आलेख पसन्द आया। बहुत सन्तोष मिला। त्रिपाठी जी आपके स्नेह से उत्प्रेरित हो रचनात्मक रूप से ऊर्जा महसूस करते हैं–यह बड़ी बात है। शीतेन्द्रनाथ चौधरी, दानी, हरि, कटारे, पुन्नी सिंह, प्रकाशकान्त, शिवकुमार–ये सारे कथाकार आपसे स्नेह–जल पा रहे हैं। यह सबसे ज़रूरी काम था–जो नहीं हो रहा। मेरा विश्वास है ऐसी ही सम्भावनाओं से एक पूरे व्यक्तित्व की उम्मीद की जा सकती है। कैसे हो–यह आप ज़्यादा सोच सकेंगे।

07/12/85

• आलोक धन्वा के बारे में भी एक चिन्ताजनक समाचार मिला। उसकी आँखों की रोशनी धीमी हो रही है। रेटिना से रोशनी की जड़ें छूट रही हैं। पटना के डॉक्टर ने अलीगढ़ डॉ. पाहवा के यहाँ जाने की सलाह दी है। वह कल जा रहा है। दो दिन गया–भेंट ही नहीं हई। मन कलान्त रहा।

• 'पहल' के लिए राजकमल को कह दिया है। बिल भेज देंगे। पैसे हरगिज़ नहीं डूबेंगे। निश्चिंत रहें। बिल आते ही भिजवा दूँगा।

• पत्र ज़्यादा देर हो जाता–यह मुझे संकोच में डाल रहा था। इसलिए पत्र लिख दे रहा हूँ। देर थोड़ी हुई–सो क्षमा कर देंगे।

• हाँ! जयप्रकाश की 'बिल्लौरे' पर समीक्षा पढ़ कर मैं बहुत प्रभावित हुआ। इनकी एक समीक्षा 'कबीर' में भी आई है। यह नाम तो 'पहल' की उपलब्धि है। इतनी सधी क़लम नये नामों में क्या? पुरानों में भी कम ही है। सूक्ष्मता, संवेदनशीलता, बौद्धिक प्रखरता और शिल्प की सुन्दर समझ! भाषा तो इतनी सघन कि बस बाँध ही लेती है। ऐसे अनुशासन से लिखने वालों का घोर अभाव है। आप उनका मुझसे बेहतर इस्तेमाल सोच सकते हैं–उपयोग करते होंगे।

• 17 और 25–26 के लिए याद तो अक्सर दिलाता रहूँगा। मैं एक निवेदन यह करना चाहता हूँ कि आप कभी आगे 'पहल' में प्रकाशित तमाम रचनाओं की विवरणी छाप दें। ऐसा मैंने 'साक्षात्कार' और 'पूर्वग्रह' से भी किया। इससे मुझ जैसे जिज्ञासु पाठकों को बड़ी सहूलियत हो जाती है।

• अभी तो सिर्फ़ जल्दबाज़ी और अस्थिर मन:स्थिति में क्षमा भर माँग रहा। आपके स्नेह के प्रति बार–बार कृतज्ञ हूँ।

आपका
कर्मेन्दु शिशिर

*

3. ज्ञानरंजन

763, अग्रवाल कॉलोनी, जबलपुर
19/12/85

प्रिय भाई,

आपका पत्र मिल गया जो कई बार में लिखा गया लगता है। पत्र से लगता है कि आप उद्विग्नता और शोक में रहे हैं। सत्यभक्त जी के बारे में हम लोग उतना ही जानते रहे जितना रामविलास जी बता सके। आपने जो लिखा है वह

उससे आगे और गहरे सम्बन्ध का सूत्र है। निश्चय ही सत्यभक्त जी के निधन से हमें बहुत कुछ जानने समझने की ज़रूरत महसूस होती है। मैं तो सोचता हूँ कि यह जीवन कुछ ऐसे ही निकल गया।

आलोक के बारे में आपने बहुत तकलीफ़देह समाचार दिया है। हमने उसके साथ अनमोल दिन बिताये हैं। क्या हमें केवल दिनों की याद में रहना होगा। जीवन की जिस संध्या से हम हिलमिल रहे हैं वह अच्छे समाचार कम ही देगी। यह हम जानते हैं। अब आत्मीयजनों की बीमारी, और अप्रत्याशित दुर्घटनाओं के दिन आ गये हैं कर्मेन्दु जी हमारे लिए। पर यह हमारा टूटना न हो बस समझना बने तो ज़्यादा बेहतर है।

विश्वास है अंक 25/26 आपको जल्दी ही मिल जायेगा। जब आपने याद दिला दिया तो 1986 के प्रारम्भ में ही उसे भेज देने का वायदा करते हैं।

त्रिपाठी जी को जो तार और पत्र दिया था उसका प्रतिफल हमें अभी तक नहीं मिल सका, चिन्ता है।

आपकी परेशानियाँ और चिन्तायें दूर हों यही हमारी कामना है। आलोक के बारे में ख़बर दें। डॉ. पाहवा अभूतपूर्व नेत्र विशेषज्ञ हैं।

आपका
ज्ञानरंजन

*

कर्मेन्दु शिशिर

हनुमान नगर, शास्त्री नगर, पटना
10/01/86

(सुरेश पांडेय को भेजे पत्र की प्रतिलिपि)

प्रियवर सुरेश!

पत्र इस विश्वास से लिख रहा हूँ कि तुम्हारे प्रति मेरे भीतर जो सच है–वह रहेगा। मेरे प्रति तुम्हारे भीतर जो सच होगा–वह भी रहेगा। द्वेष के कांटे चाहे स्वयं उगे हों–या रोपे गये हों–एक दिन ज़हर ज़रूर होंगे, समय चाहे जितना

लगे। छद्म या कलुष ही पुनर्जीवित हुआ था तो उसका मरना ही श्रेयस्कर था। मैं छद्म और कलुष जी ही नहीं सकता। इसीलिए मुझे जो तुमसे अप्रिय लगा–जबलपुर में हो, चाहे पटना में, कह दिया–गाँठ न बाँधी। निश्चय ही, तुमने भी ऐसा किया और दोनों के बीच स्वस्थता बनी रही।

• तुमसे या किसी से ईर्ष्या, द्वेष या विरोध भाव रखकर मैं मैत्री का ढोंग नहीं करता। मैंने मैत्री से स्वार्थ सिद्ध नहीं किया है और न इस नाते मैत्री की है। सहायता ज़रूर मित्रों ने ही की है–यह भी सच है। लेकिन अपनी समझ और क़ूबत भर कोशिश ज़रूर करता रहा हूँ कि न झुकना पड़े, न तनना। इस नाते कभी किसी मैत्री से भभर नहीं पड़ता और न ही टूटने से निरावलम्ब ही महसूस करता हूँ। क्योंकि हर आदमी अपनी ही उम्र तक जीवित रहेगा और अपने ही किये का यश पायेगा।

• प्रतिभा मुझे उतना भावुक और मुग्ध नहीं बनाती जितनी आत्मीयता! तुम्हारी समझ और संवेदनशीलता से अगर मेरे प्रति तुम्हारी यह उपेक्षा पैदा हुई है–तो कोई और बात नहीं। हर कोई अपना निर्णय अपने ही अनुभवों की सच्चाई से तय करता है।

• त्रिपाठी के प्रति मैंने अपना आकलन तुमसे कहा ही है। तुमने परसाई जी से भूमिका के सन्दर्भ में उनके ईर्ष्या भरे जिस पत्र की चर्चा की थी–तब मैं ज़्यादा विचलित नहीं लगा होऊँगा। उनके द्वारा अपने प्रति किये अमैत्री के प्रमाणों की सूची काफ़ी लम्बी है। मैं अपनी मैत्री की आदत से फिर भी विमुख नहीं। ऐसा मैं विश्वास से करता हूँ कि उनकी तुलना मैं ज़्यादा मानवीय हूँ तो मेरी मानवीयता मुझे हमेशा ही ऊँचा उठायेगी। वैसे उनके प्रति की गयी उदारता और भावुकता दोनों अखरतीं हैं। ठगे जाना मूढ़ता हो जाती है–फिर भी सन्तोष होता है कि मैंने ठगा नहीं। मैंने त्रिपाठी के व्यक्तित्व की तुम्हारी सूक्ष्म पड़ताल भी सुनी है–उसमें समझ और संवेदनशीलता भी थी। इसी से मैंने कहा कि तुमने उनका हित ही किया है, हित ही करना। आख़िर तुम्हारा उद्देश्य भी तो उन्हें बेहतर समीक्षक के रूप में देखना ही है। अगर मेरी स्मृति ठीक है तो पिछली मुलाक़ात में जब त्रिपाठी अपने भैया के घर के पास बच्चों को टॉफ़ी लेने गये थे–यही कहा था। उनकी प्रतिक्रिया हमेशा द्वन्द्व, अनश्चिय और अस्थिर रही है। इसलिए नहीं कहा कभी।

• वे और तुम मुझसे अमैत्री रखकर भी, बेहतर लिखो यही महत्त्वपूर्ण है। रही बात मेरे साहित्य की–तो सुरेश! तुम अरुण कुमार का पत्र पढ़कर मौन हो गये थे। मैं इसमें अटूट आस्था रखता हूँ–कि जीवन अधिकतम सच्चा और ऊँचा जीऊँ–साहित्य चाहे जितना स्तरहीन लिखूँ। स्तरीय लिखकर टॉलस्टाय बन जाऊँगा–ऐसा भ्रम न था, न रहेगा। अपनी पुस्तक की समीक्षा न कराने या अपनी चर्चा के प्रति उदासीन रहने के मूल में अपने लिखे का व्यर्थता–बोध ही है। यह जीवन भर रहेगा शायद!

• अन्तिम बात यह कि जब पहली बार मैंने सम्बन्ध तोड़े थे तो तुमने बड़ी ही निर्मम बातें लिखी थीं। जिसका ख़ेद आज तक होता है। सबसे अधिक कचोट तब होती रही–जब तुम बेहद आत्मीयता देते रहे। अब जब तुम तोड़ रहे हो, तो कुछ नहीं कह रहे–यह सच है स्वीकार कर लें कि इस बीच शायद दोनों ने वयस्कता हासिल की है, इसलिए मैत्री पर विरोध दोनों में जो विकसित हो–और अधिक विकसित हो–और अधिक वयस्क और गम्भीर हो, गहरा और मानवीय हो। बस!

तुम्हारा
कर्मेन्दु शिशिर

पुनश्च : निश्चय ही तुम ऐसा नहीं सोचोगे कि मैं यह पत्र तुम्हारी मैत्री वापस पाने या अपने प्रति नरम भाव रखने के लोभ में लिख रहा हूँ। परसाई–अंक में रचना के आसंग में जितना तुमसे कहा था–कर दिया। चूँकि मैं त्रिपाठी के साथ सामूहिक कार्य नहीं कर सकता–इसलिए भी और बिना मेरे, कार्य ज़्यादा बेहतर होगा। इसलिए भी आगे स्थगित करता हूँ।

*

4. ज्ञानरंजन

763, अग्रवाल कॉलोनी, जबलपुर
12/01/86

प्रिय भाई,

आपका 25 दिसम्बर का पत्र मुझे 8 जनवरी को मिला जब मैं लगभग दस दिन बाद दिल्ली से लौटा। 'पहल' के लिए कुछ जरूरी काम से गया था।

कुछ लोगों से आगामी ख़ास रचनाओं के लिए रूबरू बात भी करनी थी। और कृपया सुरेश पाण्डेय को कहें कि उनके केन्द्र निदेशक 'कटारा' का तबादला भी हो गया है। मैंने दिल्ली जाने से पहले एक पत्र उन्हें लिखा था विस्तार से वह पता नहीं मिला कि नहीं।

इसके अलावा आज तक हमें मगध की समीक्षा नहीं मिली। त्रिपाठी जी ने लिखा था कि वे साथ–साथ भेज रहे हैं। लगभग 17–18 दिन पूर्व। हमारे अंक की सारी व्यवस्था गड़बड़ा गयी, क्योंकि उसे हमने बीच में रखा था और अंक वहाँ तक छप कर रुक गया। इलाहाबाद में छपायी होती है इसलिए हमारी अनेक व्यवहारिक कठिनाईयाँ हैं। कोई ख़बर भी न दी कि क्या बात है। न भेज सकें तो तत्काल ख़बर करें।

आपने 'पहल' के अंक के बारे में जो प्रतिक्रिया दी है वह काफ़ी हमारे मन से मिलती है। असल में दिक़्क़त यह है कि हम कहानी के लिए बँध जाते हैं। एक कहानी लौटा कर दूसरे के लिए इन्तज़ार करना कठिन होता है। कवितायें तो कई बुला कर उनमें से चुनने और छोड़ने की आज़ादी मिलती है, पर कहानी के साथ यह मुमकिन नहीं है। इसलिए ज़ाहिर है कि कमज़ोर कहानियाँ भी जाती हैं। अगले अंक में हम कई नये रचना–कर्मियों को ले रहे हैं। समकालीन कथा लेखन पर हमें सही तरह से लिखने वाले मिले नहीं। और बेहूदा नामावली गिनाने का काम करने जैसी चीज़ हम छापना नहीं चाहते थे। हमने कई समर्थ पर आलसी लोगों से इस काम के लिए कहा पर वे कर नहीं सके। अगर कहानी पूरक अंक के लिए कोई इस तरह का लेख लिख सके तो हम स्वागत करेंगे। आप ही सुझाव दें या आप ही लिख सकें तो ऐतिहासिक ज़रूरत पूरी हो।

डांगर की प्रतीक्षा है। हम बहुत लोगों को चाह कर भी तत्परता से इसलिए नहीं छाप सके कि जल्दी अंक नहीं निकल सकते। साधन का प्रश्न भी बड़ा है। आप कबीर में अन्ततः स्वयं अनुभव करेंगे। आपसे सम्पर्क होने के बाद 'कोचान की धार' पढ़ने की तबियत हुई है। हिन्दी में हालत यह है कि बिना सम्पर्क के स्वतन्त्र पढ़ने वाली उत्तेजना रही नहीं। बहुत देर हुई पर उदिता के लिए हमारा स्नेह शुभकामनायें हैं।

आपका
ज्ञानरंजन

*

5. ज्ञानरंजन

763, अग्रवाल कॉलोनी, जबलपुर
21/01/86

प्रिय भाई,

17/1/86 का आपका पत्र मिला। धन्यवाद। इसके पहले एक और मिला था। सुरेश पाण्डेय अन्ततः नहीं आये। इस बीच तुम सबके बीच कैसा विषाद बन गया मैं नहीं जानता। हाँ, एक पत्र मेरी तरफ़ से और एक पत्र सुरेश की तरफ़ से इस बीच में आया और कुछ नहीं। त्रिपाठी जी ने तो चुप्पी लगा रखी है, अब क्या कहें कि क्या हुआ। **तुनक-तुनक कर काम करने से क्या फ़ायदा। हमें प्रगाढ़ तरीक़े से और बहुत कुछ सहते-बूझते काम करना चाहिये।**

'पहल' की रेखा खिंच नहीं गयी है। हम कभी छलाँग नहीं लगा सकते। धीरे ही धीरे उभरना है। लोगों की अपेक्षाएँ, हमारी भी अपेक्षाएँ हैं, पर क्या हम हर जगह अपेक्षाओं तक सर्राटे से पहुँच ही जाते हैं? उसके लिए एक टोटल संग्राम है। हम वह करेंगे पर यह कितना कठिन है, इसे बाहर से नहीं समझा जा सकता।

आलोक के बारे में राहत का समाचार दिया आपने। बहुत ही कृतज्ञ हूँ। टाटा में पत्र किसी के मार्फ़त भेजने का प्रयास करूँगा। 'कोचान की धार' मेरे पास है। मैं उसे पढ़ूँगा।

राजकमल वालों से कहें कि अब पैसे भिजवाने में ध्यान दें। 'पहल' के लिए उगाही अभियान न चाह कर भी करना ही होता है। अप्रिय जो नहीं किया वही आज कर रहे हैं।

आपका
ज्ञानरंजन

*

कर्मेन्दु शिशिर

हनुमान नगर, शास्त्री नगर, पटना
30/01/86

आदरणीय भाई,

सादर प्रणाम!

आपका 21/1/86 का लिखा पत्र कल शाम मिला। स्नेह के लिए हमेशा की तरह मूक कृतज्ञ हुआ। सुरेश पाण्डेय मिल चुके होंगे। ट्रेन पर त्रिपाठी जी ने शायद लेख दे दिया हो। मैं नहीं जानता अब आप वस्तुस्थिति को दूर तक जान चुके होंगे। मैं स्वयं तो वस्तुस्थिति तभी रखूँगा जब आप पूछेंगें। जितना पूछेंगे उतना ही। मैं स्वयं वस्तुस्थिति को यूँ नहीं कह सकता। मेरे पास जो साक्ष्य हैं, वे वस्तुस्थिति को कहेंगे। आप से अपेक्षा यह है कि मुझे सुरेश और त्रिपाठी को हमेशा अलग–अलग मानकर ही देखें। सच्चाई का बध कर झूठ, छल, द्वेष, तिकड़म, महात्त्वाकांक्षा या स्वार्थ को प्रतिभा और प्रखरता के ज़ोर पर जीवन नहीं दिया जा सकता। मेरी बातों को पीछे मेरी क्षुद्र और सीमित समझ है, मगर संवेदना सच्ची है। उसमें जीवन का नैतिक बल भी है। यह बात तब प्रमाणित होगी जब तटस्थता, गम्भीरता और अपनत्व से कोई आख़िर तक, तह तक जानने का धैर्य करें। मैं नहीं जानता आप कितनी दूर तक रुचि लेंगे। इसलिए पहल करने में संकोच है।

• आपने तुनक मिज़ाजी की बात लिखी है। मेरा ख़्याल है अगर बात ऐसी होती तो भी शायद प्यारी ही होती। लेकिन यहाँ जो बात है वह इतनी रुग्ण, बीमार, कुण्ठित, क्लीव और दुर्गन्ध भरी है कि उसका सम्बन्ध न समझ से है, न संवेदना से। उसमें शील, संस्कार, स्नेह, संवेदना, समझ, मित्रता, मनुष्यता का आभाव है। आपका 21/1/86 का लिखा पत्र कल शाम मिला। स्नेह के लिए हमेशा की तरह मूक कृतज्ञ हुआ। सुरेश पाण्डेय मिल चुके होंगे। ट्रेन पर त्रिपाठी जी ने शायद लेख दे दिया हो। मैं नहीं जानता अब आप वस्तुस्थिति को दूर तक जान चुके होंगे। मैं स्वयं तो वस्तुस्थिति तभी रखूँगा जब आप पूछेंगें। जितना पूछेंगे उतना ही। मैं स्वयं वस्तुस्थिति को यूँ नहीं कह सकता। मेरे पास जो साक्ष्य हैं, वे वस्तुस्थिति को कहेंगे। आप से अपेक्षा यह है कि मुझे सुरेश और त्रिपाठी को हमेशा अलग–अलग मानकर ही देखें। सच्चाई का वध कर

झूठ, छल, द्वेष, तिकड़म, महात्त्वाकांक्षा या स्वार्थ को प्रतिभा और प्रखरता के ज़ोर पर जीवन नहीं दिया जा सकता। मेरी बातों को पीछे मेरी प्रतिष्ठा और नागरिकता–सबको तिलांजलि देकर मैले की बाल्टी उलीच दी गयी है। घिन–घृणा से मस्तिष्क झन्ना उठा। हत्वाक् और हतप्रभ स्थिति वाली। एक प्रमाण–सुरेश जाने के कुछ घण्टे पूर्व आये थे और शीला (पत्नी) के सामने जो कुछ कहा–उससे शीला की यह प्रतिक्रिया बनी कि, "सबसे ऊँचा आदमी भले ही साहित्यकारों में न मिले, मगर सबसे पतित आदमी ज़रूर साहित्यकारों में मिल जायेगा।" यह उसने मैले की उल्टी बाल्टी से अपने पर पड़े छींटे की वज़ह से कहा। मैं सिर्फ़ सुरेश के नाम लिखे अपने पत्र की प्रतिलिपि भर भेज रहा हूँ–अभी इससे ज़्यादा नहीं होगा। समझ की पटल पर रखी जाने वाली बातें तो बिना साक्ष्य के भी की जा सकती हैं। वह सिर्फ़ मेरा मामला नहीं होगा। उसमें रामविलास जी तक की बातों का मज़ाक किया गया है। साम्यवाद के संस्थापक सत्यभक्त की दिवंगत आत्मा का भी अपमान किया गया है। उनके प्रति शोक–संवेदना तक को जातीय आधार दिया गया है। तारीफ़ यह है कि सत्यभक्त जी मेरी जाति के नहीं हैं। आप मेरी बातों के सूत्र सुरेश से जान गये होंगे। नहीं बताये होंगे तो पूछ लेंगे।

• आपके पत्र को मैं टाल जाना चाहता था। लेकिन आपके पत्र की पंक्तियों के पीछे जो मन में महसूस हुआ उससे पीड़ा छुड़ा पाना सम्भव नहीं हो सका। मैं संकोच, शीलवश कह रहा था। कोई और बात नहीं।

• 'पहल' की रेख नहीं खिंच पायी है–यह स्वीकार ही उसकी लकीर का प्रमाण है। छलाँग न आप लगा सकते हैं, न रामविलास जी ने लगाया है–मेरी क्या बिसात? लगाने को छलाँग कोई भी लगावे। दूसरों की हत्या से तो किसी को रोका जा सकता है मगर अपनी हत्या से भला कौन रोकेगा, किसे? टोटल संग्राम तो वही लड़ेगा जो जीवन और रचना दोनों में अपने पाँवों को सच्चाई का आधार देगा। कुछ लोग बिना संग्राम के ही सेहरा बाँधते हैं। उनकी बड़ी दुर्गति होती है। पाँव तभी उल्टे नहीं पड़ते जब नीचे समझ और संवेदना से समृद्ध नीयत वाली ज़मीन हो।

• आलोक ख़ूब स्वस्थ हैं–उनका पता निकट भविष्य में ही दूँगा। मैं स्वयं विकल हूँ। आप 'कोचान की धार'–पूरा पढ़ पायें, यही उसकी सार्थकता होगी।

• राजकमल वालों से कल, परसों पैसे भिजवा दूँगा। 'अप्रियता'–जैसी कोई बात नहीं। मैं स्वयं सुरेश के हाथों कुछ भेजना चाहता था–मगर अस्त–व्यस्त मन में साबुत कुछ सम्भव नहीं हुआ, शीघ्र ही करूँगा।

• मेरे बक़ाया पैसे विश्वविद्यालय से मिलने वाले हैं। मिलते ही सबसे पहला काम काशी जाकर रामविलास जी से मिलना है। सुरेश से कहेंगे कि उसको रामविलास जी ने पत्र लिख दिया है। उसके बारे में बड़ी अच्छी पंक्ति है। मुझे होली पूर्व कभी बुलाया है। मैं उसी समय भरपूर कोशिश करूँगा कि जबलपुर आऊँ। सम्भव है कोई सीधी ट्रेन मिल जाये।

• शीला को इस बात का गहरा ख़ेद है कि "आप लोग अपना ग़लीज़ बाहर के लोगों तक ले जाते हैं–कितनी गंदी बात है!" मैंने उससे कहा, "जीवन में जो है–अन्ततः वही बाहर आता है।"

• आपको इस पत्र से उतनी ही चिन्ता होगी–जितनी प्रगाढ़ता आपने हमारे हिस्से में दी होगी।

क्षमा सहित।

आपका–विनम्र
कर्मेन्दु शिशिर

सम्मानार्थ–
श्री ज्ञानरंजन, सम्पादक
'पहल' 763, अग्रवाल कॉलोनी,
जबलपुर; (मध्यप्रदेश)

*

6. ज्ञानरंजन

763, अग्रवाल कॉलोनी, जबलपुर
09/02/86

प्रियवर,

आपका पत्र मिल गया था और राजकमल और आपका धनादेश भी। इसके लिए आभारी हूँ।

भाई, आपसे मेरे सम्बन्ध जिस तरह से बने और विकसित हुए हैं। उसमें मेरे लिए किसी साक्ष्य और प्रमाण की ज़रूरत नहीं है। आपके शब्द मेरे लिए पर्याप्त हैं। मैं आपकी व्यथा समझ रहा हूँ। आप अपनी संवेदना का त्याग कभी न करें और यह भी मानें कि इस वज़ह से जीवन में बेचैनियाँ और स्पन्दन बना ही रहेगा। यह बहुत सुकून का मार्ग नहीं है।

जब मैंने तुनकमिज़ाजी की बात लिखी थी जब वह आप पर आरोप नहीं था और न वह एकतरफ़ा धारणा थी। उसमें मेरी यह इच्छा शामिल थी कि ज़्यादा से ज़्यादा एकजुट होकर काम हम क्यों नहीं कर सकते। हम सब कमियों के बाद भी इतने बुरे लोग नहीं हैं कि साथ–साथ समझ के सहारे न्यूनतम मित्र साथी और सहयोगी तो हो सकें कम से कम। मेरा अभ्यास यही रहा है और इस तरह जीवन और जगत की ओर गति बनी रही है।

सुरेश के बारे में मेरा ख़याल है कि हमें धीरज से और विचार करना चाहिए। वह अतिवाद में जाता है पर उसका अन्तरंग निर्मल है। साहित्य के बारे में भी यदा–कदा वह ज़ालिमों जैसी बात करता है, पर मेरा अनुभव यह है कि जल्दी ही तरल और मानवीय हो जाता है। दिल दुखाने में और करिश्मा करने में भी वह कम नहीं है पर यह सब अल्पायु है उसके अन्दर। स्त्रियों के प्रति कसैलापन उसमें है और उनकी उपस्थिति में वह ज़हरीला हो जाता है।

पत्रिका को लेकर भी आप लोगों में अन्दर ही अन्दर विवाद हो गया लगता है। उधर त्रिपाठी जी भी दुखी हैं इधर आप भी दुखी हैं। आप लोग निश्चय ही भाव–प्रवण हैं। यह अच्छी बात है पर उतना ही हमें वस्तु–प्रवण होना चाहिये, क्योंकि हमें सार्वजनिक तौर पर भी काम करना होता है।

आपके सम्बन्ध त्रिपाठी जी से, सुरेश से पुराने हैं। यह फिर आकस्मात क्या हो गया। सुरेश को भी मैं यही समझाता हूँ कि हमें **मिल–जुल कर बहुत काम करना है**। हमें अपनी निजी कमियों से मुठभेड़ करनी है, पर नीचा दिखाना किसी को और इधर–उधर करना ठीक नहीं है। उसमें परिवर्तन भी देखता हूँ। पर वक़्त लगेगा। मेरी इच्छा मात्र इतनी है कि आप सबके बीच एक पुल की तरह काम कर सकूँ; यह बहुत तकलीफ़देह ज़िम्मेदारी है क्योंकि पुल को कचरा भी बहुत जाता है, पर काम तो बनता ही है। यह सही है कि सद्‌भावना के कारण मैं ग़लत निष्कर्ष भी निकाल रहा हूँ, पर नीयत की खोट मुझमें नहीं है।

मुझे दुख है कि शीला जी को साहित्यकारों के बारे में कुछ अच्छी जानकारी नहीं है और वह उन्हें मिले तो मंतव्य बदल सकता है। हमारी दुनिया में बहुत अच्छे लोग हैं और हमें उनकी प्रतीक्षा करनी चाहिए।

आपका

ज्ञानरंजन

पत्र जल्दी में बिगड़े टाइपराइटर पर लिखा है।

*

कर्मेन्दु शिशिर

हनुमान नगर, शास्त्री नगर, पटना

02/04/1986

आदरणीय भाई!

सादर प्रणाम!

'पहल' के दस अंक मिले। आभारी हूँ।

मैंने स्थायी सदस्यता के शेषांश 50/- एम.ओ. से भेज दिया था–मिला होगा। क्या स्थायी सदस्य का प्रावधान नहीं है? अगर नहीं हो तो निःसंकोच लिखें। और कितने पैसे भेजूँ? आगे से पन्द्रह प्रतियाँ भेजा करें। अंक ख़ूब शानदार हैं, निःसन्देह।

• सत्यभक्त जी के प्रति शोक संवेदना प्रकट कर आपने एक ज़रूरी कार्य किया है–मैं अत्यन्त आभारी हूँ। गहरी सन्तुष्टि मिली। आपसे साग्रह निवेदन है कि एक प्रति डॉ. रामविलास शर्मा को और एक सत्यभक्त के पौत्र–श्री नीरज जैन, मोतीलाल जी एडवोकेट का मकान, सुभाष पार्क के सामने, ज़ामा मस्ज़िद, भरतपुर, 321001 (राजस्थान) को अवश्य भेज दें। वे बड़े दुःखी और मर्माहत थे कि उनकी मौत की उपेक्षा की गयी। उन्हें प्रसन्नता होगी। वे पैसे भी भेज देंगे। वे सत्यभक्त जी की रचनावली तैयार कर रहे हैं।

• आपसे विनीत आग्रह करूँगा कि अंक 25/26 जिसे भेजने का आपने पूर्व वादा किया था–यथाशीघ्र भेज दें। मैं जिल्द बन्धा कर निश्चिंत हो जाना चाहता हूँ। अगर सम्भव हो तो 17-18 भी। सम्भव न होने पर अन्य स्त्रोत बतायें।

• 'पहल' के प्रवेशांक में आलोक धन्वा की दो कवितायें छपी थीं। क्या प्रतिलिपि भिजवा सकते हैं। मैं उस पर जोर दे रहा हूँ कि वह संकलन रूप में 'पहल-पुस्तिका' को दें। वे कवितायें यहाँ किसी के पास नहीं हैं। उसकी आँखें तथा स्वास्थ्य ठीक है। आप आलोक धन्वा, फ्लैट नं. 7, हिन्दुस्तानी प्रेस, नया टोला, पटना के पते पर भेज सकते हैं। यही है, अभी रहेगा भी।

आपका आत्मीय
कर्मेन्दु शिशिर

*

7. ज्ञानरंजन

763, अग्रवाल कॉलोनी, जबलपुर
20/04/86

भाई कर्मेन्दु,

आपके पत्र और आपका धनादेश मिल गया था। इस बीच मेरी स्थिति एक जगह नहीं है। बवण्डर की तरह इधर-उधर हूँ। काम भी बहुतेरे हैं और लगभग असन्तुलित होकर ही कुछ काम चल रहा है। 15-20 दिन में जाकर यह सब सँभल पायेगा। इसलिए इस मात्र कामकाजी निपटान के लिए क्षमा करेंगे।

एक तो यह कि नीरज जैन को अंक जा रहा है। रामविलास जी को तो जाता ही है। अंक 25-26 की समस्या हल होनी है। अबकी इलाहाबाद से किसी से लेकर आपको भेजूँगा।

सत्यभक्त जी की किताबें मिल गयी हैं और उनका हम यथाशीघ्र अवलोकन करेंगे और क्या हो सकता है इसका प्रयास करेंगे।

आपने 'पहल'-29 के 40 भेजे थे। उस हिसाब में 10.00 और हमारी तरफ़ निकलते हैं। अब अंक 30 की जो कहानी पूरक अंक होगा हम 15 प्रति आपको भिजवा देंगे। जून अन्त तक।

आलोक की कवितायें अगर आप हमें एकत्र करके 'पहल पुस्तिका' के लिए कर दें तो आभारी होंगे। आलोक से कहिए और बात करिये कि हम

एक बहुत कलात्मक और प्रभावी प्रकाशन की शुरुआत कर रहे हैं और उसमें किताबें सीधे पाठकों के हाथ में जा जायेंगी। दलाल नहीं रहेगा। किताबों के दाम 10 रुपये या 15 रुपये से ज़्यादा नहीं होंगे। हम इस पर काम कर रहे हैं। आप उससे बात करें फ़िर मैं भी पत्र लिखूँगा। बस अभी इतना ही–

आपका
ज्ञानरंजन

*

8. ज्ञानरंजन

763, अग्रवाल कॉलोनी, जबलपुर
29/05/86

प्रिय कर्मेन्दु भाई,

अभी तुम्हारा पत्र मिला। ऐसा लगा कि मुझे भी काफ़ी बातें करनी हैं तुमसे। **संध्या काल है जीवन की गठरी अब पूरी तरह खुल ही जानी चाहिए। अपने चीथड़ों की शर्म थी अब तक, पर यह कब तक होगा। मैं और तो कुछ नहीं कह पाऊँगा पर इतना ज़रूर कि जो मेरे जीवन में प्रवेश करता है वह मेरा ही जीवन होता है–उससे मेरी चिठ्ठी–पत्री, काम–धाम, जगत, स्वार्थ मात्र नहीं रह जाता**। शायद हमारे सम्पर्कों का फल धीरे–धीरे पक रहा है। इसे खायेंगे भी हम, यह सड़ नहीं पायेगा।

मुझे आपसे कई बातें करनी हैं। इसमें आत्मपरक भी है और वस्तुपरक भी है। हम बहुत देर से मिले। मूलतः मैं एक ख़ामोश और धीमा बहता हुआ व्यक्ति हूँ, पर मुझे जीवन से बहुत ही उत्तेजक प्यार है। हम कभी मिलेंगे और कम से कम दो दिन एकान्त में रहेंगे तभी यह सब घनीभूत बनेगा। हाँ, मेरे पास काम इतना होता है कि 8-10 घंटे के काम के बाद सुबह फिर हाज़िर हो जाता है। सपने में सो लेता हूँ। अरसा हुआ नींद भी सही नहीं हो सकी। दूर दराज़ से मित्र बुलाते हैं। सब कुछ गारण्टी देते हैं, पर वह दिन आ नहीं पाता अपनी यायावरी के दिन याद आते हैं।

आप 'पहल' के लिए जितना कर रहे हैं वह कम नहीं है। उसका मलाल मन में न पालें। झा को अब 10 प्रति जायेंगी। अंक प्रेस में जाने को है। ख़ून सूखता रहा है, साधनों के लिए खटना किसी पल ठिठका नहीं। पर आप जैसे साथी हिम्मत बाँधे हुए हैं।

आलोक की सारी कवितायें भेज दें, साफ़–सुथरी। 'पहल' वाली जोड़ देंगे। आलोक बहुत आलसी है। वह पत्र नहीं लिखेगा। आपको उससे जूझना होगा। उस लाल कमल गूलर के फूल को आप ला सकें तो यह एक दुर्लभ मिसाल होगी। उसका संग्रह छापना ही है। वह यात्रा से कब आयेगा। पत्र देंगे। मेरी बेचैनी आलोक के बाबत आप समझ रहे होंगे। सस्नेह

आपका
ज्ञानरंजन

*

9. ज्ञानरंजन

763, अग्रवाल कॉलोनी, जबलपुर
23/6/86

प्रिय भाई,

आपका पत्र मिला। मैं 8 दिन बाद पोस्टर्स वर्कशाप से कल ही लौट सका हूँ और ढेर सारा काम बक़ाया है। यह ख़ुशी की बात है कि हमारे मिलने का समय काफ़ी नज़दीक आता लगता है। यह सर्वोत्तम है कि कभी इलाहाबाद में मिलें।

भोपाल में हालत बहुत गडमड खुस-पुस और दुर्भाग्यपूर्ण बनी हुई है। आपके लिए अंक 25-26, 'वसुधा' का शुक्ल अंक और बाद वाला अब सुरक्षित कर लिया है और हम रजि. डाक से एक सप्ताह में भेज देंगे।

इस पत्र के साथ और आसपास आलोक धन्वा की कवितायें ही मिली हैं। क्या भेज दी हैं या अभी भेजनी हैं। आलोक पटना आ जाय तो उससे सम्पर्क कर लेना। उसकी नयी कविता के लिए।

हरेकृष्ण झा को भी पत्र भेज रहा हूँ। उनका कभी कोई पत्र नहीं आया इधर 3-4 महीने से। विश्वास है आपके घर में लोगों का स्वास्थ चिन्ताजनक नहीं होगा। शीला जी और बच्चों को हमारा अभिवादन कहें। पत्र जल्दी में लिख रहा हूँ। सस्नेह–

आपका

ज्ञानरंजन

भोपाल में भारत यायावर से तीन दिन मुलाक़ात हुई।

*

10. ज्ञानरंजन

763, अग्रवाल कॉलोनी, जबलपुर

27/08/86

प्रिय कर्मेन्दु भाई,

तुम्हारा पत्र मिला। ग्वालियर से लौटने के बाद मेरी तबियत लगातार ख़राब रही है। बीच में इलाहाबाद गया, तबियत रास्ते में ही बहुत ख़राब हो गयी। अभी कुछ बेहतर है। कुछ काम नहीं है। मन बेहद उचाट है। नहीं तो ग्वालियर से लौट कर मैं खुद पत्र लिखने की ज़रूरत महसूस करता रहा।

विवरणी में बहुत श्रम किया है। मैं यथास्थान पहुँचा दूँगा। आलोक धन्वा से अगर आप कविता पूरी करवा सकें तो यह एक असाधारण उपलब्धि होगी। अगली मुलाकात में आपसे हमारी रही सही बातें होंगी। बच्चों को, शीला जी को मैं याद कर रहा हूँ। सस्नेह

आपका

ज्ञानरंजन

*

कर्मेन्दु शिशिर

हनुमान नगर, शास्त्री नगर, पटना
10/09/1986

आदरणीय भाई,

सादर

आपका पत्र! स्वास्थ्य की बात ने निःसन्देह चिन्तित किया। औपचारिकता अच्छी न लगी, सो तत्काल उत्तर नहीं दिया। शुभाकांक्षा लिए निरूपाय ही रहा। अब पूरे स्वस्थ का विश्वास पालता हूँ। अपनी निःसंग उचाटपन की चर्चा करके लगता है आपने कुछ ज़्यादा ही समीप खींच लिया। मौन रहकर भी कृतज्ञता प्रकट करूँगा। मैं इसमें शब्दों का अपव्यय नहीं करना चाहता कि आपके किये मेरे भीतर कैसी और क्या संवेदन, धारणा है। जिस हद तक आपकी रचनाओं और आपको समझने का मन-मस्तिष्क पा सका हूँ, (वह ईमानदार और गहन रहे बस) उस हद को, सरहद को समझता हूँ। आपसे निःसन्देह जो महसूस करता हूँ–सौभाग्य, गौरव और उपलब्धि है–बस!

'नया पथ' (प्रवेशांक) और 'आलोचना-77' में कुल मिलाकर डॉ. रामविलास शर्मा पर चार आक्रमण हैं। इसमें डॉ. कर्णसिंह चौहान (नया पथ) और डॉ. मैनेजर पाण्डेय ने बड़ी गम्भीरता और सन्तुलन से डॉ. शर्मा की कुछ दरारों की ओर रोशनी फेंकी है। फिर भी, डॉ. शर्मा के कई पहलुओं को बारीक़ी से देखा जाना शेष है। यहाँ यह भी कहूँ कि इनमें से डॉ. चौहान और डॉ. पाण्डेय के कई पक्ष कमज़ोर भी हैं और उनके आरोप ध्वस्त हो जायेंगे। लेकिन, ये दोनों समीक्षक नीयत में सार्थक, गम्भीर, रचनात्मक, अत्यन्त महत्त्वपूर्ण और अपेक्षित बहस शुरू करते हैं। लेकिन, शेष दो आलेख डॉ. नामवर सिंह और डॉ. पुरुषोत्तम अग्रवाल के तो अत्यन्त अश्लील और वाहियात हैं। मैं तो नवल जी की तरह पुरुषोत्तम अग्रवाल का आजन्म कुछ भी लिखा न पढ़ूँगा। यह आदमी विचित्र है! अपरिपक्व लेकिन उद्दण्ड है। खैर! वह कभी साहित्य के हासिये पर भी नहीं रेंग सकता। मुझे 'शॉक' नामवर जी के आलेख से लगा। इस तरह हाथापाई पर उतर कर वे डॉ. शर्मा को पदच्युत कर रहे हैं? तोबा है। **(आलोचना-77' पृष्ठ 57, कॉलम 2)**

"यह भी सत्य है कि प्रगतिशील लेखन का केतु एक समय डॉ. रामविलास के हाथ में था, तो आज वह डॉ. नामवर सिंह के हाथ में है।"

यह तेवर 'प्रणव मुकर्ज़ी मार्का' है। नामवर जी के किये यह कतई नहीं शोभता। वे तमाम पाठकों से अपने प्रति बचे शेष सम्मान को वापस ले रहे हैं। मैं अगर समीक्षा लिख रहा होता तो उन्हें उद्धरित कर करके बताता कि इससे आप पर क्या रोशनी पड़ती है। प्रगतिशील लेखक संघ की स्वर्ण जयंती के विषेषांक में डॉ. चौहान या डॉ. पाण्डेय के दोनों आलेखों के सामने, उनके आलेख शामिल करना सचमुच उनकी खिल्ली उड़ाना है। मैं तो तीन दिन 'डिस्टर्ब' रहा। अब पत्र लिखकर कुछ राहत महसूस कर रहा हूँ। संयोग से यह सामग्री तब आयी--जब मैं 'मार्क्स' और पिछड़े हुए समाज' पढ़ रहा हूँ। हिन्दी में प्रगतिशील चिन्तन और आन्दोलन में 80 प्रतिशत रामविलास जी हैं। उन्हें पूरा पढ़ने वाला कोई व्यक्ति ईमानदार हुआ तो यही निष्कर्ष निकालेगा। मैंने काफ़ी हद तक आत्यंतिक गम्भीरता से पढ़ा है। मैं अभिभूत नहीं होता–चाहूँगा तभी, हुआ भी तो लम्बे समय तक नहीं। समझ की डोर नहीं छोड़ सकता। वे शिखर हैं–उनको चढ़कर पार करने वाला उनसे अगला आदमी होगा। नामवर जी थोड़ी दूर चढ़कर अब उतर आये हैं। वे रामविलास जी की शैली में रामविलास जी से ही नहीं भिड़ सकते। अब तक के इतिहास की धूल यूँ ही झाड़ी जाती। पुरुषोत्तम अग्रवाल तो पृष्ठ कलंकित करने वाले समीक्षक सिद्ध हुए ही। मैं एकदम आवेगहीन होकर लिख रहा हूँ। स्वयं मैंने डॉ. रामविलास जी की काफ़ी असावधानता, अनुमान या ऐसे पक्षों पर गम्भीर सन्देह महसूस किये हैं–जिसमें कुछ लगभग अकाट्य हैं। मगर प्रश्न यहाँ यह है कि डॉ. शर्मा से सरोकार कैसा हो? वे मार्क्सवाद के ऐसे व्याख्याकार हैं जिसकी छठी इन्द्रिय भी है–बाक़ी पाँच भी बेहद सचेत! वे बिच्छू के तने डंक की तरह समझदार और सावधान आदमी हैं। साफ़–साफ़–'टंच'। उनके एक–एक वाक्य दूर जड़ों से लगे रहते हैं। बातचीत–व्यवहार में, साक्षात्कार में–जबकि नामवर जी कहानी सम्बन्धी बातचीत में सुरेश पाण्डेय के सामने तक ख़ूब लड़खड़ाये हैं। इनके पास प्रामाणिक तथ्य तक का अभाव रहता है। ये सच्चे मार्क्सवादी तक नहीं हैं–जबकि मार्क्स शर्मा सच्चे भारतीय मार्क्सवादी हैं। उनका महत्त्व आँकना आसान नहीं।

• आपने मेरे पत्रों के लम्बे होने की शिकायत किसी से कभी की थी–वरना पत्र कुछ और लम्बा करता। वैसे इतना भी संकोच में डाल रहा। क्षमा करेंगे।

• 'पहल' कब तक भेज रहे–15 प्रतियाँ। शीला जी, आपके पत्र में अपनी स्मृति की आत्मीयता से पुलकित रहीं। उनका प्रणाम लें। उदिता और उमंग का चरण स्पर्ष।

क्षमा सहित।

आपका
कर्मेन्दु शिशिर

*

11. ज्ञानरंजन

763, अग्रवाल कॉलोनी, जबलपुर
19/09/86

प्रिय कर्मेन्दु,

तुम्हारा पत्र मिला। तबियत के बारे में अब चर्चा क्या करूँ। मैं उसे काबू में करने की भरपूर कोशिश कर रहा हूँ। दोस्तों का प्यार कम नहीं है कि सामना न कर सकूँ। तुम्हारे अटूट स्नेह से बहुत उत्साह बनता है।

इस बीच रामविलास जी और नामवर जी के बीच जो हो रहा है, वह खेदजनक है। समकालीन प्रतिभायें इस तरह से आयोजन करेंगी, कल्पना नहीं की जा सकती। यह सिलसिला यूँ तो 2 साल से चल रहा है पर अब वह विस्फोटक बन गया है। विस्फोटक भी क्या भदेस बन गया है। मज़ा यह है कि हिन्दी के गौरवशाली आलोचक इस प्रसंग में तटस्थता की छवि रखे हैं आप विश्वास नहीं करेंगे, मैंने भगवान सिंह, नित्यानन्द तिवारी आदि को इस पोलमिक्स पर लिखने को कहा। नित्यानन्द तैयार भी हुए। दो महीने तक इन्तज़ार करवाया पर अन्ततः कहने लगे कि माफ़ करो। सब लोग अपना अपना लोक देख रहे हैं।

मैं बहुत संकोच के साथ इस पालमिक्स पर तुमसे लिखने के लिए कहना चाहता हूँ। लम्बा लेख हो और अपनी सदैव जैसी ईमानदारी के साथ हो। किसी को नीचा दिखाने की गरज और तात्कालिक उत्तेजन की जगह एक साहित्यिक चिन्ता उसमें हो। तुम इस महत्त्वपूर्ण काम को कर सकते हो। 'पहल' के लिए कभी कोई काम मैं तुम्हें सौंप भी नहीं सका। रामविलास जी और नामवर जी में मुठभेड़ का शुरू में कोई कारण मैं नहीं देखता था। दोनों अलग तरह की और अलग शैली की प्रतिभायें हैं। दोनों मार्क्सवादी हैं पर कहीं न कहीं घृणा छिपी है। इतिहास को अपने सर पर नहीं उठा लेना चाहिए किसी को। बहरहाल तुम एक गम्भीर लम्बा लेख अगर 'पहल' के लिए लिखो तो यह हम सबकी ज़िम्मेदारी होगी और व्यक्तिवादी तत्वों का बहिष्कार भी बनेगा उसमें। हम इसे एक पुस्तिका के रूप में प्रकाशित करना चाहेंगे।

अगर किसी ने तुमसे लम्बे पत्र जैसी शिकायत की है तो वह सही नहीं है। इस पर वैसा का वैसा भरोसा न करना। कभी विनोद में कुछ कहा हो तो। कम ही ऐसे होते हैं जो उसे यथावत कोट कर सकें। मैं आमतौर पर व्यक्तिगत बातें कम करता हूँ। यहाँ तक कि सुरेश पाण्डेय जो सबसे ज़्यादा तुम्हारे बारे में जानकारी होने का दावा करते हैं, उनको भी मैंने चुप करा दिया है कि मैं किसी भी व्यक्ति के बारे में सीधी जानकारी, समझ और सम्बन्ध में विश्वास करता हूँ।

शीला जी को हमारा अभिवादन, बच्चों को प्यार।

आपका
ज्ञानरंजन

*

इसका कुछ सँवर जाय, पर लगता है इसका इलाज़ नहीं है।

रामविलास जी वाले प्रसंग में तुम्हारी राय की कद्र करता हूँ। लिखने के पीछे कोई दबाव ग़लत नहीं होगा। निजी सम्बन्धों का भी जब तक स्वयं तुम उसकी ज़रूरत न समझो। पहले वसुधा के लिए काम करो फिर और देखेंगे।

शीला जी और बच्चों को हमारा अभिवादन।

आपका
ज्ञानरंजन

*

13. ज्ञानरंजन

763, अग्रवाल कॉलोनी, जबलपुर
20/10/86

प्रिय कर्मेन्दु,

तुम्हारा पत्र मिला। होली तक मिलने की ज़रूरत परस्पर बन जायेगी। अभी भी है। तब हम अपने भावी कार्यों के बारे में विचार करेंगे। तुम्हारी कर्मठता शायद जीवन की संध्या में हमें और प्रेरित कर सके। मुझे खेद है कि सुरेश ने मेरे अनजाने में जो चाहे कहा और मुझे उसकी भनक नहीं लगी। कर्मेन्दु इसमें मेरा कुछ भी नुकसान नहीं हुआ मानता हूँ। मैंने अपने स्वभाव के अनुसार भलमनसाहत की। मुझे अलग–अलग व्यवहार करना कम आता है। वैसे इस दुनिया ने काफ़ी सिखा दिया है। रायपुर के मेरे साथियों ने मुझे कई बार कहा, मैं कान देना पसन्द नहीं करता था, पर अब मैं खिन्न हो गया हूँ। इसके अलावा और कुछ नहीं कर सकता था। इस पर तुम ठीक कहते हो कि सुरेश के बारे में काग़ज़ फ़िलहाल हम न खराब करें।

पहली बार मैंने यह साकार रूप में पाया कि तुम रामविलास नामवर प्रसंग में बिलकुल न्यायोचित और प्रेरक तरीक़े से सोच रहे हो। हम तुलना न करें बल्कि सकारात्मक तरह से बहस को बढ़ायें। आने वाले वक़्त के लिए यह उपयोगी होगा। लोग इससे बचते हैं कि कहीं कोई बुरा न माने। हम किसी व्यक्तिगत आघात के लिए यह काम नहीं करना चाहते। तुम अभी यह लिया हुआ काम पूरा करके अगला काम यह कर सकोगे तो यह पढ़े लिखे समाज को समृद्ध करने की दिशा में एक ज़रूरी क़दम होगा। अभी इस बात को पूरी तरह अपने मन में रखना। 1987 के उत्तरार्ध में हम एक अंक 'पहल' का निकाल सकें ऐसा जिसमें यह लेख जाय। नामवर सिंह जीवन के साठ वर्ष पूरे करें तब हम एक छोटा और पठनीय अंक निकालेंगे। इसमें भाषण, आगामी कृति अंश, कवितायें, पत्र, डायरी, एक नामवर जी का ताज़ा लेख, एक साक्षात्कार जो दो व्यक्ति मिलकर लेंगे और कुछ अन्य सामग्री होगी। इसमें प्रशस्तिपूर्ण लेख नहीं रहेंगे। तुमसे इस अंक के बारे में मेरा मशविरे का भी अनुरोध है। कुछ नाम भी सुझा सकते हो।

तबियत को ठीक कर देने के लिए हर मुमकिन प्रयास कर रहा हूँ। तुम्हारे और शीला जी के अच्छा सोचने से मुझे ज़रूर लाभ होगा। ऐसी ख़ुशी मन और शरीर में फैल जाती है। उदिता ठीक होगी अब।

भारतेन्दु के युग और पत्राकारिता पर बिलासपुर के लोग तुम्हारा भाषण रखना चाहते हैं। एक दो दिन का वक़्त कब दे सकते हो। अपनी सुविधा से। लिखना।

आपका
ज्ञानरंजन

*

14. ज्ञानरंजन

763, अग्रवाल कॉलोनी, जबलपुर
11/11/86

प्रिय कर्मेन्दु,

तुम्हारा पत्र मिला। तुमने पत्र बहुत ज़्यादा तर्कसंगत और सही लिखा है। 'पहल' ने कभी व्यक्ति केन्द्रित अंक नहीं निकाला। तुम्हारी सोच की मैं दाद देता हूँ। मैं कभी-कभी इतना ग़ाफ़िल रहता हूँ कि हानि लाभ को दूर तक सोच नहीं पाता। मैं इस पर अफ़सोस तो नहीं करूँगा, क्योंकि यह मन की सहजता बनी रहे तो बेहतर। असल में 'पहल' की नीति यह नहीं है कि व्यक्ति केन्द्रित अंक न निकाले जायें। जब हमने परसाई जी पर सोचा तो 'आँखन देखी' की योजना कारगर हो गयी। फिर शुक्ल जी पर वसुधा ने निकाला हम पुनरावृत्ति नहीं करना चाहते थे। इसके अलावा केदार, नागार्जुन, रामविलास, शमशेर, भीष्म, त्रिलोचन पर बड़े पैमाने पर हमने महत्त्वपूर्ण कार्यक्रम आयोजित किये थे। प्रलेस की तरफ़ से। इन सबकी किताबें भी बननी थीं। भीष्म जी और केदार जी पर छप भी गयीं। त्रिलोचन वाली तैयार हो रही है। रामविलास जी वाली भी तैयार होनी है। इस प्रकार किसी न किसी तरह हमारे ही वृहत्तर संसार में यह काम होता रहा, इसलिए यह संयोग है कि 'पहल' को किसी व्यक्ति

विशेष पर अंक निकालने की ज़रूरत नहीं पड़ी। हमारे यहाँ कार्यकारिणी में यह चर्चा आयी थी; बुलेटिन में भी आया कि नामवर जी पर कार्यक्रम हो 'महत्त्व' जैसा। पर मैंने उस समय इसका विरोध किया और टाला। यह पत्र तुमको अन्तरंगता से लिख रहा हूँ, इसलिए हार्दिक सच्चाई भर बता रहा हूँ। नामवर जी पर कार्यक्रम न करने देने के दो कारण मेरे दिमाग़ में थे। एक तो 58 वर्ष की उम्र और दूसरे उस समय भारत भवन आदि में उनकी सक्रियता। मैं इसे पसन्द नहीं करता था। पर लगातार बातचीत के बाद डॉ. नामवर सिंह ने भोपाल आना कम किया और दूसरा यह कि दो बार गहरा आक्रमण भी किया। **जनतन्त्र** वाले भाषण में ख़ास तौर पर यह देखा गया। अब यह धार और बढ़ी है। हमारे, हम सबके दबाव और सकारात्मक प्रतिरोध के कारण।

यह हमारे सदय होने की पृष्ठभूमि है। इसके अलावा आलोचना को समकालीन सत्य तथा आधुनिकता से सम्पन्न करने की, उनकी भूमिका के कारण हम उनके बारे में कुछ करना चाहते थे।

मैं तुमको एक व्यक्तिगत सच्चाई बताऊँ कि दिल्ली में मैं कभी नामवर जी से नहीं मिला। संयोग से कभी दूसरे शहरों में यदा-कदा मुलाक़ात हुई। अभी दो तीन महीने पहले मैंने काशी के कहने पर कि नामवर जी अगले साल रिटायर हो रहे हैं। मैंने तभी उनसे कह दिया कि नामवर जी पर एक अंक हम निकालेंगे। इसमें सोच विचार मैंने नहीं किया। वसुधा भी चाहती थी, पर कमला प्रसाद से मैंने कहा कि हम निकालेंगे।

यह है हमारी पृष्ठभूमि जिसे मैंने तुम्हें लिख दिया है। इसको अपने तक निजी बना कर रखना। नहीं तो हिन्दी साहित्य संसार में ग़लीज़पन कम नहीं है। सुरेश पाण्डेय के एक साक्षात्कार के लिए भी नामवर जी से 6 महीने पहले चर्चा हुई थी, पर बाद में मैंने उसकी खोट के कारण यह प्रस्ताव रद्द कर दिया। अब यह साक्षात्कार मनोहर श्याम जोशी लेंगे।

मैं तुमको प्यार करता हूँ और तुम्हारा सम्मान भी करता हूँ। **हमने अपने लेखकों और पाठकों के साथ परस्पर लोकतान्त्रिक शैली का सम्पर्क रखा है। तुम किसी भी प्रकार से दबाव महसूस न करो यही हमारी**

सम्बन्धों की सबसे बड़ी सार्थकता होगी। मैं तुम्हारे निकट किसी गुड गड के लिए नहीं हूँ। हमारी बेबाक दोस्ती बने यह अच्छी बात होगी पर तुम्हारे इस दृष्टिकोण की तेज़ी से मैं विस्मित हूँ कि 'पहल' ने व्यक्ति केन्द्रित अंक नहीं निकाला। अफ़सोस इस बात का है कि जो बात मुझे पहले सूझनी थी, क्योंकि नहीं सूझी। अब मैं एक अजीब चक्र में फँसा हूँ।

बिलासपुर का कार्यक्रम फ़रवरी में ही बनायेंगे। शीला जी को हमारा अभिवादन और बच्चों को प्यार।

आपका
ज्ञानरंजन

*

15. ज्ञानरंजन

1987

प्रिय कर्मेन्दु जी,

आपके सब पत्र मिल रहे हैं किंचित देर से। मेरा एक पत्र मिला होगा। मैं आपको इस अवस्था में सब कुछ दिल की नहीं लिख सकता, पर इतना कहूँगा कि आप आत्मविश्वास की कमी से भर रहे हैं। ऐसा न करें। मैंने इस आयोजन में प्रारम्भ से ही आप पर भरोसा किया और सही किया। नये लोगों में आप अपूर्व हैं और सच्चे। अगर आपको मैंने इस रूप में देखा है तो क्या ग़लत किया है। आपके विचारों या यों समझें कि सहारे के लिए आपके प्रस्तुत विचारों से ही पहली गोष्ठी होगी और आप किसी तरह ज़रूर आयें। मुझको तो लोग मौन ही सही नोंच लेंगे। आपको आना है—मेरी ख़ातिर। आपकी प्रतिष्ठा हमारे मित्रों और राज्य में बहुत है।

तुम्हारा
ज्ञानरंजन

*

16. ज्ञानरंजन

763, अग्रवाल कॉलोनी, जबलपुर
02/01/87

प्रिय कर्मेन्दु,

तुम्हारा ताज़ा पत्र मिला। इस बीच काम ने इतना डगमगा रखा है कि सही फ़ुरसत नहीं हो रही है। कब से तुम्हें लिखना पड़ा हुआ है जबकि लिखना ज़रूरी था। तुमको यान्त्रिक तरह से लिखने का मन नहीं होता। इधर इन्दौर भी जाना पड़ा। फेंफड़ों में ठण्ड बैठ गयी है। लगा हुआ हूँ।

जबसे तुम्हारा पत्र आया नामवर जी वाले प्रसंग में लाख बार सोच रहा हूँ। तुम्हारी बात ने मुझे गहरे छुआ है। मैं इस बात की जाँच कर लेना चाहता हूँ कि मैं कितना ग़लत कितना सही हूँ, पर 15 दिन में तय कर लूँगा। अगर कुछ करना होगा तो तुम्हें मनमाफ़िक ज़िम्मेदारी तो लेनी ही होगी।

अभी दो दिन के एक साहित्यिक कार्यक्रम में नागेश्वर लाल, विश्वनाथ त्रिपाठी और भीष्म साहनी आये थे। बहुत अच्छा समय कटा। हम 28 फ़रवरी और 1 मार्च को दो दिवसीय एक कार्यक्रम कर रहे हैं और उसमें एक विषय होगा–"हिन्दी की जातीय गद्य परम्परा और आज़ादी के बाद निबन्ध की हालत।" इस पर बहस के लिए एक कार्यकारी निबन्ध लिखना है तुम्हें। हम कई अच्छे साहित्यकारों को बुलवा रहे हैं ताकि अच्छी बहस हो सके। तुमको सभी चाहते हैं अपने बीच। शीला को भी लाना, ताकि यहाँ भेड़ाघाट वगैरह देखने का आनन्द फ़रवरी के शानदार मौसम में उठा सको।

आलेख 15 फ़रवरी तक लिख देना है, ताकि उसे छपवाया जा सके। नये साल पर हमारे प्यारे बच्चों को स्नेह। पत्र जल्दी।

तुम्हारा
ज्ञानरंजन

*

17. ज्ञानरंजन

763, अग्रवाल कॉलोनी, जबलपुर
17/01/87

प्रिय कर्मेन्दु,

तुम्हारा पत्र मिला। इसका बड़ी बेसब्री से इन्तज़ार कर रहा था। तुम्हारे पत्रों से मुझे सब्र मिलने लगा है और हौसला भी बढ़ता लगता है।

तुमने मेरे अनुरोध को स्वीकार किया है। मैं शायद अपने प्रेम का दबाव तुम पर ज़्यादा डालने लगा हूँ, पर मैं किसी निजी स्वार्थ से ऐसा कभी नहीं करूँगा। हमारा निजी जैसा तो यूँ भी कम ही होता है। तुम उस विषय को फार्मुलेट कर लो। निबन्ध ही नहीं गद्य की अन्य विधाएँ भी ले सकते हो। मुझे अन्तिम रूप से विषय का शीर्षक बना कर भेज दो। हम यह चाहते थे कि आधुनिक समय में आने से कुछ बातचीत भी अच्छी हो सकेगी। हम काफ़ी लोगों को बुलाने का प्रयास कर रहे हैं। तुमने जो यह लिखा है कि...अपनी बात को जातीय अवधारणा और उसके प्रगतिशील प्रतिगामी रूपों की वर्तमान अवस्था...तो यह मोटे रूप से तय बात है। हम भी यही चाहते हैं। हम बस कविता को नहीं रखना चाहते थे। तुम 15 फ़रवरी तक का समय ले लो।

तुम्हारे पत्र में जो सबसे प्रेरक प्रसंग मेरे लिए है वह है योजनाबद्ध (समयबद्ध) कार्य करना टीम बना कर। हम तभी शायद कुछ अपना सर उठा कर चल सकेंगे। मैं इसके लिए सब कुछ करने को तैयार हूँ 'पहल' का पूरा समर्पण देने को तैयार हूँ। इस विषय में हम चर्चा करेंगे।

पिछले किसी पत्र में तुमने लिखा था कि नामवर जी के कहानी वाले पक्ष पर तुम लिखने का मन रखते हो। वह तुम्हें अनुकूल भी लगेगा। मोटे तौर पर तुम अपनी तैयारी इसी के लिए रखना। असल में इस प्रसंग में अन्य बातों के, एक बात पर तत्काल जो मैं सोचता था, वह था नामवर जी का रवैया भारत भवन, अशोक वाजपेयी आदि के बारे में। इस बारे में मैं बहुत संवेदनशील हूँ और किसी हद तक जा सकता हूँ। म.प्र. में हमने बहुत संघर्ष किया है सांस्कृतिक तानाशाही से। कर रहे हैं। अभी हमें ख़बर मिली है कि आलोचना समवाय में नामवर जी गये और उनके मंच पर आगे कभी न आने की घोषणा

की। अपनी लड़ाई में हम किंचित और हिम्मत का अनुभव कर रहे हैं। हम उन पर लगातार दबाव डाल रहे थे।

आपका
ज्ञानरंजन

नागेश्वरजी से मैं लगातार सम्पर्क में रहा हूँ। हम इन्हें अगर थोड़ा बचा सके तो अच्छा होगा। तुम भी उन्हें लिखो।

*

18. ज्ञानरंजन

763, अग्रवाल कॉलोनी, जबलपुर
07/02/87

प्रिय कर्मेन्दु,

तुम्हारा कई बुरी ख़बरों से भरा पत्र मिला। मन खिन्न हो गया। भारत यायावर के बारे में तो बहुत ही चिन्ता हो रही है। मैं बोकारो में मित्रों को लिख कर पता लगाने का प्रयत्न कर रहा हूँ।

तुम्हारा आलेख छपने का मतलब था साइक्लोस्टाइल करके गोष्ठी में बाँटने के लिए, ताकि बहस के लिए सही बात बने। बहस के लिए आलेख अगर बहुत बड़ा न हो तो ज़्यादा बेहतर होता है। आलेख एक तरह का वर्किंग पेपर होता है ताकि आगे काम बढ़ जाय। इस बात का ध्यान रहे। 12 पेज फुलस्केप काफ़ी होगें।

कर्मेन्दु अगर बुरा न मानो तो एक बात कहूँ। भाई ही हूँ तुम्हारा। अगर तुम इतनी आर्थिक मुसीबतों और बीमारियों में हो तो क्या मुझसे ज़रूरी राशि माँग नहीं सकते क्या। मैं एक दम से भेज भी सकता था पर मन में कई तरह की बातें उठने लगीं। रिश्तों की रक्षा और मर्यादा का ध्यान मन में रहता है! बच्चे और शीला अगर जबरन दुख उठायें तो अच्छा नहीं लगेगा। शीला जी फिर आयें तब भी आयें हमें अच्छा लगेगा।

आलेख की प्रति सुरक्षित भेजना।

तुम्हारा
ज्ञानरंजन

तुम्हारी तबियत को लगातार ही कोई न कोई टिटिम्मा लगा है। अभी ही उठे और अब यह दुर्घटना। मना रहे हैं कि जल्दी ही चुस्त हो जाओ। अपना ध्यान रखना।

*

19. ज्ञानरंजन

763, अग्रवाल कॉलोनी, जबलपुर
06/03/87

प्रिय कर्मेन्दु जी,

इतनी मुसीबतों और तकलीफ़ों के बीच भी तुम आये यह बात लम्बे समय तक याद रहेगी। जब तक इस बात को भूलूँ तब तक और कितनी अधिक बन्धु भावना हमदगी बढ़ जायेगी। अपनी तबियत का ध्यान रखना चंग़े रहने से हमारा सोच विचार और ज़्यादा पाक-साफ़ रहता है। हरेकृष्ण झा को लिखना कि वे डीडी कौशाम्बी वाला काम भेजें। मैं तो लिख ही रहा हूँ।

शीला जी और बच्चों के लिए हमारा सदैव जैसा स्नेह।

तुम्हारा
ज्ञानरंजन

*

20. ज्ञानरंजन

763, अग्रवाल कॉलोनी, जबलपुर
15/04/87

प्रिय कर्मेन्दु,

बहुत समय से पत्र न मिलने के कारण मुझे शंका हो रही है कि तुम्हारी तबियत तो ठीक कि नहीं। एक पत्र हरेकृष्ण जी को तुम्हारे पते पर भेजा था

उनका भी अता-पता नहीं है, इसीलिए उन्हें अंक 31 नहीं भेज सका। गोपेश परीक्षित के पत्र का पूरा उत्तर दिया था उनका भी जवाब नहीं है, इसलिए आशंका होना स्वाभाविक है कि क्या मसला है। डाक व्यवस्था पर भी दिमाग़ जाता है। बहरहाल, उम्मीद करेंगे कि सब कुछ सही और अच्छा होगा।

'पहल' की राशि हरेकृष्ण जी से नहीं मिली। अंक 29 की कुछ और अंक 30 की भी। उधर सहरसा के शिवेन्द्र दास किसी तरह का कोई जवाब नहीं दे रहे हैं। 'पहल' उन्हें भेजे 5 महीने हो गये। आगे क्या करें यह भी संकेत नहीं है। मैं कई पत्र डाल चुका।

मैं 10 मई के बाद इन्दौर, मेरठ, चण्डीगढ़, दिल्ली के लिए निकल जाऊँगा। फिर 26 मई को सोवियत यूनियन। उसके पहले प्रयास है कि चीन के समकालीन अंक का पहला खण्ड कम से कम पाण्डुलिपि के रूप में तैयार कर लूँ।

भारत यायावर को पत्र दिया था और अब उनके पत्र से पता चला कि बेहतर हैं। घर में सबको हमारा यथायोग्य कहना।

तुम्हारा
ज्ञानरंजन

*

21. ज्ञानरंजन

763, अग्रवाल कॉलोनी, जबलपुर
27/04/87

प्रिय कर्मेन्दु,

तुम्हारा पत्र मिला। सहरसा से डा. शिवेन्द्र का बहुत प्यारा पत्र आ गया है। मैंने नाहक लिखा। कभी-कभी अधीर हो जाता हूँ। मैंने उन्हें भी जवाब दे दिया है। अब हरेकृष्ण जी को 'पहल' की प्रतियाँ उनके घर के पते पर गाँव भेज रहा हूँ। हिसाब किताब होता रहेगा, पर उनका कोई पत्र न आने के कारण मैं चिन्ता में था।

अभी इतना ही। विश्वास है पढ़ाई लिखाई ठीक चल रही होगी। तुमसे जो बात होनी है वह होगी ही जल्दी।

घर में बच्चों को और शीला जी को हमारा अभिवादन।

तुम्हारा
ज्ञानरंजन

पुनश्च
रामविलास जी का एक पत्र आया था जिसमें उन्होंने सोमदत्त के बारे में पूछा था, कुछ सूचनायें जो मैंने भेज दी थीं। वे आश्वस्त हुए।

*

कर्मेन्दु शिशिर

हनुमान नगर, शास्त्री नगर, पटना
01/05/1987

आदरणीय भाई,

सादर प्रणाम!

आपका पत्र मिला। आपने कुछ भी ऐसा नहीं किया या लिखा जिससे अधीरता का बोध हो। स्वाभाविक और सहज ही है। आप 10 को यात्रा पर जा रहे हैं, फिर 29 को रूस! मैं नहीं चाहूँगा आप मुझे पत्र लिखकर अपनी व्यस्तता बढ़ा लें। आपके पत्र का उत्तर भेज दूँ, शायद आप चाहें। यही सोच लिख रहा।

• पिछले दिनों मैं अपने रचनात्मक निर्णयों के किये कुछ द्वन्द्व में रहा। समकालीन हिन्दी परिदृश्य में इतनी अराजकता पसर चुकी है कि 'समुझि परहीं नहिं पन्थ!' गम्भीरता का अभाव तो है ही मगर बुनियादी सवाल 'नीयत' की विश्वसनीयता का है। ठोस कार्यों की ओर कोई ध्यान नहीं जाता, एकता के सूत्र एक सिरे से ग़ायब हैं। इतना अन्तर्कलह किसी भी साहित्य में शायद ही रहा हो। हिन्दी को अपेक्षित सम्मान दिलाने की रचनात्मक दिशा में ईमानदार और निष्ठावान कोशिश की बजाय आत्मस्थापन ही प्रमुख है। संगठन भी

निराश करते हैं। हम इसे छोड़कर तो सचमुच नहीं बैठ सकते, मगर कर्महीन गप्पबाजों की भीड़ जुटाना भी फालतू ही है। अब सार्थक निश्चयों से सक्रिय विवेकवान और सम्भावनाप्रवण लोगों की टीम ज़रूरी है। शेष को उनकी प्रतिभा और क्षमता के अनुरूप दायित्व सौंपकर काम कराना मैं ज़्यादा श्रेयस्कर समझता हूँ। न करने वालों को छाँटना भी ज़रूरी है। काफ़ी कुछ किया जाना सम्भव है, मगर क्यों नहीं हो पा रहा, कैसे सम्भव होगा इस सब पर विचार ज़रूरी है। आप लौटकर आवें तो प्रयाग में भेंट हो। व्यक्तिगत रिश्ते का विस्तार ही तो उसकी सार्थकता भी है?

• मैं इधर आपकी कहानियाँ पढ़ रहा था। प्रेमचंद ओर रेणु के साथ सिर्फ़ ज्ञानरंजन ही एक ऐसा नाम है बड़े भाई! जिसे मैं हिन्दी की ओर से दूसरी किसी भाषा के सामने गर्व से रख सकूँगा। मैं इतना आत्ममुग्ध और भरा महसूस करता रहा कि निरन्तर आपके साथ जिये क्षण सजीव होते रहे। ऐसी सघन और सजल बुनावट तो हिन्दी में है ही नहीं। यह भाषा का कमाल नहीं, बल्कि भाषा के पीछे उस मन की ताक़त है जो आपके पास है। सारा मामला जीवन की घोर निर्विकल्प और निर्वैयक्तिकता का है, जिसे पाने की चाह मुझे विकल और सक्रिय किये रहती है।

• पिछले दिनों वीरभारत तलवार ने भगतसिंह और डॉ. शर्मा पर जो कुछ लिखा–उससे मैं एकबारगी दहल गया। इस आदमी के साथ मैंने दो वर्ष काम किया है। यह भयानक रूप से गन्दा, संदिग्ध और मक्कार आदमी है। इतना खतरनाक मार्क्सवाद विरोधी और जनविरोधी मेरी जानकारी में दूसरा नहीं। इसके अनेक गोपनीय सूत्र काफ़ी पहले से ज्ञात थे। दुर्भाग्य है कि नामवर जी, डॉ. शर्मा विरोधियों की जुटान में इतने लापरवाह हो गये हैं कि आस्तीन के साँप को पोस–पाल रहे हैं। मिलने पर सुनाऊँगा। वैसे, मैंने एक कड़ा प्रतिवादी–पत्र 'वर्त्तमान सम्पादक' को भेजा है। बहुतों को इसकी मक्कारी दिखायी–सुरेश को भी। मैंने तो आचार्य शुक्ल, आचार्य द्विवेदी, डॉ. शर्मा, डॉ. सिंह, डॉ. पाण्डेय, डॉ. क. चौहान, डॉ. अग्रवाल–सब को लेकर एक विस्तृत आलेख का निश्चय कर लिया था। दो पृष्ठ लिखा भी–मगर फिर अपने निश्चय को त्याग दिया। यह विवाद ऐसा है जिस पर मैं लिखूँगा तो 6 से 8 माह लूँगा। इतना वक़्त मेरी स्वाभाविक जीवन शैली को नष्ट कर देगा। मुझे समीक्षात्मक लेखन से बुरी तरह अरुचि है। मैं अपने पूर्व संगीत को वापस पाना चाहता हूँ।

• कभी-कभी लगता है–अगर न भी लिख सका तो खेद नहीं महसूस करूँगा। मैं जीवन शानदार और सन्तुष्ट जीना चाह रहा–जी भी रहा। पैसे वैसे के कष्ट को ठेंगा दिखाता इतनी यात्रा तय कर ली–अब तो वैसी बात भी नहीं। समझिये सुखी हूँ। 'मढ़ी का दीवा' गुरदयाल सिंह का पढ़ा। मंजे कलाकार हैं, नेक दिल लेखक। इनकी कहानियाँ मुझे उतनी नहीं भातीं मगर उपन्यास! तीन पढ़े और तीनों ने गहरे बाँध लिया।

• पैसे मैं न भेज सका तो समझेंगे, मैं ऐसी अनुकूल स्थिति में नहीं रहा। समय से ही भेजूँगा। भाभी को सादर चरण स्पर्श। कितनी अच्छी भाभी! उनका नेह! सिर माथे। पुत्र/पुत्री को स्नेह। उदिता और उमंग का चरण स्पर्श। शीला का सादर।

शिशिर

*

22. ज्ञानरंजन

763, अग्रवाल कॉलोनी, जबलपुर
06/05/87

प्रिय कर्मेन्दु,

तुम्हारा पत्र मिला। मैं तुमको एक पत्र और लिखना ही चाहता था जाने से पहले। मैंने दिमाग़ बनाया था कि तुम्हारा पत्र मिला।

समकालीन अराजकता जिसका ज़िक्र तुमने किया है वह बहुत ही चिन्तनीय है। और यह इतनी बढ़ती जा रही है कि हमें नहीं लगता कि कुछ दिन बाद हमतुम भी इससे बख़्शे जा सकेंगे। छपास, घृणा, लोलुपता, अर्जन यह सब फैलता जा रहा है। एक नया अन्दर बाहर जन्म ले चुका है जो चालाकियों और असहिष्णुताओं से पुता हुआ है। कर्मेन्दु, मुझे बहुत अच्छा लगता है जब तुम इन सब से विचलित होते हो। पर तुम बहुत मैगनीफाई भी करते हो। हम जैसे बहुत से लोग हैं जिनके पास सकारात्मक प्रतिरोध या कार्यक्रम हो सकता है। मेरी सदैव यह इच्छा रही है कि अतिवाद और मात्र आमने-सामने के संसार

की जगह हम एक दूसरे मूल्यवान संसार के बचाव की रणनीति और मैत्री पैदा करें और यह कठिन नहीं है।

वीर भारत तलवार जैसे कई लोग और चमकीले गुट वामपन्थ की झोंपड़ी में घुस आये हैं। ये बहुत ख़तरनाक हैं। चमकीलापन हमारे लिए हर जगह ख़तरनाक है। इनका मुखौटा उतरना चाहिए तत्कालिक रूप से और बुनियादी काम को उपेक्षित नहीं करना चाहिये, अर्थात हमारे पास एक ही समय में कम से कम दो काम हैं।

पैसों की चिन्ता मत करना। बाद में भेजना और इस बार 'पहल' के नाम ड्राफ्ट भेजना। तुमसे चलते हुए एक आग्रह है कि तुम जिस विषय पर नामवर जी पर लिखना चाहते थे उस पर अब तीन महीने में तुम्हें लिखना है। 3 महीने का वक़्त बहुत होता है। मुझे तुम्हारा वह पत्र नहीं मिल रहा है। जल्दी के कारण जो तुमने अपने विषय के बारे में लिखा था। यह लेख तुम्हारा सर्वोत्म होगा अब तक का यह मेरा विश्वास है, क्योंकि तुम मार्क्सवादी आलोचना के मूल्यों की भीतरी चिन्ता और वृहत उद्देश्य से परिपूर्ण हो। समय पर्याप्त है।

जून के अन्त में मुझे कुछ समय के लिए फिर लन्दन जाना होगा जहाँ पंजाबी, उर्दू और हिन्दी के योरोपीय लेखकों का सम्मेलन है।

तुम्हारा
ज्ञानरंजन

*

कर्मेन्दु शिशिर

हनुमान नगर, शास्त्री नगर, पटना
14/05/1987

आदरणीय बड़े भाई,

सादर प्रणाम!

आप विदेश यात्रा की तैयारियों में लगे होंगे। हम सभी की ओर से आप इस शताब्दी की सबसे महान! जनता के बीच जायेंगे। काश! मैं आपको विदा करने का सुख उठा पाता। आप मानें, मैं पूरे उल्लास में आपको विदा करते

मंगल कामनाओं से भरा हूँ। भैया! आप उस समाजवादी देश से एक कलम मेरे लिए ज़रूर लायेंगे। माँगना अशोभन तो नहीं। वहाँ से पत्र की अपेक्षा न करूँगा, क्योंकि मैं आपके सानिध्य के वैसे सौभाग्य का लालच तो ज़रूर पालता हूँ, परन्तु अतिरिक्त नहीं। जो पाता हूँ—उसी की पात्रता नहीं।

• 'पहल' के पैसे समय से नहीं भेज पा रहा। जब भी अनुकूल होगा ज़रूर भेज दूँगा। आगे से आप बीस प्रतियाँ भेजा करेंगे। 'पहल' की लोकप्रियता और प्रतिष्ठा से सन्तोष हो रहा। मेरा विश्वास है मैं अपने कहे के अनुसार सौ कर ही डालूँगा।

• कल गोपेश परीक्षित आये थे। उन्होंने खुलकर कुछ स्पष्ट तो नहीं बताया लेकिन उनकी बात से मुझे कुछ सन्देह हुआ। उन्होंने कहा कि वे डॉ. नामवर सिंह के विशेषांक पर प्रतिकूल राय भेजे थे जिस पर आपकी कड़ी प्रतिक्रिया आयी थी। उसमें शायद मेरा भी उल्लेख था। मैंने काफ़ी जोर दिया लेकिन इससे ज़्यादा कुछ न कहे। उन्होंने कहा कि आप पत्र में इसकी चर्चा नहीं करेंगे, मैंने क्षमा पत्र भेज दिया है। मैं चिन्तित और विचलित हुआ। इस आसंग में आपसे मेरी जो बातचीत हुई थी उसमें हम दोनों ने अपनी राय दी थी। बड़े भाई! मैं इसमें कोई स्पष्टीकरण नहीं देना चाहता। मैं जानता हूँ कि आप हर से स्वतन्त्र तथा तर्कसंगत सम्बन्ध रखते हैं, इसलिए मैं आश्वस्त भी हूँ। आपके इस निर्णय से असहमत हूँ, इसका यह कतई अर्थ नहीं कि मैं इसका व्यापक विरोध अभियान चलाकर आपके पास पत्र भिजवा रहा कि आप ऐसा न करें। इतना नीच मैं कभी नहीं हो सकता। **हाँ, मैं असहमत हूँ और मैं अपनी असहमति को छिपाता भी नहीं; कहता भी हूँ। मगर मैं मानता हूँ, आपका भिन्न निर्णय सम्भव है। मेरी भी अनेक बातों से आपकी असहमति सम्भव है। सर्वस्वीकृतिनुमा कुछ नहीं होता। 'रैशनल' तरीक़े से लोकतान्त्रिक सम्बन्ध ज़रूरी है।** अगर मुझे विरोध या बहस करना होगा तो मैं उस विशेषांक की शील और मर्यादा के साथ समीक्षा ही लिखूँगा। हालाँकि ऐसा भी मुझे नहीं करना। मैंने एक तरह से निर्णय ही ले लिया कि समीक्षात्मक लेखन लगभग नहीं करूँगा। व्यक्तिगत स्तर पर आपके प्रति मेरे भीतर जो गहरा सम्मान है उसके प्रदर्शन में मेरी कोई रुचि नहीं। न ही वह सम्मान इस बात पर निर्भर है कि आप मेरे प्रति कैसी धारणा रखते हैं। वह सम्मान आपके लेखन, पत्र और जिये सम्बन्धों पर खड़ा है और स्थायी है।

आप मुझसे घृणा भी करेंगे तो भी इसमें कोई फ़र्क़ नहीं पड़ता। एक व्यक्ति के रूप में अपने मन और अपनी आत्मा पर आस्था रखता हूँ। मैं किसी अतिरिक्त लाभ-लोभ से कभी कोई सम्बन्ध नहीं बनाता। डॉ. नामवर सिंह के प्रति मेरे मन में ऊँचा स्थान है–यह सच है। इस कारण आप मुझ से नफरत करें तो भी मैं झूठ कैसे कहूँ कि मेरे भीतर उनके लिए ऊँचा स्थान है। मैं छल नहीं कर सकता, भले ही इसके लिए मुझे बड़ी कीमत चुकानी पड़े। चुकाया भी कम नहीं है। मुझे अपनी ईमानदारी और आस्था पर गर्व है। मैं अशिष्ट नहीं, इसका यह भी अर्थ नहीं कि कायर हूँ। किसी के प्रति अपनी आस्था में आसानी से उलटफेर भी नहीं करता। डॉ. रामविलास शर्मा, विजयदान देथा, गुरदयाल सिंह और ज्ञानरंजन–ये चार नाम ऐसे हैं जिनके स्नेह को मैं जीवन की सबसे ऊँची उपलब्धि मानता हूँ। इनकी कमियाँ भी मेरी हैं और इनकी आलोचना भी मैं ही कर सकता हूँ। दूसरे करें तो सुन नहीं सकता या जवाब देने से अपने को रोक नहीं पाऊँगा। डॉ. नामवर सिंह के प्रसंग में आपके प्रतिकूल टिप्पणी के लिए एक दिन दो घंटे तक दुष्ट दलन करता रहा। हालाँकि मैं इसे स्वयं पसन्द नहीं करता। दोस्त साहित्य में सिर्फ़ एक बनाया आलोक धन्वा को। तिलमिला देने वाली आलोचना करता हूँ, मगर रोता भी हूँ उसके लिए। पता नहीं कितनों से लड़ा और लड़ूँगा। भाई! आपसे एक ही निवेदन है कि आप मुझसे नफरत करें, सम्बन्ध तोड़ लें–यह आपकी बात। मगर कभी किसी के कहने पर मेरे बारे में कोई धारणा न बनावें। गो कि, यह भी कहने का कोई अधिकार नहीं। मेरे हाथ में सिर्फ़ अपने प्रति ईमानदार होने के कुछ और नहीं है।

• कितनी ख़राब बात है कि आपका मन खट्टा कर रहा, जबकि आप बड़ी यात्रा पर निकल रहे। मैं सचमुच अक्षम्य हूँ शायद! भाभी को चरण स्पर्श। शीला जी, सादर प्रणाम भेज रहीं और यात्रा की शुभकामना पठा रहीं हैं। उदिता और उमंग का चरण स्पर्श।

क्षमा सहित।

आपका स्नेहाकांक्षी
कर्मेन्दु शिशिर

*

23. ज्ञानरंजन

763, अग्रवाल कॉलोनी, जबलपुर
25/06/87

प्रिय भाई कर्मेन्दु,

मैं पूरे एक महीने बाद 21 जून को जबलपुर लौट कर आया। आते ही आपसे सम्पर्क करने का मन हुआ है। विश्वास है आप सपरिवार स्वस्थ प्रसन्न होंगे। और इस बीच कुछ सार्थक काम किया होगा। मैं आपको कुछ पुरानी बातों की तरफ़ ला रहा हूँ।

एक तो यह कि मार्क्सवादी आलोचना में नामवर सिंह पर आपको लिखना है। आपके नज़रिये आपके क्षेत्र विस्तार और सहमति असहमति की आपको स्वतन्त्रता रहेगी। इसमें हमने कभी संवाद को कुण्ठित नहीं करना चाहा है।

दूसरे 'पहल' की राशि हरेकृष्ण झा से भी भिजवाने का व्यवस्था करें। आगे चीन के समकालीन अंक के लिए मुझे बहुत चिन्ता है। मैं उसे 8-10 दिन में प्रेस में देना चाहता हूँ।

यहाँ आने पर पता चला कि सुरेश की भयानक दारूखोरी चल रही है और उसकी संगत काफ़ी चलतू लोगों से हो गयी है। आकाशवाणी का गहरा दुरूपयोग हो रहा है। मैंने तय किया है कि मैं एक औपचारिक सम्बन्ध बस रखूँगा।

अभी इतना ही। सोवियत देश की यात्रा के बारे में कुछ ज़रूरी बातें आपको तब लिख सकूँगा जब एकत्र काम के पहाड़ को बराबर कर लें।

सस्नेह
ज्ञानरंजन

*

कर्मेन्दु शिशिर

हनुमान नगर, शास्त्री नगर, पटना
02/07/1987

आदरणीय भाई,

सादर प्रणाम!

मैं 12 दिनों तक बोधगया में इण्टर की कॉपी-जाँच में था। लौटा तो आपका पत्र! एक पत्र वहाँ से भी लिखा था–मित्र प्रयोजन से। भैया, आप नाराज नहीं हैं तो आप क्यों लिख रहे? आप वापस न लौटें! आपके जाने के पूर्व कार्ड ने मुझे गहरे लज्जित किया। मैं बहुत अजीब मन:स्थिति में रहा। बहरहाल, आपके दुर्लभ स्नेह, अयाचित सम्मान, और सन्तुलित गम्भीरता ने स्थायी सीख दी। इस बीच मैं कुछ भी सार्थक न कर सका। घर में भाई से तनाव की स्थिति आ गयी। बेवज़ह के मामले में फँस गया। इधर विश्वविद्यालय से तीन माह का वेतन रुका हुआ है। मैं व्यक्तिगत दिक़्क़तों की चर्चा से बचना चाहता हूँ। निजी कष्टों का कोई मतलब नहीं। लोकहित में यह भोगता तो कोई बात भी बनती। फिर भी मैं माहांत तक 'पहल' के पैसे भेज दूँगा। 'पहल' की परेशानी में भागीदार बनने को आत्मा कतई तैयार नहीं। हरेकृष्ण को भी लिख रहा हूँ।

• आलेख के लिए अधिकतम समय दीजिये। लगेगा तो डेढ़ दो माह ही, मगर मन:स्थिति की अनुकूलता का सवाल है। लिख सकूँगा या नहीं इस बात का द्वन्द्व तो हमेशा लगा रहेगा। मगर आदेश अनुपालन में कुछ भी उठा नहीं रखूँगा। नामवर जी से सहमतियों या असहमतियों का सवाल नहीं–सवाल क्षमता और समझ की सीमाओं का है।

• सुरेश और त्रिपाठी को लेकर मैं अब तो भ्रम में नहीं ही रह सकता। मुझ में जो अटूट विश्वास था–उसके पीछे 15 वर्षों का तीखा अनुभव है। अपनी भावुक मूर्खता में छला गया और आहत हुआ। शुद्ध निजी स्वार्थ की दहलीज़ पर सम्बन्धों की इमारत तभी टिक सकती है जब दूसरा सधे। सुरेश के प्रति आपका अन्तिम निर्णय ज़रूरी था। मैं इसके पड़ते प्रभावों को कहने में संकोच और भय करता रहा। त्रिपाठी आज नहीं कल आपको भिन्न रास्ते इसी

निष्कर्ष तक ले जायेंगे। नि:सन्देह ये बातें मैं सीमा से बाहर जाकर कर रहा। परन्तु सत्य को निग़लते नहीं बनता।

• सोवियत रूस के संस्मरण की आतुरता स्वाभाविक है। गुरदयाल जी का साथ अतिरिक्त रहा होगा। भाभी को सादर प्रणाम कहेंगे। बच्चों को स्नेह। शीला का सादर प्रणाम। उदिता-उमंग की आदत हो गयी है प्रत्येक पत्र में अपने नाम ढूँढ़ने की। दोनों सादर प्रणाम कह रहे हैं।

• समय से पत्र देंगे।

क्षमा सहित।

आपका स्नेहाकांक्षी
कर्मेन्दु शिशिर

• जबलपुर से लौटा तो सुरेश यहाँ आया था। पूर्ववत मुझसे मिला। जब लौटकर गया तो मैंने स्पष्ट पत्र में लिखा कि बन्धु राग-द्वेष का द्वन्द्व समाप्त करें और मिलना-जुलना एकबारगी बन्द करें। मेरे विरुद्ध जो करना हो करें। ये दोनों राहु-केतु हैं–मेरे घृणा के सबसे प्रबल आलम्बन! यह सच है और सकारण! ठोस अनुभवों की अनदेखी सम्भव नहीं। प्रतिभा तो हिटलर में भी थी–अनेक मनुष्य विरोधी प्रतिभाशाली ही हैं। वैसे दोनों को ऐसा भी नहीं मानता।

कर्मेन्दु शिशिर

*

24. ज्ञानरंजन

763, अग्रवाल कॉलोनी, जबलपुर
07/07/87

प्रिय कर्मेन्दु,

इस समय तत्काल यह कार्ड था इसलिए इसी पर लिख कर भेज रहा हूँ। तुम्हारा पत्र मिला। इस बीच तुम्हारा लम्बा लेख 'वसुधा' वाला पढ़ रहा हूँ और उससे कई जाले मेरे साफ़ हो रहे हैं। पूरा पढ़ कर लिखूँगा।

तुम्हारी दिक़्क़तों को देखते हुए लज्जा लग रही है कि क्यों 'पहल' के मूल्य के लिए लिख दिया। अपने को पीड़ित करके मेरे भाई पैसा मत भेजना। यह पाप होगा।

आलेख के लिए तुम्हें जितना वक़्त लगे ले लेना। मुझे कभी-कभी लगता है कि मैं अपने प्यार का तुम्हारे साथ नाजायज उपयोग कर रहा हूँ। **पर मैं यह मानता हूँ कि तुम अगर मेरे हो तो मेरी हर कमियों से भी जुदा नहीं हो सकते।**

शीला, उदिता और उमंग के लिए हमारा हार्दिक स्नेह। बाद में पत्र लिखूँगा अभी इतना ही।

तुम्हारा
ज्ञानरंजन

*

कर्मेन्दु शिशिर

हनुमान नगर, शास्त्री नगर, पटना
11/07/1987

आदरणीय भैया!

सादर प्रणाम

मेरा पत्र आपको मिल गया होगा। मैंने नामवर जी की पुस्तकों को लगभग पढ़ लिया है। मैं सिर्फ़ कविता सम्बन्धी लेखन पर ही केन्द्रित रहूँगा। आपको पत्र भेजा तभी से सर्दी-जुकाम और बुखार से परेशान रहा। अभी सर्दी शेष ही है। पारिवारिक, व्यावसायिक ओर स्वास्थ्य सम्बन्धी प्रतिकूलताओं के साथ 'मित्रों' के निर्मम विष बुझे बाणों के बीच आपके स्नेह की ताक़त के भरोसे यात्रा शुरू ही कर दी है। नहीं कह सकता आपकी मंगलकामनाओं के एकमात्र सम्बल से कितनी दूर आगे बढ़ पाऊँगा। इस सब को साथ किये शुरू तो अन्त तक ले ही जाऊँगा। सच मानिये आपका आदेश न होता तो हरगिज आलोचनात्मक प्रपंच नहीं पालता। निश्चिन्त था कि अब तो किसी को टालना ही भर है। खैर!

• नामवर जी बहुत ही 'छलबलाते' आलोचक हैं। उनको पकड़ना हमारे जैसे सामान्य सूझ वाले के वश की बात नहीं। मेरी आदत नहीं जो पक्ष-विपक्ष की एकरेखीयता में बात करूँ। हिन्दी समीक्षा के आसंग में गम्भीर आकांक्षाओं और अपेक्षाओं के तहत कुछ सवाल भर उठाना चाहूँगा। उठा सका तो पीठ ठोक दीजियेगा। क्या पता प्रकाशन योग्य भी हो सके या नहीं। मैंने उन तमाम सवालों को छोड़ दिया है जिन्हें डॉ. शर्मा ने उठाया है। उनके साथ के विवादों को भी छोड़ दिया है। मैं नये प्रश्नों की तलाश में रह रहा हूँ।

• यह पत्र आपकी विशेष सहायता के लिए। मुझे अविलम्ब 'पूर्वग्रह' का डॉ. नामवर सिंह विशेषांक भेज दीजिये। भोपाल में प्रति समाप्त हैं। आपकी रजिस्टर्ड आयी प्रति मैं आलेख सहित रजिस्टर्ड भेज दूँगा। आलेख आपसे सामग्री मिलने के तुरन्त बाद भेज दूँगा। काफ़ी नोट्स और टिप्पणी ले ली है। मैं गम्भीर लेखक तो हूँ–नहीं, जो गहन चिन्तन करूँ-जस-तस लिख मारूँगा। मैं 'पूर्वग्रह' के नामवर सिंह विशेषांक की विकल प्रतीक्षा में हूँ। शीला जी, उदिता और उमंग का चरण स्पर्श। भाभी को चरण स्पर्श। बच्चों को स्नेह।

आपका
शिशिर

*

कर्मेन्दु शिशिर

हनुमान नगर, शास्त्री नगर, पटना
18/07/1987

आदरणीय बड़े भाई,
सादर प्रणाम!

आपकी आत्मीयता से भीगा पत्र पाकर देर तक मूक सोचता रहा। इस सघन स्नेह को पाकर विचलित होना सहज ही है।

• मैंने घर के मामले की चर्चा की थी। गाँव गया था। मामा आये हुए थे कि बँटवारा हो जाय। पहली बार पता चला कि समय में ज़हर कितना अन्दर तक घुस गया है। जिस भाई को मैंने छोटे वेतन से कर्ज़ लेकर 14 हज़ार दिये,

जो भाई अपना सर्वस्व मुझे देता था, मैं उसे। वह उस 14 हज़ार को नकार तो देता ही है, मेरे हिस्से की सारी सम्पत्ति भी येन-केन प्रकारेण अपने हिस्से में करता है। मात्र तीस हज़ार की शेष सम्पत्ति पर मेरा नाम था। इस वैधानिकता से विवश होकर भी अड़चनें डालने से बाज़ नहीं आया। मुझे खास दुःख नहीं। अन्ततः सगा था, बड़े परिवार के बोझ ने उसे तोड़ा होगा। मेरा दुःख समय की इस बजबजाहट को लेकर है। मैं अब कथा ही लिखने को कसमसा रहा। आपका आदेश पूरा कर सकूँ–बस इतना ही। 'पूर्वग्रह' का नामवर अंक ही भेज दीजिए।

• यह पत्र एक विशेष उद्देश्य और संकोच से। आप तभी कुछ करेंगे जब आपके और मेरे सम्मान और स्वाभिमान को बाल भर ठेस न लगे। मामला नितान्त व्यावसायिक, व्यक्तिगत और सस्ता करने वाला है। सो आप सतर्कता और सावधानी से स्वाभाविक निर्वाह करेंगे ही।

जैसा कि आपने देखा होगा 'साक्षात्कार-85' का पूरा अंक 'मतवाला' पर है। इसमें सोमदत्त जी ने मेरे साथ स्पष्टतः अपेक्षा के विपरीत और वादाखिलाफ़ी की। तय था कि वे मेरी भूमिका छापेंगे जो 'मतवाला' पर थी। तय था कि वे स्पष्ट करेंगे कि ये सामग्री मेरी पाण्डुलिपि से ली गयी है जो सम्भावना से छप रही, इसका उल्लेख करेंगे। यह सब उन्होंने नहीं किया। आठ हज़ार पृष्ठों से छानकर आठ सौ पृष्ठों की सामग्री भेजी। उन्होंने ऐसे प्रस्तुत किया जैसे वे ही आठ हज़ार से छाँटकर नवनीत परोस रहे। लिखा तो बहाना देखिये, मैं भूल गया। छपा तब याद आया। मुझे लगा तुम्हारी भूमिका छप चुकी थी। भूमिका तो छप परसाई जी की गयी थी 'हंस' में। लगा मेरी। वे सात बार सामग्री के लिए तार भेजते हैं, क्या पूछ नहीं सकते थे? ख़ैर! मैं गम खा गया। जब कि मैंने उन्हें 'मतवाला' की एक फाइल भी भेंट की थी। एक पाण्डुलिपि अभी तक वापस नहीं किये। पत्र में लिखा कि 'नागर जी, कृष्णा सोबती का पत्र आया है, श्रेय तुम्हें!' इस तरह बच्चा और बुद्धू समझने का मतलब मेरी समझ में नहीं आया। ख़ूब हैं ये भी! खैर! अब सुनिए पारश्रमिक का मामला! सोचा, चलो एक मुश्त पारश्रमिक ही मिल जायेगा। मैंने 'मतवाला' की फाइल, सामग्री और पाण्डुलिपि भेजी, तीन किश्तों में लगभग 50 रुपये। आठ सौ पृष्ठों में

500/- टंकण के। शेष हाथ से उतारा। रिक्शा, लाइब्रेरी और मिहनत अलग। भेजा है 595/रुपये। 5/- डाक का कमीशन!

इस तरह घर से लगाकर मैं लुटूँ? ठीक है, 'वसुधा' के लिए लेख लिखा तो 800 की पुस्तक उधार लीं, अभी तक पैसे नहीं दिये। फिर भी सन्तोष है, संगठन की है। मगर यहाँ तो 'जाति' देखकर भात भी न मिले का सवाल। प्रेमचंद, प्रसाद की दो असंकलित रचनायें भी थीं। कम से कम 1200/- या 1000/- तो भेजने ही चाहिये थे। बहुत ही गहरा धक्का लगा। ऐसी उपेक्षा और अपमान से उत्साह मर जाता है। सोमदत्त जी को इतना सम्मान स्नेह करता था, मगर ये एकदम गम्भीर नहीं हैं। इतने हल्के ढंग से आदमी, सम्बन्ध और सामग्री को लेते हैं कि क्या कहूँ आपको? मैं कुछ कह नहीं सकता। पैसे की नीचता सबसे घटिया है, सो बड़प्पन में चुप ही रहूँगा। मन को हल्का करना चाहता था, बस।

(शिशिर)

डॉ. नामवर सिंह पर मेरा आलेख काफ़ी लम्बा होगा। इतना नहीं कि आपको परेशानी हो, मगर लम्बा होगा। शायद 30 से 40 पृष्ठ के भीतर जो छपकर 25 के आसपास आयेगा। मैं सिर्फ़ 'पूर्वग्रह' नामवर अंक की प्रतीक्षा कर रहा। तीन अंक ज्ञानोदय के मिलने शेष हैं। मिल ही जायेंगे।

(शिशिर)

*

25. ज्ञानरंजन

सचिवालय, म.प्र. प्रगतिशील लेखक संघ, 763, अग्रवाल कालोनी
28/07/87

प्रियवर,

कला और साहित्य की दुनिया में भाऊ समर्थ एक जाने माने और अत्यन्त सम्मानित कलाकार हैं। प्रगतिशील कला और विचार के लिए उन्होंने अपना

सारा जीवन समर्पित कर दिया। पिछले तीन दशक से वे लगातार सक्रिय हैं और साहित्य की शायद ही कोई ऐसी पत्रिका होगी जिसमें उन्होंने अपना कलात्मक योगदान न दिया हो। मार्क्सवाद की विचारधारा और जनवादी कला के प्रसार के लिए उन्होंने चित्राकला और रेखांकन का उपयोग किया। यह अटूट कार्य उन्होंने लगभग चुपचाप बिना आर्थिक उम्मीद के किया है। उन्होंने बाज़ार और पूँजीवादी कला के सारे चमकीलेपन से अपने को दृढ़ता के साथ अलग रखा। एक गर्वीले सर्वहारा का जीवन जीते हुए भाऊ ने हमारी कलाकार बिरादरी की संघर्ष शक्ति को अग्रसर किया है। भाऊ समर्थ ने कला के ऊपर विस्तृत लेखन किया है और मराठी की महत्त्वपूर्ण पत्रिकाओं में वह सब प्रकाशित है। हम हिन्दी में उसे यथाशीघ्र प्रकाशित करने की व्यवस्था कर रहे हैं। भाऊ समर्थ के प्रति यह हमारा विनम्र दायित्व है।

आपको पता होगा कि भाऊ समर्थ ने नागपुर में रहते हुए एक सामाजिक कार्यकर्ता का जीवन भी जिया है। उन्होंनें कई बार बड़े नगरों और बड़ी नौकरियों के प्रस्तावों को अस्वीकार करके अपनी धुन को ही जारी रखा है। आज इस तरह का व्यक्तित्व भारतीय कला में दूसरा नज़र नहीं आता।

भाऊ समर्थ अगले वर्ष जीवन के साठ वर्ष पूरे कर रहे हैं। इस अवसर पर हम म.प्र. के नगर इन्दौर में उन पर केन्द्रित एक महत्त्वपूर्ण कार्यक्रम का आयोजन कर रहे हैं। इस मौके पर भाऊ समर्थ की दो ज़रूरी किताबें हिन्दी में जारी की जायेगी। एक ग्रन्थ उन्हें समर्पित होगा और एक कला प्रदर्शनी होगी। सूचनार्थ निवेदन है कि भाऊ समर्थ की एक अत्यन्त महत्त्वाकांक्षी और प्रतिनिधि कला प्रदर्शनी इसी वर्ष बम्बई की जहाँगीर आर्ट गैलरी में सम्पन्न होने जा रही है।

हमारा निवेदन है कि हिन्दी की लघु पत्रिकाओं की भाऊ पर केन्द्रित इस कार्यक्रम में सक्रिय भागीदारी हो। कला सम्पादक रंगकर्मी, विचारक और साहित्यकारों से भी इसमें भाग लेने का अनुरोध है। इस बारे में आपके सुझाव और सहयोग की हमेशा जरूरत होगी।

भवदीय
ज्ञानरंजन
महासचिव, म.प्र. प्रगतिशील लेखक संघ

प्रिय कर्मेन्दु,

तुम्हारा पत्र मिला। इस बीच तुम्हें पूर्वग्रह मिल गया होगा। मैंने मखलोटगंज 'इस नवान्न में' की 5 प्रति भेज दी हैं। मैं कल इलाहाबाद से लौटा। वहाँ कई लोगों ने तुम्हारा लेख पूरा पढ़ लिया है। रवीन्द्र कालिया और अखिलेश उसका काफ़ी ज़िक्र कर रहे थे। मुझे यह प्रसन्नता है कि तुम्हारा श्रम काम आ रहा है।

तुमने सोमदत्त के क्रियाकलापों के बारे में लिखा है। मैं अधिक कुछ नहीं लिखना चाहता पर मैंने उनसे उनकी लगातार की क्षुद्रताओं के कारण अपना मन मोड़ लिया है। वे बहुत ही गलीज मानसिकता और उपक्रम में लगे हैं। उन्होंने हमारे कई मित्रों के साथ पारिश्रमिक के मामले में शर्मनाक हरकत की है। तुम दो काम कर सकते हो। एक तो साफ़ आगे किसी भी प्रकार के काम के लिए मना कर सकते हो या उनसे अपने पूरे ख़र्च की माँग कर सकते हो। पर हर हालत में अपना प्रोटेस्ट जरूर प्रकट करना चाहिये। अशोक वाजपेयी के लग्गुओं को अनाप-शनाप पारिश्रमिक दिया जाता है। कई लाख हर साल लैप्स हो जाते हैं। छोटी पत्रिकाओं को दी जाने वाली सहायता सबसे पहले अशोक वाजपेयी के साथ सहयोग करके सोमदत्त ने तोड़ी। मैं इस व्यक्ति को कभी माफ नहीं कर सकूँगा। तुम शोषण मत स्वीकार करो।

हाँ, तुमने अपने घरबार के साथ जो कुछ किया है वह अच्छा किया। अब उसका मलाल न करना। घर में हमारा स्नेह देना सबको।

तुम्हारा
ज्ञानरंजन

*

कर्मेन्दु शिशिर

हनुमान नगर, शास्त्री नगर, पटना
08/08/1987

आदरणीय भैया,
सादर प्रणाम!
आज ही आपका पत्र मिला।

हरि ने 'पूर्वग्रह' किस तरह भेजा—पत्र पढ़ कर जी प्यार से उमड़ आया। उस जन्म में भी उसका साथ मिले। लेकिन मैं आलेख पूरा कर चुका था। सिर्फ़ इन्टरव्यू उलट कर देख गया। उन पर छपे आलेख जानबूझ कर नहीं पढ़ा। अनावश्यक तनाव हो जाता। पढ़ने पर बात बढ़ती और मेरी हिम्मत चुक गयी थी। सो, उस पन्ने को पलटा ही नहीं। पैकेट बनाकर रख दिया कि वापस कर दूँगा। आलेख भी आपको शीघ्र भेज दूँगा। 11 को मैनेजर पाण्डेय आ रहे हैं। 13 तक मेरे मेहमान रहेंगे। आपके दुर्लभ प्यार का इतना भरोसा हो गया है कि अक्सर फालतू भी बक जाया करता हूँ। घर की बातें भी। आपके स्नेह का ही विश्वास है सहोदर को फेल पाया। आप मेरे संचित सौभाग्य की उपलब्धि हैं। बड़ी-से-बड़ी परेशानी में भी राहत रहती है।

• 'सज्जन' से मामला पारिश्रमिक का होता तो कोई बात नहीं। मात्र लागत टंकण ख़र्च की बात थी। 800 पृष्ठों की टंकित सामग्री भेजी थी। पुस्तकालय जाना, काम करना अलग। ख़ैर! छोड़िये। पत्र अब आलेख के साथ भेजूँगा।

आपका
शिशिर

*

26. ज्ञानरंजन

763, अग्रवाल कॉलोनी, जबलपुर
08/08/87

प्रिय भाई,

पूर्वग्रह मिल गया होगा। रायपुर में कहानी पाठ हुआ अभी साहित्य परिषद का। सबको कहानी पाठ का पैसा दिया गया और हरि को नहीं। वह बहुत खिन्न था।

रंजना अरगड़े ने शमशेर की सामग्री भेजी थी उन्हें 2200 का भुगतान किया गया और तुम्हें 500 का। बहरहाल, इस हालत में पटाक्षेप और उदास रहना चाहिए बस आगे के लिए साफ़ और बेलाग।

अपना हाल देना। बच्चों को प्यार। शीला जी के लिए अभिवादन। वे हमारे यहाँ कब आयेंगी।

तुम्हारा
ज्ञानरंजन

*

27. ज्ञानरंजन

763, अग्रवाल कॉलोनी, जबलपुर
13/08/87

प्रिय कर्मेन्दु,

एक कार्ड और एक अन्तर्देशीय मिला। आश्चर्य है कि तुम्हारे किसी पत्र में मेरे पत्रों के बारे में कोई चर्चा नहीं है। पूर्वग्रह की प्राप्ति के बारे में भी चर्चा नहीं है। विश्वास है, देर-सबेर ही सही मेरे पत्र और पूर्वग्रह मिल गया होगा।

तुमने लेख तैयार कर लिया है यह अत्यधिक सन्तोष की बात हुई। अभी उसे अपने पास रखो। सितम्बर में भेज देना।

कमलेश बिहारी माथुर को पत्र भेज रहा हूँ—सीधे लखनऊ के पते पर। प्रकाश चन्द्रायन को सफलता मिले इससे हमें ख़ुशी होगी। प्रकाश जी जाकर उनसे मिल लें। कह नहीं सकता कि काम होगा या नहीं, क्योंकि आजकल सिफ़ारिशें कहाँ-कहाँ से आ जाती हैं किस-किस के लिए नहीं कह सकते।

हरेकृष्ण झा का हिसाब नहीं आया है बहुत दिन से। इसी तरह डा. शिवेन्द्र जी भी पत्रों का जवाब नहीं दे रहे हैं। इन दिनों 'पहल' की कठिनाई बहुत बढ़ गयी हैं।

शीला जी को बच्चों को हमारा यथायोग्य।

गोपेश जी को पत्र लिखे महीनों हो गये होंगे, उनके समाचार भी नहीं हैं।

तुम्हारा
ज्ञानरंजन

*

कर्मेन्दु शिशिर

हनुमान नगर, शास्त्री नगर, पटना
21/08/1987

आदरणीय भैया,

सादर प्रणाम!

आपका लिफाफा 13.08.87 का मिला। पूर्व पत्र भी मिल गये थे। 'पूर्वग्रह' मिलने के बारे में शायद मैंने लिखा था। मेरे आलेख लिख जाने के बाद ही अंक मिला। हरि का दोष नहीं। उसने अविश्वसनीय कोशिशों से 'पूर्वग्रह' के रिकार्ड रूम से अंक भिजवाया। जबर्दस्त है, मैं तो मान गया। उसकी मिहनत का ध्यान रखकर मैंने पत्रिका का 'साक्षात्कार' पढ़ा। एक भी आलेख नहीं देखा, क्योंकि एक बार फिर पूरी प्रक्रिया में प्रवेश करने की हिम्मत न थी। सो, 'साक्षात्कारों' का ही उपयोग किया। आलेख आप जब चाहेंगे भेज दूँगा। साक्षात्कार वाली बातों के कारण पृष्ठ 20-21 फुलस्केप हो गया है। पूरा पढ़ता तो 35 पहुँच ही जाता। कभी-कभी लगता है आप लोग मुझे बना तो नहीं रहे। मुझे विश्वास नहीं होता कि मैं काम का लिख पाता हूँ। आप बड़े भाई उत्साहित करते हैं–अच्छी बात है। इस आलेख को आपको भेजना है और 'पहल' के लिए, नामवर सिंह पर! मेरी हालत का अनुभव आप नहीं कर सकते। डॉ. मैनेजर पाण्डेय दो दिन अतिथि रहे। उन्हें पढ़ने को दिया। उनकी प्रशंसापूर्ण स्वीकृति भी रास नहीं आयी। मित्रों को पढ़वा रहा हूँ–मगर अपने तो अपनी ओर खींचते ही हैं। ख़ैर! जो हो, जैसा हो। लिफ़ाफा में रख दिया है। सितम्बर आ ही रहा। भेजूँगा–छुट्टी। आप जो करें।

• प्रकाश चन्द्रायन को पत्र लिख रहा हूँ। आपने भैया बिल्कुल ठीक लिखा है। मैं भी सिफ़ारिशों के मामले में निर्लिप्त ही रहता हूँ। हुआ, नहीं हुआ। अपनी ओर से मित्रों के लिए कुछ भी किया जा सकता है। वरना मैं आपके सम्मान की सुरक्षा में जिस-तिस को कहने के लिए नहीं पसन्द करता। मामला प्रकाश जी का था, इसी नाते आकुल था। आपके प्रति क्या कृतज्ञता दूँ। आत्मीय स्मरण भर कर पा रहा।

• हरेकृष्ण झा को आप पत्र नहीं देंगे। मैं लिख दूँगा। आगे से आप उन्हें और शिवेन्द्र जी को 'पहल' तभी भेजेंगे, जब वे स्वयं पत्र दें। बाक़ी पैसों की

बाबत, मैं करूँगा। वैसे फ़िलहाल कारण भयानक बाढ़ है। उत्तरी बिहार की स्थिति का अनुमान नहीं कर सकते। 7 रुपये नमक, 25 रुपये प्याज बिक रहा है। कितने लोग मरे–सरकार भी नहीं जानती। सारा जनपद जलमग्न है। इसलिए अभी उसको पत्र भेजने पर पहुँचना मुश्किल है। पटने में मेरे द्वारा बेची प्रतियों की रकम किसी भी स्थिति में सितम्बर तक भेजूँगा। 'ड्राफ्ट'–'पहल' के नाम। रचना के साथ रजिस्ट्री कर दूँगा। वैसे 250/- बकाया हैं। लोग भी विचित्र हैं? मेरे द्वारा घर में प्रतियाँ पहुँचा दी जाती हैं। 25 प्रतिशत छूट भी मिल जाती है। लोग फिर भी–'बॉस! अगले महीने मैं स्वयं दे दूँगा। बहुत मुश्किल है भैया लोगों का चरित्र बदलना। साहित्य विरोधी जनता नहीं है, स्वयं साहित्यकार हैं। कुछ ज़रूर हैं जो मेरी निष्ठा (सक्रियता/ज़िम्मेदारी) का सम्मान करते हैं, लेकिन क्या कीजिएगा–ऐसे ही चलेगा। इसी में करना है सब कुछ–यह सोच लिया। आगे से आप निश्चिन्त रहेंगे। मैं वी.पी. मँगवाने की व्यवस्था करा रहा हूँ, होते ही लिखूँगा।

• गोपेश परीक्षित गाँव गये थे। अब पटने में हैं। उन्हें दशक से ऊपर हुए, सन्तान प्रतीक्षा में। पत्नी निराश थी। डॉ. भी पूरी तरह आश्वस्त नहीं थे। इस बीच चमत्कार हुआ। उन्हें सितम्बर में पुत्र/पुत्री रत्न की प्राप्ति होने जा रही है। फ़िलहाल तो परेशानी ही परेशानी है। उन्हें कहूँगा। गम्भीरता से मीरा पर शोध कार्य में दत्तचित्त हैं। मदन कश्यप भी विनोद दास जी की कमी पूरी करते हुए पटना आ गये। विनोद जी का जाना फिर भी खलता है।

• 5 माह से जो वेतन-बन्दी चली आ रही थी। उसमें एक माह के वेतन की निकासी हो रही है। माहान्त तक मिल जाने की पूरी उम्मीद है। इस बीच परिवार का विवाद भी बातचीत के स्तर तक आ गया है। मेरे गाँव के मित्र और शुभचिन्तक बीच में मध्यस्थता कर रहे हैं। अगले महीने अनुकूल परिणाम सामने आयेंगे। मैं अब गाँव की मिली सम्पत्ति से ऋणमुक्त हो जाऊँगा। अगर सोची गयी योजना अनुकूल होती गयी तो ज़मीन पटने में ले लूँगा। मैं 26 अगस्त को 34 वर्ष पूरे कर 35 वें में प्रवेश करूँगा। आशीष देंगे ही।

• मैंने तीन पाण्डुलिपियाँ सम्पादित करके तिरुपति/गणपति प्रकाशन को दिया था। पता चला उस में से एक 'मर्यादा' जिसकी भूमिका डॉ. शर्मा ने लिखी। परिशिष्ट में भारतेन्दु के दुर्लभ पत्र थे–वह बदमाशी कर के अपने नाम

छपवाना चाहता है। मेरे पास भेजने का प्रमाण तो है। अगर पूजन प्रियदर्शी नामक उक्त प्रकाशक को जो हापुड़ में अशोक का पड़ोसी है–आप रामानन्द (श्रीपत राय के प्रकाशन अधिकारी थे) या केशव (हिमाचल द्वारा) पाण्डुलिपि के दुरुपयोग से रुकवा सकें तो बड़ी कृपा होगी। वैसे आपको हर मामले में इस्तेमाल करना अत्याचार है और क्षुद्रता भी। इतनी छूट लेनी कतई उचित नहीं। मैंने कुछ लोगों से कहा भी है।

• गया में एक महादेव टोपनो हैं–डॉ. नागेश्वर लाल के छात्र। बैंक में हिन्दी अधिकारी हैं और ज़बरदस्त आदमी। सरलता और संकोच तक व्यक्ति की बात। गहरे पढ़ा लिखा, समझदार, प्रतिभावान। अगर आपकी योजना में आदिवासी भाषाओं की प्रगतिशील और जनवादी कविताओं पर पुस्तिका प्रकाशन की हो तो लिखेंगे। 6 माह का समय उन्हें चाहिए। मैंने कह दिया–मैं पहले पूछ लूँ, क्योंकि वे (आप) योजना बनाकर ही काम करते हैं।

• शीला एम.ए. की तैयारी में हैं। परीक्षा समाप्त होते ही वे जबलपुर का टिकट खरीदेंगी। उदिता अस्वस्थ हो गयी हैं। उमंग मस्त हैं। पत्र लिखने के पूर्व आकर चेता गये मेरा प्रणाम लिख देना। भाभी को सादर चरण स्पर्श। बच्चों को स्नेह। लम्बे पत्र के लिए क्षमा। ग़लती क्षमा।

आपका स्नेहाकांक्षी
कर्मेन्दु शिशिर

*

28. ज्ञानरंजन

763, अग्रवाल कॉलोनी, जबलपुर
28/08/87

प्रिय कर्मेन्दु,

तुम्हारा पत्र मिला। विश्वास है प्रकाश जी अब तक सक्रिय हुए होंगे। एक पत्र मैंने उनके लिए सुनील श्रीवास्तव सम्पादक प्रभात ख़बर को भी लिखा है कि वे उन्हें लखनऊ भेज दें मेरे पत्र के साथ। हो जाय तो बहुत ख़ुशी होगी। नहीं तो नये सिरे से उनके लिए प्रयत्न करेंगे अन्यत्र। यह भी पता लगा कर

लिखना कि उनको कितनी पगार तक की नौकरी लगेगी और वे कहाँ-कहाँ जा सकते हैं। परिवार है क्या उनका यह भी जानकारी दें।

अभी-अभी दो दिन पहले तुमने अपना जन्मदिन मनाया होगा। किसी न किसी रूप में। जन्मदिन पर सारी भयावह हालातों के बाद भी एक पुलक तो होती ही है। मनुष्य हैं हम और इन्हीं कारणों से एक उम्मीद कभी ख़त्म नहीं होती।

गोपेश परीक्षित की समीक्षा कल ही हमने साक्षात्कार में पढ़ी। तुम्हारे बारे में एक भूल सुधार भी। गोपेश जी के लिए हमारी हार्दिक और सतत शुभकामनायें। उनके घर ख़ुशख़बरी हो तो हमको लड्डू खाने की इच्छा होगी। गुड़ और सोंठ के लड्डू मुझे आज भी बहुत अच्छे लगते हैं। अब तो उसकी स्मृति ही ज़्यादा है।

'पहल' की कठिनाईयाँ तुम्हें लिखता हूँ, पर यह तक़ादा नहीं है। और कम लोग हैं जिनको लिखा जाय। इसलिए अपनी ज़रूरत पहले देखो। हमें जब बिलकुल रास्ता नहीं सूझेगा तभी तुमसे माँगेंगे। घर का बन्दोबस्त काट कर भेजा और यह बात मुझे महसूस हुई तो मुझसे पराया भी इस संसार में कोई न होगा।

ज़मीन हर हालत में एक टुकड़ा पटने में लेना। पैर उखाड़ कर काम करने का अर्थ आत्मघात है। फिर हम भी कभी कोई जगह न होगी तो उस छत के नीचे विश्राम कर सकते हैं। इसलिए यह बन्दोबस्त ज़रूर करना।

तुम रामानन्द, अशोक, केशव को पत्र लिख दो। मेरा इन लोगों से परिचय नहीं है। रामानन्द मुझे जानते हैं, पर उनका पता नहीं है। भेज दो तो उन्हें लिख दूँगा। अभी हृदयेश एक ऐसी ही मुसीबत में फँस गये हैं। मैंने बहुत प्रयास किया पर सफलता नहीं मिली है। अब प्रकाशक क्रिमनल रास्ते अख्तियार कर रहे हैं।

बच्चों को–शीला जी को हमारा स्नेह!

तुम्हारा
ज्ञानरंजन

महादेव टोपनो को तुम काम के लिए हरी झण्डी दे दो। इस बारे में आगे।

*

कर्मेन्दु शिशिर

हनुमान नगर, शास्त्री नगर, पटना
रात–19/09/1987

आदरणीय भैया,

सादर!

आपको पत्र लिखने में ख़ासा विलम्ब किया। जैसी स्थिति में रहा उसका बयान क्या करूँ? बाढ़ का आतंक सप्ताहों परेशान किये रहा। एक बार 1975 में जल-क़ैद काट चुका हूँ। हरेकृष्ण का गाँव तो डूबा रहा। सहरसा, मधुबनी, पूर्णिया के बारे में तो पूछिये मत। 5 हज़ार मौतें हुईं हैं। इसी बीच मेरे गाँव में मुक्तेश्वर भैया को जो मेरे एकमात्र गाँव के अन्तरंग मित्र हैं–अपराधियों द्वारा फरसे और गड़ाँसे से बुरी तरह घायल हुए। 6 दिन बक्सर अस्पताल में उनके बिस्तर की बगल सोया। नया जीवन मिला उन्हें। बाक़ी स्थिति इसकी तुलना में उल्लेखनीय नहीं।

• आपको जानकर राहत मिलेगी कि तिरुपति प्रकाशन ने मेरी पाण्डुलिपियाँ लौटा दीं। कानूनी भय से भरा एक पत्र भेजा। पता नहीं अन्य मित्रों के पत्रों का भी दबाव पड़ा होगा। घर का मामला अभी निबटा नहीं, मगर निबट जायेगा। ज़मीन खरीदने को आपने लिखा है। आपको क्या बताऊँ इस मद में कवि मित्र ज्ञानेन्द्रपति और मैंने ज़मीन तय किया। मैंने कॉलेज से कर्ज़ लेकर पैसा उठाया। ज्ञानेन्द्र जी ने कहा, बयाना आप मेरी ओर से भी दे दें। दे दिया। बाद में पता चला कि दलाल ग़लत आदमी है। न पैसे लौटाये, न ज़मीन मिली। ज्ञानेन्द्र जी चुप बैठ गये। उसी का दण्ड आज तक भुगत रहा। आपको आश्चर्य होगा 350/- वेतन में तीन साल सपरिवार रहा। गहना बिका। उसी का 22-24 हज़ार कर्ज़ अभी तक चला आ रहा। जो ज़मीन बेच कर अब पूरा करने जा रहा। मैं व्यवहारिकता में कोरा ही हूँ। फिर भी, अब आपकी शुभकामना का भरोसा पाकर अच्छी स्थिति में हूँ। रुका वेतन धीरे-धीरे मिल रहा है। इस वर्ष के अन्त तक सारी स्थिति नियन्त्रण में कर लूँगा। पैसे उगाहने में थोड़ा समय/श्रम दे रहा हूँ।

• मेरी सबसे बड़ी मुश्किल पाण्डुलिपियों को लेकर है। 'मतवाला' के चार खण्ड हैं। अशोक अग्रवाल ने क्रमशः प्रकाशन का जिम्मा लिया। 1984 में पाण्डुलिपि सौंपी, अभी तक एक खण्ड भी नहीं छपा। 'मतवाला की होली' (हॉफ़ पृष्ठ-112) और 'मतवाला मण्डल की कहानी' (फुलस्केप-45) दो अलग से पाण्डुलिपि तैयार ' डी हैं। राधाचरण गोस्वामी की संकलित रचनायें (भाग-1), 'मर्यादा' की रचना विवरणी और भारतेन्दु के पत्र, तीन पाण्डुलिपि तिरुपति प्रकाशन से लौटीं। 'हिन्दी पत्रकारिता का संघर्ष' (100 पृष्ठ) और भोजपुरी चैती (100) काफ़ी पहले से पड़ी हैं। कहानी संकलन अशोक अग्रवाल के पास ही है। इतनी पाण्डुलिपियों में जो समय, श्रम और मुद्रा लगा, जब उसको सहेजता तो हूक-सी उठती है। इतना कूड़ा-करकट छप रहा है, मगर सार्थक सामग्रियों को कोई पूछने वाला नहीं। मन में निराशा और अनुत्साह भरा रहता है। क्या लिखूँ, काम करूँ? 'मतवाला-मण्डल' की कहानी आप पढ़ेंगे तो शर्तिया तारीफ़ करेंगे। एकदम नायाब तरह की सामग्री है। फिर भी, तीन फर्मे की सामग्री को कोई प्रकाशित नहीं कर पाता। ये तमाम पाण्डुलिपियाँ आप देखेंगे और पढ़ेंगे तो स्वयं प्रभावित होंगे, मगर प्रकाशकों को प्रभावित करने का गुर नहीं सीखा। लगता है प्रकाशन का दायित्व भी स्वयं उठाना पड़ेगा। मेरे कर्ज़ का एक बड़ा हिस्सा इन पर हुआ ख़र्च भी है।

• इसमें तीन पाण्डुलिपि मैं स्वयं प्रकाशित करने को उत्सुक हो रहा हूँ। 'मतवाला-मण्डल', भारतेन्दु के पत्र और 'मर्यादा'। तीनों पतली पुस्तकें होंगी। इसी सन्दर्भ में आपसे बातचीत करना चाहता हूँ। वैसे मैं, मदन कश्यप, रंजीत वर्मा, गोपेश, नचिकेता–मिलकर एक सहकारी प्रकाशन शुरू करने भी जा रहे, मगर इसमें एक या दो से ज़्यादा तो मेरी सामग्री छपेगी नहीं। वह भी दूसरे पर कोई एतराज़ न करे तब?

• गोपेश जी के घर में पानी आ गया था। गर्भवती पत्नी दूसरे के यहाँ रहीं, भारी परेशानी। हड़ताल में वेतनबन्दी। समझिये वे भी कष्ट भुगत रहे। शीला अस्वस्थ हैं। उदिता भी स्वस्थ नहीं। शीला ने एम.ए. का फॉर्म भरा। सभी का सादर प्रणाम!

• रंजिता राजश्री आजकल पटने में हैं। इनके द्वारा नामवर सिंह पर आलेख और 'पहल' के पैसे भेज दूँगा। आपने प्रयाग का कार्यक्रम लिखा या नहीं। आज तक तो न मिला। शायद आपने भेजा हो। जैसा हो, इस पत्र का उत्तर शीघ्र देंगे। ग़लती क्षमा। आपको क्या बताऊँ? कवि विजेन्द्र, डॉ. शर्मा पर 'ओर' निकाल रहे। लेख से मैंने मुक्ति पा ली थी, परन्तु उनका आग्रह! मन अजीब पेशोपेश में रहता रहा।

क्षमा सहित।

आपका

कर्मेन्दु शिशिर

पुनश्च :

1. गोपेश जी 16 सितम्बर को पिता बन गये। पुत्र-रत्न की प्राप्ति।
2. छः माह के लम्बित वेतन में दो माह का भुगतान हुआ। शेष के आदेश भी निर्गत हुए। नवम्बर के वेतन से नियमित प्रक्रिया शुरू हो जायेगी। स्थायी राहत।
3. उदिता स्वस्थ, लगभग शीला भी।
4. मेरे और शीला के एक प्राध्यापक ने बहुत जिद और जोर देकर आपके नाम एक पत्र लिया। आप एकदम परेशानी नहीं लेंगे। वे लोग एक दिन जबलपुर में रुकेंगे। वे स्वयं कोई धर्मशाला पसन्द करेंगे। आप सिर्फ़ उन्हें बता दीजियेगा। मैं विवश था। आप पर अत्याचार करना पड़ा। मगर लाचार था। क्षमा कीजियेगा।
5. प्रयाग का कार्यक्रम लिख भेजें।
6. 'मर्यादा' एक पाण्डुलिपि परिषद से छप जायेगी।

कर्मेन्दु शिशिर

25/09/87

*

कर्मेन्दु शिशिर

हनुमान नगर, शास्त्री नगर, पटना
3/10/1987

आदरणीय भईया,

सादर प्रणाम!

मेरा लम्बा पत्र मिला होगा। आपने उसका उत्तर भेज दिया होगा, तो भी इस पत्र का तत्काल उत्तर देंगे। निःसंकोच!

• मैंने 40 पृष्ठ (फुलस्केप) में 'मतवाला-मण्डल' का रोचक साहित्यिक संस्मरण तैयार किया है। यह संस्मरणात्मक सामग्री शिवपूजन सहाय के संस्मरणों, पत्रों, उग्र के संस्मरणों, पत्रों, डॉ. रामविलास शर्मा के निराला सम्बन्धी लेखन, पत्रों, मतवाला, 'आलोचना' के अतिरिक्त मुंशी नवजादिक लाल की विधवा पत्नी, आनन्द मूर्ति चाचा, डॉ. रामविलास शर्मा और सत्यभक्त के पत्रों के आधार पर दिलचस्प और रोचक ढंग से लिखा है। काफ़ी नयी बातें भी हैं। अपनी किसी भी अन्य रचना को लेकर मुझे यह विश्वास नहीं कि वह महत्त्वपूर्ण है। मगर इसे लेकर गहरा विश्वास है, पढ़कर कोई भी नया पुराना पाठक बिना सराहे नहीं रहेगा। यह मैं विनम्रता और स्वभाव की मर्यादा तोड़कर सिर्फ़ आपसे कह रहा हूँ, क्षमा करेंगे।

• मेरी आन्तरिक वासना यह है कि आप इसे 'पहल' पुस्तिका के रूप में प्रकाशित करने का निर्णय लें। मैं कहिये तो इसे स्थानीय दैनिक में छपवाकर पारश्रमिक राशि आपको भेज दूँगा। अथवा, मैं पुस्तिका प्रकाशन की लागत का भी बन्दोबस्त कर दूँगा। अस्वीकार की स्थिति में आप तनिक भी संकोच नहीं करेंगे। आपको तमाचे तक जड़ देने का अधिकार है। स्नेह देंगे आप, तो यह अधिकार भी आपको रहेगा।

• रंजीता राजश्री जी आजकल पटने में हैं। उनके हाथों मैं नामवर जी वाला लेख और पैसे भिजवा रहा हूँ।

ग़लती क्षमा। इस पत्र के उत्तर की आतुर प्रतीक्षा में–

आपका
शिशिर

कर्मेन्दु शिशिर

हनुमान नगर, शास्त्री नगर पटना
09/10/1987

आदरणीय भैया!

सादर प्रणाम!

मैं अपनी स्थिति के बारे में एक शब्द नहीं लिखूँगा। अन्ततः मैं निबट लूँगा। सच तो यह है कि मैं अपनी दिक़्क़त कह भी नहीं सकता। आर्थिक दिक़्क़त का निबटारा आसान है। कर भी लिया। करता भी आ रहा। कभी मिलेंगे तो आत्मीय समय में सच कहूँगा। आप ज़्यादा गम्भीरता से सुन समझ-लेंगे।

• 'पहल' का पैसा देर से भेज पा रहा हूँ, मगर आप विश्वास कीजिये इसके लिए मैं अकेला ज़िम्मेवार भी नहीं। आगे से मैंने व्यवस्था बदल दिया है। अब आप मेरी प्रति मेरे पास–और 15 प्रतियाँ 'राजकमल प्रकाशन', साइंस कॉलेज के सामने, अशोक राजपथ, पटना-800 006 के नाम से भेजें, तभी सुधी पाठक जाकर नगद पूरी कीमत में लेंगे। मैं हाथों-हाथ पहुँचा दूँ–25% सुविधा देकर तो कुछ 100% सिद्ध कर जाते हैं। बेमतलब देर करते हैं, तनाव पैदा करते हैं। वे लेंगे ज़रूर यह मैं जानता हूँ। सच तो यह कि वे बुरे लोग भी नहीं हैं–लापरवाह हैं। नुकसान उनको हुआ जो दायित्व निर्वाह करते थे।

• नामवर जी, पर जो निबन्ध है–उसमें ईमानदार निष्ठुरता है। सम्भव हो आपको पसन्द न भी आये। आप विश्वास करें–मैं तनिक भी अनभाव नहीं मानूँगा। निष्पक्ष निर्णय तो लेंगे ही–अपनी सच्ची राय भी देंगे। अन्तिम अंश में श्री अशोक वाजपेयी का प्रसंग विशुद्ध 'पोलेमिक' है, मगर जानबूझकर नियोजित। वह मेरे आलेख में बलात् लाया गया प्रसंग है। वैसे, वह सचमुच ही छोटी हैसियत का रचनाकार है। उसने रणनीति से जगह बनायी है। वह संवाद के काबिल नहीं। उसका उत्तर अब इसी रूप में न्यायोचित होगा–कम से कम मेरी समझ में। फिर भी, वह अंश आपकी इच्छा पर सम्भव है, ख़ासतौर से यही अंश।

• 'मतवाला-मण्डल' के पीछे मेरा व्यवहारिक पक्ष है। यह मैं तीन विकल्पों के साथ आपको भेज रहा हूँ। इसकी प्राथमिक बात यही है कि मैं जोर देकर आग्रह के साथ उसे पढ़ने की विनय कर रहा। फिर आप–

1. आप अगर तय कर सकें कि 'पहल-पुस्तिका' की परम्परा में इसकी तर्क संगति बैठ रही हो तो इसे रख लेंगे। मुझे स्वयं इस पक्ष पर अनिश्चय है क्योंकि 'पहल' की रचनात्मक समकालीनता से सम्भव है बेमेल-सा भी दिखे। भिन्न तरह का संस्मरणात्मक इतिहास भर है। मैं अच्छी तरह जानता हूँ आपका निर्णय निर्दोष और पूर्ण न्यायोचित होगा। सो, अन्यथा का सवाल ही नहीं।
2. आप अगर इसके प्रकाशन की जगहों में 'हंस', 'जनसत्ता' और 'नवभारत' के अनुरूप पायें तो यह भी बेहतर होगा। वैसे 'हंस' इतनी लम्बी रचना को काम का नहीं मानेगा। वैसे सामग्री मैं पहली बार आपको ही भेज रहा। राजेन्द्र यादव जी को एक पत्र भेजा था। उन्होंने लिखा कि आप दूसरी चीज़ लिखें। इतनी लम्बी रचना से दिक़्क़त होगी। मैंने सामग्री नहीं भेजी थी।
3. अन्तिम विकल्प यह है कि आप इलाहाबाद में किसी के द्वारा डॉ. अशोक त्रिपाठी या अखिलेश के पास–अपनी एक टिप्पणी के साथ भिजवा देंगे। मैंने प्रकाशन संस्थान से एक मित्र के द्वारा सम्पर्क किया है। वे कागज का मूल्य लेकर 'मतवाले की होली' (पृ. 64-चार फर्मा) होली पूर्व 'रिलीज़' कर देंगे। यह भी उन्हें ही दे दूँगा। इस सब का प्रकाशन इसलिए अत्यावश्यक हो गया कि 'मतवाला' पर ही अनेक हित चिन्तकों का ध्यान काफ़ी पहले से है। कल तो अरुण कमल तक ने मिलते ही इस ओर ध्यान आकृष्ट किया। इस कारण मैंने इसे गम्भीरता से लिया है। 'मतवाला' का काम काफ़ी पहले सम्पन्न किया–इस रूप में–

   (I) 'मतवाला की बहक' (अशोक अग्रवाल ने सम्भवतः प्रकाशित कर दिया। ऐसा एक प्रकाशक ने बताया।

   (II) 'मतवाला की चक्की' पाण्डुलिपियाँ तैयार कर रख दी है।

   (III) मतवाला के अग्रलेख, परिशिष्ट और भूमिका एक बार मतवाला की अन्य विविध रचनायें देख लेनी होगी, बस!

   (I) 'मतवाला-मण्डल'–संलग्न

   (II) मतवाले की होली–मार्च 1998 के पूर्व प्रकाशित हो जायेंगी।

तय है। शेष तीन को लेकर मैं अपना निर्णय मार्च 1988 के बाद लूँगा।

• मैं नवम्बर के पहले सप्ताह में इलाहाबाद जाऊँगा या अक्टूबर के अन्तिम सप्ताह में, यह तय है। मैंने पिछले पाँच वर्षों के किये कार्यों को उचित और सम्भव तरीक़े से व्यवस्थित कर लिया है। मेरा कठोर आग्रह है अपने अधूरे उपन्यास को पूरा करने में। मैं अगली जनवरी शुरू होते-होते उसमें दत्तचित्त लग जाना चाहता हूँ। तब तक सारे व्यवहारिक मामले सलट जायेंगे। उनमें किये कार्यों की सही जगह के तरीक़े को तय करना भी शामिल है।

• घर में सब ठीक ही चल रहा है। वैसे इस देश में नागरिक का जीवन और परिवार की निश्चिन्तता का हाल पूछना-लिखना व्यर्थ ही है। बेफ़िक्री मस्ती अपने किये ख़ुद पैदा कर लेता हूँ। समझिये आप जैसों की प्रत्यक्ष छाया के बिना भी सुरक्षित प्रसन्न हूँ–यही क्या कम?

• अच्छा! भैया! ख़ूब वक़्त लिया मैंने। क्षमा कर देंगे। दो सामग्री का अनावश्यक बोझ लादकर पढ़ने की फुर्सत में दखल कर रहा–उसका क्षमा तो सामने मिलने पर ही उचित तरीक़े से माँग सकूँगा। शब्दों में कृतज्ञता भी सीमित ही होती है।

भाभी को प्रणाम।

बच्चों को स्नेह! क्षमा सहित–

आपका

कर्मेन्दु शिशिर

*

ज्ञानरंजन

763, अग्रवाल कॉलोनी, जबलपुर

15/04/87

प्रिय कर्मेन्दु,

बहुत समय से पत्र न मिलने के कारण मुझे शंका हो रही है कि तुम्हारी तबियत तो ठीक कि नहीं। एक पत्र हरेकृष्ण जी को तुम्हारे पते पर भेजा था

उनका भी अता-पता नहीं है। इसीलिए उन्हें अंक 31 नहीं भेज सका। गोपेश परीक्षित के पत्र का पूरा उत्तर दिया था उनका भी जवाब नहीं है इसलिए आशंका होना स्वाभाविक है कि क्या मसला है। डाक व्यवस्था पर भी दिमाग़ जाता है। बहरहाल, उम्मीद करेंगे कि सब कुछ सही और अच्छा होगा।

पहल की राशि हरेकृष्ण जी से नहीं मिली। अंक 29 की कुछ और अंक 30 की भी। उधर सहरसा के शिवेन्द्र दास किसी तरह का कोई जवाब नहीं दे रहे हैं। पहल उन्हें भेजे 5 महीने हो गये। आगे क्या करें यह भी संकेत नहीं है। मैं कई पत्र डाल चुका।

मैं 10 मई के बाद इन्दौर, मेरठ, चण्डीगढ़, दिल्ली के लिए निकल जाऊँगा। फिर 26 मई को सोवियत यूनियन। उसके पहले प्रयास है कि चीन के समकालीन अंक का पहला खण्ड कम से कम पाण्डुलिपि के रूप में तैयार कर लूँ।

भारत यायावर को पत्र दिया था और अब उनके पत्र से पता चला कि बेहतर हैं। घर में सबको हमारा यथायोग्य कहना।

तुम्हारा
ज्ञानरंजन

*

29. ज्ञानरंजन

763, अग्रवाल कॉलोनी, जबलपुर
10/10/87

प्रिय कर्मेन्दु,

दस दिन के बाद बम्बई से लौटने पर तुम्हारे तीन पत्र मिले। उनमें बहुत सारी बातें हैं ज़रूरी बातें हैं जिनसे मैं चिन्तित हूँ और धीरे-धीरे सोच-विचार कर ही तुम्हें लिखना चाहता हूँ, पर तत्काल जितना मुमकिन है वह भेज रहा हूँ।

तुम्हारी तमाम असफलताओं की जानकारी आश्चर्यजनक नहीं है, क्योंकि इस संसार में नेकी के साथ काम करना अपने सबसे नज़दीक भी कठिन होता जा रहा है। लोभी चालाक दोहरे और तुरतफुरत सफल लोगों से हमारा समाज पट गया है। क्या तुम इस सबसे तटस्थ रहोगे। अपना सबकुछ खोने के लिए

ही हम नहीं बने हैं। मैं चाहता हूँ कि प्रकाशन आदि के बारे में तुम तड़ाक-पड़ाक कोई निर्णय न लो। मुझसे तुम्हारी चर्चा होना ज़रूरी है। बस इतना ही कहूँगा। जितना गुजर गया, गया पर अब नहीं। हमारा जीवन बलिदान में चला जाय पर लुटने के लिए नहीं।

कृपया हरेकृष्ण और शिवेन्द्र को कुछ न कहना। उनके सामने विनाश है और हम अपनी चिन्ता कर रहे हैं। मुझे गहरी शर्म है। उनलोगों का समाचार दें। गोपेश को बहुत कठिनाई उठानी पड़ी पर उनके घर रोशनी आ गयी। मेरी हार्दिक बधाई उनको दें। बच्चों को और शीला को हमारा गहरा स्नेह दो।

आपका पत्र लेकर अभी कोई यहाँ नहीं आया है। आयेगा तो स्वागत होगा। अभी मेरी इलाहाबाद की यात्रा का पता नहीं। इस समय मैं अटूट ज़िम्मेदारियों में हूँ। प्रवास बार-बार और ज़िम्मेदारियों से भरा है। फ़रवरी तक जान पर हज़ार परेशानियाँ हैं। इलाहाबाद जाना होगा पर आकस्मिक।

पहल का अंक आ गया है, भेजेंगे। अभी 'पहल' को लेकर बहुत भार है। आर्थिक बोझ है। कर्ज़ है, पर उसी को बराबर करने के लिए दौड़ रहा हूँ। कुछ सहयोग मिल रहा है पर यह बेचैनी मिटने वाली नहीं है। कई पुस्तिकाएँ हैं छपने के लिए। तुम्हारी पुस्तिका तो छपेगी 'पहल' से ही। जब तुमने चाहा है तो मेरे लिए भी यह बात प्रिय है। पर थोड़ा आधार बन जाय। तुम पुस्तिका की सामग्री भेज देना, बल्कि पाण्डुलिपि पूरी बना कर भेजना।

राजश्री जी आज दिन तक नहीं आयी हैं, पर वह चिन्ता का विषय नहीं है।

तुम्हारा
ज्ञानरंजन

कर्मेन्दु शिशिर

हनुमान नगर, शास्त्री नगर, पटना
25/10/1987

आदरणीय भईया,

सादर प्रणाम!

आपका पत्र और बधाई कार्ड मिल गये। सोचता हूँ आपसे पहले ही जुड़ा रहता तो जीवन में काफ़ी कुरूपताओं से बच जाता। वैसे मैं कभी अतीत को

अतिरिक्त भावुकता से नहीं लेता और न ही कुछ सोच कर अनावश्यक वक़्त ही जाया करना चाहूँगा।

• अपनी साहित्यिक सक्रियताओं और असफलताओं को लेकर मेरे मन में कभी खेद नहीं रहता। यह रास्ता मेरा अपना चुना हुआ है और मेरे जीवन की एकमात्र यही गति है। मैं किसी दूसरे रास्ते के योग्य ही नहीं, न ही रंचमात्र दिलचस्पी रहती है। सामयिक उत्तेजना या उदासी का कारण जो भी कमजोरियाँ हों, वे कभी स्थायी नहीं हो सकतीं। मैं अन्ततः योद्धा ही हूँ और अपने मोर्चे पर बलिदान की कसम खायी ही है। आपने सही कहा कि **हम छले जाने के लिए नहीं बने।**

• अपनी तैयार की गयी पाण्डुलिपियों के प्रकाशन को लेकर मेरे भीतर उतावली नहीं। 1982/83 को ही तैयार की जा चुकी सामग्री अभी तक रखे रहा तो धीरज कायम ही रहा। परन्तु जिस कार्य को मैंने 'कैरियर' के लिए नहीं, सच्ची हिन्दी हित और विचारों के व्यापक वृत्त के अन्दर ही सम्पन्न किया। समय, श्रम और रकम दी। मन दिया। आखिर उनके प्रति संवेदनहीन कैसे हुआ जा सकता है? उन सामग्रियों का क्या दोष? मैंने अन्त में हार कर अन्तिम निर्णय किया कि इन्हें खेत या कहिये पैतृक हिस्से से प्राप्त रकम में, जो कर्ज़ चुका कर बचा है–उन्हीं की सहायता से क्रमशः प्रकाशित करूँगा। आपसे भी कहने को लेकर महीनों गहरा अन्तर्द्वन्द्व बना रहा। मदन कश्यप जो अब पटने में ही हैं–इस मसले पर मुझे रोकते रहे। उन्होंने स्वयं कहा कि मैं ज्ञान जी को लिख रहा। मैंने उन्हें रोक दिया, परन्तु वे भी रकम को लगाकर हड़बड़ाने से रोक रहे थे। एक अन्य मित्र सत्येन्द्र जी जो राजकमल के स्थानीय संचालक हैं–मुझे सँभालते रहे। सभी का और शीला जी का भी कहना था कि मैं आपको लिखूँ ही। मैंने तुरन्त स्वार्थ साधने की धृष्टता की। आप से सच्ची बात कर रहा कि मैंने यह सब यश के लिए नहीं किया है। मेरे तमाम शुभेच्छु सलाह देते, जोर देते रहे कि यह सब छोड़कर वांछित और इच्छित कार्य में ही लगूँ, परन्तु मेरे ऊपर हिन्दी का अहसान है। उससे मुक्त होने के लिए मैंने मन ही मन निर्णय लिया था कि एक पत्रिका की रचना विवरणी, एक पत्रिका का सम्पादन और एक रचनाकार की संकलित रचनायें पूरी करूँगा। जो क्रमशः मर्यादा, मतवाला और राधाचरण गोस्वामी के रूप में पूरी कीं। 'मर्यादा' का

काम यहीं से छप रहा है। गोस्वामी जी को छपवाने का दायित्व डॉ. अशोक त्रिपाठी ने लिया है। मैंने अपनी पहली ग़रीबी तोड़ी थी भोजपुरी अकादमी की क्लर्की से। भोजपुरी का दाय पूरा करने के लिए मैंने एक वर्ष में लगभग भोजपुरी होली गीतों–वसंत गीतों का चयन किया था। यह काम दो भागों में अकादमी से जैसे-तैसे छपा। एक खण्ड जो पड़ा रहा, पड़ा ही रह गया। अब मैं दायित्व मुक्त हूँ। अब मैं चैन से कथा पर केन्द्रित हो सकूँगा। 1988 से जब भी काम करूँगा तो उपन्यास या कहानी सम्बन्धी ही। यह तय कर लिया है। मेरे पास बिहार के अत्याधुनिक संघर्षों की सूक्ष्म और अन्दरूनी जानकारी है। उसके विकास और गतिरोधों की यथातथ्य दृश्यावली। विविध चरित्रों के चयन की आज़ादी भी। मैं इसके पाखण्ड और सच्चाइयों का शामिल साक्ष्य स्वयं रहा। वर्ष भर पढ़ाई और पत्नी को छोड़कर पूर्णकालिक राजनीतिक कार्यकर्त्ता रहा। मार्क्सवादी मूर्त्तन की बाधा को सामने रखना मेरा दायित्व है। अगर मैं पूरा कर सका तो जीवन की सार्थकता से सन्तुष्ट हो जाता और स्नेह को समर्पित भी। आप का निच्छल और गहरा स्नेह मेरी आँखें गीली कर देता है, न चुका सकूँगा कीमत।

• एक यहाँ पर अद्भुत योजना बन रही है, जो सचमुच उत्तेजक है। मूर्त्त होने की गारण्टी में समवेत शर्त है आपकी पूर्ण सहभागिता। इस बार तमाम पूर्व अनुभवों के उपयोग के कारण सदस्यों का चुनाव सावधानी से किया जा रहा है। आलोक धन्वा जलेस के सदस्य बने। मैंने उन्हें बधाई दी। लम्बी सार्थक बातें हुईं। मैंने कहा कि तुम्हारा लौट आना मेरी उपलब्धि है। मैं स्वस्थ हुआ। वे लम्बे अर्से बाद, दशक बाद–पहले की आतुरता और उत्साह से मिले। चित्त प्रसन्न हुआ। इधर मदन कश्यप के आने से और ताक़त मिली, सक्रियता बढ़ी। हम सभी एक मत से आपको अग्रज मानते हैं और अन्तिम अभिभावक के रूप में आपकी पूर्ण सहभागिता चाहते हैं। पत्र में कुछ भी लिखना व्यर्थ है। मैं सही समय पर मिलूँगा।

• आपके उस पत्र की विकल प्रतीक्षा है, जिसमें आप डॉ. नामवर सिंह के आलेख, मतवाला-मण्डल और 'पहल' राशि की सूचना दें। मतवाला–मण्डल में तीन पैराग्राफ़ की सामग्री जोड़नी है–'उग्र' सम्बन्धी। ऐसा इसलिए करना पड़ा कि जो पुस्तक मैं तलाश रहा था–वह इधर मिली। बहरहाल, यह

मैं भेज दूँगा और कभी भी आप स्वयं उपयुक्त जगह जोड़ देंगे। दिक़्क़त नहीं। पहले ज़रूरी आपकी अन्तिम राय ही है–जिसको बिना पाये मैं द्वन्द्व मुक्त नहीं।

• शीला जी सादर प्रणाम कर रहीं। उदिता और उमंग का चरण स्पर्श। आप जब कहेंगे मैं प्रस्तुत हो जाऊँगा अगर नहीं कहेंगे तो होली में धमक जाऊँगा। होली मेरा एकमात्र चहेता पर्व है। 'माघहिं फागुन शिशिर सुहाई!

क्षमा सहित!

आपका
कर्मेन्दु शिशिर

*

30. ज्ञानरंजन

763, अग्रवाल कॉलोनी, जबलपुर
28/10/87

प्रिय कर्मेन्दु,

तुम्हारे पत्र इस तरह शुरू होते है कि उनसे कभी यह अन्दाज़ा नहीं मिलता कि इस बीच मेरे भी कोई पत्र तुम्हें मिले हैं कि नहीं। इस बार मुझे फिर कुछ ज़्यादा ही अटपटा लगा तो पहली बार लिख रहा हूँ। तुम्हारा पीले क़ागज़ वाला पत्र और अन्य सामग्री मुझे राजश्री जी ने 27 तारीख़ को भिजवायी। राशि भी। तुम्हारा पत्र 9/10 का है। इसलिए मेरी कोई गफ़लत नहीं है।

नामवर जी वाले लेख में तुमने मेरे आग्रह को पूरा किया इसके लिए सब कुछ मन में ही है।

'पहल' का अंक राजकमल में भेज रहे हैं। बिल तुम्हारे पास भेज रहा हूँ। तुम्हारी प्रति अलग जा रही है।

अभी-अभी तुम्हारा दूसरा पत्र मिला। तुम्हारी योजना के बारे में लिखूँगा। जब तुम बताओंगे। मैं हर जगह मित्रों की दुनिया में शामिल हूँ।

मतवाला वाले तुम्हारे काम का बहुत बड़ा महत्त्व है। यह प्रकाशन जल्दी होना चाहिये। मतवाला की बहक और मतवाला मण्डल के प्रकाशन का तो हो ही गया। अब एक की ज़िम्मेदारी मेरी है, पर इसे जल्दी छापना कठिन है।

समकालीनता से संगति का प्रश्न उतना नहीं जितना साधन का है। मैं प्रयत्न करूँगा कि इसे भरसक जल्दी छापा जाय। मेरी सजगता के बाद भी हर बार 2-4 सौ डूब जाते हैं, पर यह तो इस ज़हान में होता ही रहेगा।

इस समय काम का भयानक बोझ है। 'पहल' की पोस्टिंग चल रही है। एक सप्ताह के बाद जाकर मैं कुछ फ़ुरसत पाउँगा। विश्वास है मेरे इस संक्षिप्त उत्तर का बुरा न मानोगे।

शीला जी को और बच्चों को हमारी याद।

तुम्हारा
ज्ञानरंजन

*

31. ज्ञानरंजन

763, अग्रवाल कॉलोनी, जबलपुर
15/11/87

प्रिय कर्मेन्दु,

तुम्हारा 8/11/87 का पत्र मिला। अभी मेरा इलाहाबाद आना मुमकिन नहीं है, क्योंकि अभी काम पसरा हुआ है। दिसम्बर में ही निकलना हो पायेगा। फिर वहाँ से लखनऊ जाऊँगा।

दोहरी मूल्य प्रणाली कायम करना हमारे लिए मुमकिन नहीं है। यह पहल के लिए अनुचित भी है। पहल के सदस्यों को निशुल्क देकर अगर कुछ अतिरिक्त प्रतियाँ छापी जायें और उनका मूल्य 10 रु. रखा जायें तब भी काम नहीं निकलने वाला है। मेरा एक निवेदन है कि अगर प्रयास करके हज़ार पन्द्रह सौ रु. का विज्ञापन किसी भी अंक के लिए जुटा लिया जाय तुम मित्रों की तरफ़ से पटना में तो यह काम अबाध हो जायेगा। या एक दूसरा तरीक़ा है। पहल का वर्तमान में आजीवन सदस्यता शुल्क 200 है। अगर कम से कम 5 बन जायें तुम लोगों के प्रयास से तो भी यह काम कम कठिन हो जायगा। सदस्य बनाते वक़्त यह ध्यान रखने की ज़रूरत नहीं होगी कि शुद्ध साहित्यिक

ही सदस्य बनें। यह सब कहीं बहुत आदर्श स्थिति नहीं है पर हमें कई तरह के घूँट पीने होते हैं।

'पहल' की 15 प्रति राजकमल के पते पर और एक तुम्हें भेज चुका हूँ काफ़ी पहले। नामवर जी वाला लेख यथारूप जायगा। यह संदेह न करो।

तुम्हारा
ज्ञानरंजन

*

32. ज्ञानरंजन

763, अग्रवाल कॉलोनी, जबलपुर
04/12/87

प्रिय कर्मेन्दु,

तुम्हारा पत्र मिला। तुम्हारी दिक़्क़तें बहुत भयानक हैं, क्योंकि उनमें सम्पत्ति या कर्ज़ जैसी चीज़ें हैं। ये मन को दिमाग़ को तंग कर मारती हैं। मैंने तो इससे अपने को लगातार बचाने का प्रयास किया है। इलाहाबाद को इसी वास्ते प्रणाम कर दिया है।

हरेकृष्ण झा की मुसीबतों के बारे में जान कर तो मन बुझता जैसा है। उनको मैंने पत्र नहीं लिखा है। लिखने से अन्यथा असर हो सकता है। मैं उन्हें पहल के नये अंक की 5 प्रति भेज रहा हूँ। यह पर्याप्त है। इस समय उनको छूना भी उन्हें रूलाना होगा।

स्नोफीलिया ने मेरे नाक में दम कर रखा है। दो महीने से मेरी भी खाँसी नहीं गयी। पूरा कोर्स लेने के बाद भी 7 प्रतिशत के नीचे नहीं जा रहा है। अपना ध्यान रखो। एक बार बच्चों और शीला जी के साथ सामान्य सन्तुलन बना कर घर गृहस्थी का फिर काम करो।

तुम्हारे सुझाव से सहमत हूँ कि 10.00 रु. मूल्य की पुस्तिकायें हम छापते रहें। मतवाला वाली तुम्हारी पुस्तिका का 10.00 रु. मूल्य रखेंगे। 200 प्रति

बेचने की व्यवस्था कर दो, या 15.00 रु. में 150 प्रति तो काम बन जायेगा। बाक़ी प्रतियाँ हम अपनी तरह से कर लेंगे।

नये अंक की तैयारी उसके साधनों में व्यस्त हूँ। गोपेश जी के बच्चे का आपरेशन सफल हो। मदन जी ने कुछ कवितायें भेजी थीं पर हमारा संकट इस वक़्त भयानक है। गले तक फँसे है। अब उनको भी पत्र लिख रहे हैं। आलोक धन्वा इधर से निकल गये मिले नहीं। मुझे बहुत दुख हुआ है।

'पहल' के वास्ते विज्ञापन की खोज में रहना। अपना हाल बराबर देते रहना।

तुम्हारा
ज्ञानरंजन

*

कर्मेन्दु शिशिर

हनुमान नगर, शास्त्री नगर, पटना
11/12/1987

आदरणीय भईया,

सादर प्रणाम!

आपका पत्र पाकर सहज ही मन प्रसन्न हो गया। मैंने धीरे-धीरे स्वयं को तैयार कर लिया और यह माना कि जीवन के व्यापक अनुभवों में कुछ भी झेलना व्यर्थ नहीं होता। ले-देकर एक ही चिन्ता है उदिता बिटिया की। 12 वर्ष का वक़्त भी है। उमंग के लिए अगर ज़मीन ले सका तो ठीक, वरना अपनी नेकी का फल तो छोड़ ही जाऊँगा। एक सकारात्मक पक्ष यह तो रहा ही है कि अन्तरंग रिश्ते की टूटन ने समय को सम्यक् तरीक़े से समझा दिया। भावुकता मेट दी और ज़्यादा गम्भीर अनुभवों को सम्भव किया। खोना ज़रूर अखरता है, मगर पाने का सुख भी स्थायी और दूरगामी होता है–इसमें शक नहीं।

• हरेकृष्ण से भेंट हुई थी। वह समय से जूझ रहा है–मगर साबुत है। वह खुद अधिकतम प्रयत्न करेगा। कहने की ज़रूरत नहीं, उसकी ज़िम्मेवारी है और वह इसकी मर्यादा समझने वाला है। लिख रहा है।

• स्नोफीलिया का पूरा कोर्स करने पर भी आपकी खाँसी नहीं गयी। पहले लगा आप मेरे बारे में तो नहीं सोच-लिख रहे? आपकी दिक़्क़तों को मुझ-सा भुक्तभोगी ही समझ सकता है। इसका इलाज़ होमियोपैथी में है। मैं पान-ज़र्दा के मोह में इलाज़ नहीं करा पाता। भैया! आप नियमित गार्गल करें। च्यवनप्राश-झण्डु का लें। मैं याद करता हूँ कि खाँसते समय कितनी भयानक पीड़ा झेलते होंगे।

• मतवाला वाली पुस्तिका आप 10.00 रु. में छापें। 200 के लिए मैंने राजकमल से बात कर ली है। मगर 'पहल' के साथ मुफ़्त मत करें। कम पर ही–मगर कुछ उसकी कीमत अतिरिक्त अवश्य लें। मैं तो यहाँ तक सोच रहा था कि आप 'पहल' की ओर से तीन पुस्तकें वर्ष में प्रकाशित करें–100 पृष्ठों से कम की। विभिन विषयों पर, ट्रेड–यूनियन, बिहार में किसान आन्दोलन, साम्प्रदायिकता, भाषा का सवाल, नक्सली विवाद। साहित्य, फ़िल्म, कला, इतिहास। बीस रुपये में तीन। मिलने पर विस्तार से बातें करूँगा। 200 पुस्तकों के विक्रय की ज़िम्मेवारी मैं ले सकता हूँ।

• अशोक अग्रवाल का पत्र आया है। उसने 'मतवाला' की बहक प्रेस में दे दिया। मैं जो स्वयं प्रकाशित कराना चाहता था उसका विचार स्थगित कर दिया। शीला ने कहा कि पैसों से शराब खरीद कर पी, पुस्तकों, पत्रिकाओं और यात्राओं पर ख़र्च करते हो–मगर प्रकाशन पर मत करो। उसे काफ़ी सताता हूँ। मान गया। अशोक का कहना यह है कि अगर यह प्रति बिक गयीं तो शेष शीघ्र छाप देंगे। मैं प्रयत्न करूँगा आपको इस बाबत कुछ भी कहने की धृष्टता तो न करूँगा, परन्तु अपनी ओर से पाठकों को ज़रूर उत्साहित कर देंगे। 'मतवाला' को लेकर मैं बेहद गम्भीर, समर्पित और संवेदनशील रहा हूँ। वह एक काम है।

• 'पहल' के विज्ञापन के लिए नचिकेता जी (गीतकार) को कहा है। वे आपके प्रति अतिशय सम्मान रखते हैं। उन्होंने कहा है कि मैं मार्च तक कोशिश करके दिलाऊँगा। मेरा स्वयं का परिचय इस तरह लोगों से लगभग नहीं है। स्थानीय स्तर पर थोड़ा-बहुत 'कबीर' को लेकर किया था। खैर!

• शीला जी 18 दिसम्बर से एम.ए. की परीक्षा देंगी। उदिता और उमंग का चरण स्पर्श। मेरी चिन्ता नहीं करें। मैं मुश्किल से मुश्किल स्थितियों में पड़ता हूँ–थकता हूँ, मगर पूरी ताक़त और उत्साह में वापस होता हूँ। वसंत

पंचमी की प्रतीक्षा है। मैं वापस रचनारत होकर आत्मिक समृद्धि पा लूँगा। यश-वश की सनक पालता ही नहीं, सो कुण्ठा कभी सता न सकी।

• आलोक धन्वा प्रसन्नचित्त हैं। सम्भवत: लिख रहे। भैया! आलोक ठहरे युग-प्रवर्तक! तीन-चार बार जाने पर भेंट होती है। मेरे तो ठहरे-गुरु, कुछ ज़्यादा ही चाहते हैं। बस उसे प्यार करता हूँ। कुछ ऊँची चीज हैं न! सो जबलपुर में नागरिक अभिनन्दन वगैरह हो तो कोई बात बने।

शीला जी, उदिता और उमंग का चरण स्पर्श! भाभी जी को मेरा सादर चरण स्पर्श अवश्य देंगे। अभी उनकी स्मृति आयी तो जी भर उठा। नेह-छोह से भरी भाभी! ग़लती क्षमा।

आपका
कर्मेन्दु शिशिर

*

33. ज्ञानरंजन

763, अग्रवाल कॉलोनी, जबलपुर
26/12/87

प्रियवर,

1988 के लिए हमारी हार्दिक शुभकामनाएँ! कृपया नचिकेता जी से सम्पर्क बनाये रखेंगे।

तुम्हारा
ज्ञानरंजन

*

शीला-कर्मेन्दु शिशिर

पटना
28/12/1987

आदरणीय भैया जी,

नये वर्ष की हार्दिक शुभकामनाओं के साथ आपको विनम्र प्रणाम भेजती हूँ। दीदी और बच्चों को नये वर्ष की शुभकामनाएँ!

आपको पहली बार पत्र लिख रही हूँ। संकोच स्वाभाविक है, ख़ासतौर से तब, जब मैं स्वार्थ के लिए याद कर रही हूँ। पत्र शिशिर को ही लिखना चाहिए था, परन्तु उन्होंने थोड़े दिन पूर्व इसी तरह के काम में आपका इस्तेमाल किया था। उनका कहना है कि तुमको लिखना है तो लिखो, मेरे लिखने पर अन्यथा ले सकते हैं। उनका मैं बहुत इस्तेमाल कर चुका हूँ। इनकी ऐसी आदतों के प्रति मेरे भीतर सख़्त चिढ़ है। ये अगर गम्भीर हुए रहते और भावुकता, ग़लत उदारता, बेवजह लापरवाही नहीं बरते होते तो ऐसी नौबत न आती। घर में हिस्सा छोड़ दिये। दूसरे के लिए स्वयं क़र्ज़ लेकर ज़मीन के लिए पैसे दिलवाये, वह मारा गया। उसका क़र्ज़ आज तक वेतन से कटता है। गहने बेचकर 'मतवाला' का काम किये और कल्पना कर लिए कि प्रकाशक हज़ारों देगा। दो-दो हज़ार की पुस्तकें राजकमल से उधार ले लेते हैं। बहरहाल! स्वयं ही समझ आ रही है और आयेगी।

मैंने किन मुश्किलों से बच्चों को पाला और स्वयं पढ़ाई की यह सब मैं नहीं लिख सकती। मैं एम.ए. की परीक्षा दे रही हूँ। जो पत्र हुए हैं, अच्छे हैं। मोटे तौर पर स्थिति न तो ठीक है और न निकट भविष्य में ठीक होने की सम्भावना है। ऐसी स्थिति में मैंने नौकरी करने का निर्णय लिया है। यहाँ से 'अमृतवर्षा' नामक एक दैनिक पत्र निकल रहा है, उसके सम्पादक कथाकार रवीन्द्र कालिया हैं। शिशिर से पता चला कि वे आपसे घनिष्ठ हैं। अगर आपको कोई विशेष दिक़्क़त न हो तो कृपया उनके नाम मेरे लिए एक पत्र भेज दें। मेरा रिज़ल्ट शुरू से अच्छा रहा है और विश्वास है कि मैं अपना काम जल्दी सीख लूँगी और बेहतर कर सकूँगी। शिशिर यह भी नहीं चाहते थे कि मैं आपको पत्र लिखूँ। उनका सोचना था कि ज्ञान भैया सोचेंगे–"मैं ही यह तिकड़म करके तुमसे पत्र लिखवा रहा हूँ।" मैंने कहा कि आपके सोचने के कारण मैं किसी को पत्र न लिखूँ, इसका कोई मतलब नहीं। इनकी ऐसी बातें मुझे बिल्कुल बनतू और फालतू लगती हैं। किसी का बिना एहसान लिए, बिना मदद लिए शायद जीना दुष्कर रहे। तब यह ज़रूर है कि आप तभी लिखें जब आपको किसी तरह की मानसिक दिक़्क़त न हो और न ही सम्मान पर आँच आवे। मैं फिर क्षमा माँगते हुए प्रणाम कर रही हूँ। उदिता, उमंग की ओर से चरण स्पर्श! ये नये साल...

शीला

*

34. ज्ञानरंजन

763, अग्रवाल कॉलोनी, जबलपुर
02/01/88

प्रिय रवी,

मुझे ख़बर मिली कि तुम अब पटना में हो और अमृतवर्षा के सम्पादक हो। तुमने मुझे कभी कुछ नहीं बताया और जब वहाँ चले गये तब भी ख़बर नहीं की। यह जानते हुए भी कि तुम्हारी प्रकृति क्या है मुझे अफ़सोस तो होता ही है कि सब ओर हल्ला मचा तब मुझे पता चला। नये साल पर तुम्हें बधाई देने का शुभकामनाएँ भेजने का अब मुक़म्मल अवसर हो गया।

मैं तो दो एक दिन में इलाहाबाद जा रहा हूँ, तब और ख़बर ममता जी से मिलेगी।

इस पत्र का एक और मक़सद है। अख़बार में तुम्हें तरह-तरह के लोग लगेंगे।

*

35. ज्ञानरंजन

शीला मेरे लिए बिटिया, बहू, बहन सब कुछ है। कर्मेन्दु शिशिर की पत्नी हैं। लेकिन कर्मेन्दु से इसका कोई मतलब नहीं। उन्होंने सारा जीवन केवल लुटाया है। ख़स्ता हालत हो गयी है। शीला का नौकरी करना ज़रूरी है। ये सिन्सियर होंगी। काम करेंगी। अब इनके अनुकूल काम तुम्हें देना है। इसे सिफ़ारिशी पत्र न मान कर मेरा घरेलू पत्र मानना और कभी कुछ नहीं कहूँगा। अख़बार में न सही, दफ्तर में कोई काम देना।

और सारे समाचार जानने के लिए उत्सुक। बधाई सहित।

तुम्हारा
ज्ञानरंजन

ज़रूरत के मुताबिक़ उन्हें रखो यही उचित है। ताकि अख़बार सही और सुचारु निकल सके।

*

36. ज्ञानरंजन

763, अग्रवाल कॉलोनी, जबलपुर
16/01/88

प्रिय कर्मेन्दु,

किसी प्रकार की शर्म की ज़रूरत नहीं है। मैंने शीला के पत्र का उत्तर भेज दिया है। साथ में कालिया के लिए पत्र है। वह 23 तक पटना पहुँचेगा। तुम भी मिल लेना। यह अच्छी बात है कि शीला काम करे। यह ज़रूरी बात भी है। तुमसे बदलने का आग्रह करने से बेहतर है कि वह काम करे।

अभी इतना ही। आलोक को पत्र लिख रहा हूँ।

तुम्हारा
ज्ञानरंजन

*

37. ज्ञानरंजन

763, अग्रवाल कॉलोनी, जबलपुर
10/02/88

प्रिय कर्मेन्दु,

बहुत समय से पत्र नहीं है। शीला जी के लिए जो पत्र भेजा था उसका क्या हुआ, सूचना देना ज़रूरी नहीं लगा तुम्हें।

इस बीच नामवर जी वाले अंक का सम्पादन चल रहा है। तुम्हारे लेख में अब जब मैंने उसे ध्यानपूर्वक पढ़ा सन्तोष नहीं होता। उसमें गरिमा की कमी है। पर हम उसे ज्यों का त्यों ही छापेंगे। ताकि लोगों की शंका दूर हो सके।

यह पत्र कामकाजी ही समझो। मुझे दु:ख है कि हरेकृष्ण जी की तरफ़ से आज तक 'पहल' की कोई राशि नहीं आयी। हमने उनकी दिक़्क़त और समझ का नाजुक प्रसंग लगातार समझा और उन्हें कभी कुछ ऐसा नहीं लिखा कि जरा भी ठेस लगे। डेढ़ साल में कभी उन्होंने नहीं लिखा। 'पहल' की क्या

यह हैसियत है कि वह कभी पैसों की इच्छा ही न करे। हम कहाँ से लायेंगे। यही व्यवहार शिवेन्द्र दास ने किया। पत्रों का उत्तर देना तक बन्द है। मैं यह मानता हूँ कि अगर उनके चारों तरफ़ नर्क है और बादल घिरे हैं तो उन्हें कतई छेड़ना नहीं चाहिये। पर आगे हम उनको अंक नहीं भेज सकेंगे। 'पहल' को कितनी भी ठेस लगे पर हम अपने साथियों से वसूली भाषा का इस्तेमाल करने में असमर्थ हैं।

कृपया, राजकमल वालों से ज़रूर कहो कि भुगतान कर दें। अंक नया जल्दी ही आ रहा है और नामवर वाला अंक जल्दी ही प्रेस में जा रहा है।

बच्चों को स्नेह और शीला जी को नमस्कार।

तुम्हारा
ज्ञानरंजन

*

कर्मेन्दु शिशिर

हनुमाननगर, शास्त्रीनगर, पटना
18/02/1988

आदरणीय भईया,

सादर प्रणाम

आपका पत्र पाकर एकबारगी प्रसन्नता से भर गया। जब से शीला के नाम आपका पत्र और अपने नाम आपका कार्ड पाया–उत्तेजित, आत्मन्थन की स्थिति में रहा। इस बीच स्थितियों में तेज़ी से सुधार भी हुए। राहत की अनुकूलता से थोड़ा थिर और प्रशान्त रहा। आपको किन शब्दों में लिखूँ कि मेरे जीवन में (जो बहुत छोटा तो नहीं कहा जायेगा) पहली बार यह मौक़ा है जब मैंने पीठ पर कोई दुर्लभ आत्मीयता से भरा निश्छल हाथ महसूस किया है। इतना काफ़ी है। सहज सामाजिक तौर पर प्राप्त तमाम रिश्ते बेहद व्यवहारिकता और औपचारिकता से भरे ही मिले। आपकी अनन्यता की क्या कृतज्ञता दूँ?

• नामवर जी वाले आलेख पर आपकी टिप्पणी से मैं विकल हो गया हूँ। अगर आपने अशोक वाजपेयी के आसंग वाली अवान्तर टिप्पणी को ध्यान में रखकर कहा है तो बिल्कुल ठीक है। मेरे भीतर भी द्वन्द्व रहा। उसे निकाल दीजिये। इसमें तनिक भी अन्यथा का सवाल नहीं। अगर नामवर जी के आसंग में कहीं हो तो भी लिखें–अथवा स्वयं परिवर्तन कर लें। मैं हठी और जिद्दी सही मुद्दों पर ही होऊँगा। आपका लक्षित करना-ग़लत मुद्दे पर होगा–ऐसा मैं सोच तक नहीं सकता। आप पर शंका करूँगा मैं? इतना तटस्थ होकर मेरे लिए कभी न सोचें। इतना विवेक तो आपके दुलार में भी कोई सीख लेगा। अगर पूरा आलेख नामवर जी की गरिमा के प्रतिकूल लगे तो हरगिज़ न छापें। अन्यथा तो स्वप्न में भी नहीं सोचूँगा। ऐसा सोचेंगे तो मुझे भी अब तक लिखे पत्रों को औपचारिक ही मानने की छूट दें।

• अग्निशेखर और क्षमा आये थे। हिमालय भी! बहुत ही सुखी हुआ। 'राजतरंगिणी' भेंट कर गये–संकोच से गड़ गया। दोनों को पूर्ववत देख बड़ी राहत महसूस की। आपकी चर्चाओं में मैंने सीखा कि आपका स्नेह कितना गहरा, निर्दोष और विश्वसनीय होता है। दोनों ने आपके प्रति मुझे ही सघन किया।

• हरेकृष्ण झा की बाबत क्या लिखूँ? उसकी दायित्वहीनता से ख़ुद शर्मिन्दा हूँ। धुर्ची और पेंच-आदमी का समझ में नहीं आता। तार्किक दीनता और लापरवाही अन्ततः अगम्भीरता ही पैदा करती है। आप हरगिज़ माँगने पर भी 'पहल' नहीं भेजें। पत्र तो दें ही नहीं। मुझे लिखें कि बकाया कितनी रक़म है। मैं भद्रता से पेश आऊँगा–फिर यह मामला 'पहल' का है और 'पहल' एक मिशन है। मैं राजकमल से पैसे लाया। याद नहीं 10 प्रतियाँ थीं या 15–मैंने 15 के पैसे लिए। उसे 'चेक' में तब्दील कर संलग्न कर रहा हूँ। आपके पत्र के दिन ही गया वाले दूकानदार मिले। उन्होंने मिलते ही अपनी रक़म भेजने की चर्चा की। आगे से आप राजकमल को बिल सहित ही प्रतियाँ भेजें। उसी में एक प्रति पर ऊपर ही मेरा नाम लिख कर डलवा दें–मैं अपनी प्रति ले लूँगा। अलग से डाक में खो जाती है। 'चीनी अंक' के साथ ऐसा ही हुआ। खरीदना पड़ा। वैसे, कोई विशेष परेशानी हो तो छोड़ दें।

• 'पहल' के विज्ञापन के लिए अब मैं कुछ कर सकता हूँ। आप विज्ञापन के लिए पत्र, रेट-कार्ड वगैरह भेज दें। प्रयत्न कर देखता हूँ।

• शीला एम.ए. की परीक्षा दे रही हैं। आप ग़लत न समझें। हमेशा निर्दोष ही रहा–ऐसा न कहूँगा। परन्तु शीला, उदिता और उमंग के प्रति संवेदनशील ही रहा। संवेदनशील तो त्रिपाठी तक भी रहा–ये तो पत्नी-मित्र और बच्चे ही रहे। परन्तु पुरुषार्थ के बाहर का परहेज़ निभा लाया तो अब निःसन्देह बेहतर स्थिति है। उस पर आपके पिछले पत्रों की आत्मीय उपलब्धियों ने तो और (समझे स्थायी रूप से) पोख़ता ही किया। मैंने कई बार पता किया। उनसे जुड़ा बद्रीनारायण मिला था। वे कुछ निश्चित शर्तों के बाद स्थायी रूप से रहेंगे। उससे कालिया जी ने आपकी बाबत, शीला के प्रसंग की चर्चा की थी। यानी वे पटना आये तो निश्चित रूप से शीला को काम मिल जायेगा। स्थिति अनुकूल होने से उसका तनाव भी कम हुआ है। आप शीला को मुझसे ज़्यादा चालाक, संतुलित और योग्य न समझें। मैं एकदम लापरवाह ही हूँ–और वे एकदम दायित्वपूर्ण–ऐसा नहीं। वैसे, कई स्तरों पर वह सम्मान और प्रेम योग्य अवश्य हैं। आपके प्रति उसके सम्मान को देखकर सन्तोष भी हुआ कि समझदारी और सार्थकता का विवेक आयेगा।

• 'मतवाला की बहक' का पहला खण्ड 'सम्भावना' से छप गया। मैंने उसे पत्र लिख दिया है। कृपया, सुवास कुमार का पता भेजेंगे। गद्य परम्परा की गोष्ठी वाली तस्वीर क्या मिल सकेगी?

• भाभी को चरण स्पर्श! बच्चों को नेह। उदिता और उमंग का चरण स्पर्श। होली में मन करता है आपके यहाँ चला आऊँ, मगर शीला और बच्चे भी साथ लग जायेंगे। इतनी कि चाइन में भाभी सहित सभी को कष्ट। मज़ा-बदमज़ा हो जायेगा। होली बाद अकेले ही चला आऊँगा। आपकी स्वीकृति ज़रूरी नहीं।

क्षमा सहित।

शिशिर

*

38. ज्ञानरंजन

763, अग्रवाल कॉलोनी, जबलपुर
18/02/88

प्रिय कर्मेन्दु,

तुम्हारा और त्रिपाठी जी का पत्र साथ साथ मिला। त्रिपाठी जी को मैं विस्तृत पत्र तत्काल भेज रहा हूँ। उसमें सारी बातें पूरी कर दी हैं। आपने महत्त्वपूर्ण भूमिका निभायी है। इसके प्रतिफल निजी नहीं हैं, इतिहास में होंगे। आप इस काम के महत्त्व को स्वयं समझेंगे। मैंने पिछले पत्र में आपको लिखा था कि आगामी भूमिका के लिए हमारा मिल बैठना ज़रूरी होगा।

पटना की स्थानीयता में पूरी तरह प्रवेश न करें। उसमें एक हद तक तटस्थता भी ज़रूरी है। मेरा निवेदन है कि हर चीज का हल्ला ही नहीं ज़रूरी है। आप बहुत सी बातों को अपने मंडल में ही रखें। सड़क और सोसायटी की गासिप बहुत मारक होती है। यह बात मैं व्यापक सन्दर्भ में लिख रहा हूँ। आप अभी त्रिपाठी जी के अलावा किसी पर ध्यान न दें। उनके साथ उष्मा मैत्री रखें। भावुकता से निजात पायें। बाक़ी सबसे औपचारिक सम्बन्ध रखें जो तमाशाई हैं।

मार्च के पहले-दूसरे सप्ताह में इलाहाबाद में मिलना हो सकता है। आप विचार करें। शीला समझेंगी। वे हमारे जीवन से अलग नहीं, पर आप शीला जी को बहुत प्यार से रखिये।

बाक़ी आलोक धन्वा के बारे में और 'हंस' के बारे में तुमने जो लिखा है वह सत्य है, पर अभी हर बात पर दरवाज़ा नहीं खोलना है। आलोक मेरे मित्र हैं, पर उन्हें मैंने यहाँ यह अहसास करा दिया है कि कर्मेन्दु के बारे में मैं कुछ ग़लत सलत सुनने को तैयार नहीं। आलोक पहले अटपटा कहते थे, पर अब वे मेरी दृढ़ता से परिचित हो गये हैं। हमें कई मायनों में निकटता और कई में दूरी रखनी होगी उनसे। सभी बातें लिखी नहीं जा सकतीं।

तुम्हारा
ज्ञानरंजन

*

शीला (कर्मेन्दु शिशिर)

हनुमान नगर, शास्त्री नगर, पटना

19/02/1988

आदरणीय भैयाजी,

सादर प्रणाम!

पत्र काफ़ी पहले मिला था। पत्र इतना आत्मीय और सच्चा था कि मैं सहसा विश्वास न कर सकी। हम लोगों का ऐसा दुर्योग रहा कि अपने दोनों परिवारों में कहीं अपनापन न मिल सका। इस कारण मैं थोड़ी हतप्रभ थी। मैं अभी भी अक्सर आपके पत्र को पढ़ती हूँ, बड़ा सुख मिलता है। ऐसा पत्र नियमित पाना कौन नहीं चाहेगा। लेकिन आपके महत्त्वपूर्ण समय को ध्यान रखकर संकोच महसूस करती हूँ। शिशिर के पत्र में अपने प्रति 'जी' देखकर सहम गयी। क्षमा चाहती हूँ। पत्र में कई कारणों से देर से देना चाहती थी।

एम.ए. की परीक्षा चल रही है। आज तीसरे पत्र की परीक्षा देकर पहला काम आपको पत्र लिख रही हूँ। कालिया जी के आते ही मिल लूँगी। मेरा विश्वास है कि काम अवश्य हो जायेगा। मुझे इस बात का सन्तोष है कि शिशिर जैसे महान हित्यकार का एहसान लेना नहीं पड़ा। दो-तीन बार जाकर पता किये तो कई बार एहसान जताये। आपका पत्र भी इन्हीं के कारण सम्भव हुआ; यह भी अक़्सर सुनने को मिलता है। बड़े लोगों की बातें भी बड़ी-बड़ी होती हैं। इनमें सुधार असम्भव है।

आप पटना ज़रूर आइये। मुझे तो आपके यहाँ अकेले ही आना होगा। पता नहीं कब सम्भव हो। दीदी को भी देखने की इच्छा प्रबल हो रही है। बच्चों को स्नेह। उदिता, उमंग का नाम अच्छे स्कूल में लिखवा दी। एक दिन इन्होंने भी अपना मूल्यवान समय दिया। उदिता, उमंग की चरण स्पर्श लें। ग़लती क्षमा। समय मिले तो पत्र देंगे।

शीला–कर्मेन्दु शिशिर

*

39. ज्ञानरंजन

763, अग्रवाल कॉलोनी, जबलपुर
25/02/88

प्रिय कर्मेन्दु,

तुम्हारा पत्र मिला। शीला का भी। तुम दोनों ने पत्र न लिखने की या देर से लिखने की शैली को अपनी निजता से जोड़ा है। यह बहुत अच्छी बात है पर कामकाज की दुनिया में और जहाँ काम काज अपना परस्पर जुड़ा हो यह अध्यात्मिकता कुछ ज़्यादा ही संगीन हो जाती है।

मैं चाहता हूँ कि हमारा काम जो कि आम तौर पर एक सार्वजनिक कर्तव्य का अंग होता है एक तरफ़ अपने ज़रूरी क्रिया कलापों में जारी रहे और दूसरे तरफ़ हमारी आत्मिकता, बुद्धिकर्म, संवाद और मैत्री आदि का तारतम्य रहे। मैं इसी सन्तुलन को बनाता हूँ एक व्यापक उद्देश्य के लिए। अपने लिए अपने परिवार के लिए मैंने कभी कुछ नहीं सोचा या सोच सका, यद्यपि भाग्य मेरा अच्छा रहा, कि कभी बहुत दिक़्क़त नहीं रही मामूली के अलावा।

'पहल' के बारे में मेरी निर्दयता अधिकांश तौर पर सही मानी जाती है कभी-कभी लोग उसमें वसूलीपन देखते हैं। लेकिन इसके अलावा मेरे पास कोई मार्ग नहीं है। राजकमल का चेक तुमने भेजा। 15 प्रति ही भेजी गयी थी, पर इस चेक को जमा करने के बाद एक महीने में यह पैसा आयेगा और 10-12 रुपये कलेक्शन चार्ज लग जायेंगे। इसलिए आगे से पैसा बैंक ड्राफ्ट से भिजवाना। अभी कुछ-कुछ पुराने अंक भी राजकमल के तुम्हारे मित्र ने बुलवाये थे। उसका भुगतान भी बाक़ी है। बिल हम हमेशा भेजते हैं। अब लगता है कि उनसे ग़ायब हो गया होगा।

हरेकृष्ण और डा. शिवेन्द्र से पैसा माँगने की कतई ज़रूरत नहीं है। मेरी आदत यह है कि मैं भुला देता हूँ। पर आगे बरबादी के मार्ग को बन्द कर देता हूँ। साथ में कुछ विज्ञापन टैरिफ़ और कुछ पत्रक भेज रहा हूँ। मार्च के महीने में अगर कुछ हो जाय तो बेहतर। तुम देख लेना। पहल का एक अंक एक सप्ताह में आ रहा है। उसके तुरन्त बाद नामवर जी वाला अंक प्रेस में जायेगा। इस समय पहल का अर्थ संकट सर्वोपरि है। तुम अपने प्रयास करो, पर अगर अच्छे परिणाम न निकल सकें तो ख़बर कर देना। इसमें संकोच मत करना क्योंकि मैं इसकी दिक़्क़तों को जानता हूँ।

होली के बाद मैं इलाहाबाद, लखनऊ जाऊँगा। पहल के काम से ही। इसलिए 20 मार्च के बाद ही आना और भावावेश में मत आना। ज़रूरी वक़्त आयेगा तब हम मिलेंगे ही।

गर्मियों में ही हम मतवाला मंडल को छापने के काम में आगे बढ़ेंगे। अशोक त्रिपाठी और सहाय साहब मिले थे हमें इन्दौर में तब मैंने यह चर्चा चलायी थी कि पूरे मतवाला प्रसंग पर एक गोष्ठी भी की जानी चाहिए। अभी इस पर अन्तिम बात नहीं हुई है। आर्थिक हालात ही तय करेंगे। पर दिमाग़ में यह बात आयी है। बच्चों को प्यार और ज़रूरी हो तो और पत्रक भेज देंगे या इसी आवेदन पत्र की दो एक फोटोकापी करवा लेना।

*

40. ज्ञानरंजन

763, अग्रवाल कॉलोनी, जबलपुर
20/03/88

प्रिय कर्मेन्दु,

तुम्हारा पत्र मिला। मैं अभी इलाहाबाद और लखनऊ काफ़ी समय रहकर वापस आया हूँ। तुरन्त पत्र दे रहा हूँ। मुझे पता चल गया था कि अशोक ने तुम्हारी किताब छाप दी है। यह प्रसन्नता की बात है। तुम्हारे इस पत्र में अच्छी ख़बरें है। जीवन छाया से धूप की तरफ़ करवट ले रहा है। बस इतना ही काफ़ी है। इससे ज़्यादा की दरकार नहीं और इससे ज़्यादा मुमकिन नहीं।

कर्मेन्दु, मैं यह आज भी मानता हूँ कि दृढ़ता और ईमानदारी किसी भी रणनीति से ज़्यादा ऊपर और भारी है। मैंने जो कुछ भी किया या कर पाया इसी शैली में किया। यह मेरे व्यक्तित्व का अविभाज्य है और मैं इस चतुर चालाक समाज में भी यही बनाये रखना चाहता हूँ। हमारी विचारधारा ही हमारी रणनीति है, हमारा मार्ग है। जो लोग हमारे विचार के रथ के साथ नहीं हैं उनमें मेरी दिलचस्पी नहीं होती चाहे भौतिक संसार में मेरा कितना भी नुकसान नफा क्यों न हो। इसलिए जब मैं यहाँ संगठन में आया तब उसका काम एक रेगिस्तानी ज़मीन पर लकीर बनाने जैसा था। 'पहल' का काम भी इसी तरह किया। एक आदर्श सुन्दर भवन में काम करने की कल्पना मैंने कभी नहीं की। मैं यह

मानता हूँ कि इतिहास में मामूली व्यक्ति और हम जैसे मामूली व्यक्ति इसी तरह से काम कर सकते हैं। तुम भी व्यक्तित्व के धनी हो। तुम दूर तक अपने लेखन और अपने संगठन की संलग्नता से वह सब कर सकते हो जो हममें से बहुत नहीं कर सके। इसमें लोग उंगली उठायेंगे ताना देंगे। इसमें लोग चरित्रहनन भी कर सकते हैं, पर लापरवाह नदी की तरह हमारा आवेग और हमारा चरित्र सभी सबको ध्वस्त करता जायेगा। हम दो एक दूसरे के पूरक बन सकते हैं। और फिर यह आगे बढ़ सकती है। तुमको भी मेरे साथी होने, मित्र होने, भाई होने के कारण यह सोचना चाहिए कि मैं अकेला और अल्पसंख्यक नहीं हो जाऊँ। जीवन की धारा सूखनी नहीं चाहिए। हम माला के फूल नहीं हैं कि एक फूल टूटा और माला बेकार हो गयी। फिर संगठन में आदर्श, निस्वार्थ और अन्त:प्रेरणा में पगे लोगों की ज़रूरत है। तुम पर मेरा नहीं समय और विचार का दबाव होना चाहिए। संगठनों में स्पंदन और मार्मिकता होनी चाहिए। उनमें हार्दिकता होनी चाहिए। तुम्हारे पत्र से मुझे यह बल मिला है कि हम सही हैं। जलेस में मेरे अनेक मित्र हैं, पर इनमें तोड़-फोड़ अक़्सर झूठ का इस्तेमाल बहुत है। बहरहाल यह सब बातें बहुत नहीं करनी हैं। इनसे कुछ फायदा नहीं। हमें पॉजिटिविटी के साथ काम करना चाहिये। ग़लत चक्करों में नहीं पड़ना चाहिए। तुम खगेन्द्र जी और अरुण कमल से भी चर्चा करो। समयानुकूल मानो तो सासाराम भी जाओ। मुझसे तुम्हारी चर्चा तो होगी ही। इस प्रसंग को अभी स्थानीय तौर पर ज़्यादा चर्चित न बनाना। मुझसे तुम्हारी इस बारे में चर्चा तो होती ही रहेगी। मई तक व्यस्त हूँ। जून में हमारा मिलना मुमकिन है। इसके पहले अगर तुम जबलपुर आ सको तो ठीक है। मैं इस वक्त बहुत फंसा हूँ। 'पहल' की आर्थिक हालत के लिए कड़ा संघर्ष चल रहा ।

कालिया पटना कुछ समय बाद जायेंगे। जब तक मशीन आदि पूरी नहीं हो जाती और कुछ उनकी शर्तें पूरी नहीं हो जातीं। उसके पहुँचने पर हम पूरा प्रयास करेंगे कि शीला का वहाँ हो जाय।

मार्च अन्त ही नहीं आगे भी प्रयास करना कि 'पहल़' का कुछ हो सके। तुम्हारी किताब जुलाई-अगस्त में ही आ सकेगी। अभी प्रेस की दिक़्क़तें भी हैं। 'पहल' का नया अंक जा रहा है दो चार दिन में, राजकमल के पते पर। राजकमल का पूरा पैसा पुराने अंकों और मुक्तिबोध का कुल 145 होता है। इस

पर 25 प्रतिशत कमीशन काट कर जो भी राशि बने। निवेदन है कि हरेकृष्ण और शिवेन्द्र दास के प्रसंग को बिलकुल निकाल दो। हम तकलीफ़ उठा लें पर बार-बार वसूली की भाषा का इस्तेमाल नहीं करेंगें। बस।

प्रकाश चंद्रायन की कविता तत्काल भिजवाना। लखनऊ में अमृत प्रभात कंगाली के मार्ग पर है, वह बिकने वाला है। प्रकाश के लिए चिन्ता बनी है।

शीला और बच्चों को हमारा स्नेह!

तुम्हारा
ज्ञानरंजन

*

41. ज्ञानरंजन

763, अग्रवाल कॉलोनी, जबलपुर
21/04/88

प्रिय कर्मेन्दु,

तुम्हारा 11.4 का कार्ड मिला। मार्च का अब अप्रैल अन्त हो रहा है, पर क्या करोगे दिक़्क़तें तो अपनी जगह जमी हैं। हम भी जूझ रहे हैं। मेरे लम्बे पत्र का जवाब नहीं मिला। बहुत सारी बातें थीं।

राजकमल को अंक भेजे 12-15 दिन हो गये हैं। रजि. डाक से गया है। उनसे 'पहल' के पुराने अंकों का पैसा भी हमें चाहिए। पर चेक नहीं ड्राफ्ट भिजवाना।

तुम्हारा
ज्ञानरंजन

*

42. ज्ञानरंजन

763, अग्रवाल कॉलोनी, जबलपुर
24/04/88

प्रिय कर्मेन्दु,

एक बार तुम्हें लिखा था। छपते-छपते, मुझे लगा कि तुम्हारा लेख नहीं जाना चाहिए। मैं लगातार सोचता रहा कि कहीं इसका ग़लत अर्थ न ले लिया जाय। विश्वास है तुम इसे सही परिप्रेक्ष्य में लोगे। वह लेख तुम्हारी गरिमा के उपर्युक्त नहीं है, जबकि हम नामवर जी की तीखी समीक्षा वाला एक लेख प्रदीप सक्सेना का छाप रहे हैं। इस सम्बन्ध में तुम्हें विस्तार से लिखूँगा।

तुम्हारा
ज्ञानरंजन

*

43. ज्ञानरंजन

763, अग्रवाल कॉलोनी, जबलपुर
25/04/88

प्रिय कर्मेन्दु,

तुम्हारे पत्र से पता चलता है कि तुम भावुकता और उत्तेजना के दौर में चल रहे हो। आर्थिक दुर्दशा इसका कारण हो सकता है। तुम्हें अपने तनाव को शीला के साथ शेयर करना चाहिए। जल्दी-जल्दी उतार-चढ़ाव बुद्धिमानी का लक्षण नहीं है। अभी कुछ दिन पहले तुमने लिखा था कि ज़मीन जायदाद का मसला भी कुछ बेहतर हुआ है, और अब बेहतर है, फिर यह नया उबाल मैं समझ नहीं पा रहा हूँ।

शीला की नौकरी का प्रयास जारी रहना चाहिये। कालिया का वहाँ जाना संदिग्ध है। वे दिल्ली और इलाहाबाद के बीच चक्कर लगाते रहते हैं, पर अन्यत्र प्रयास किया जाना चाहिए। नभाटा में नये आने वाले सम्पादक से मेरा परिचय नहीं है। और राजेन्द्र माथुर से बार-बार कहना ठीक नहीं है। कभी

मुलाक़ात होने पर कह सकूँगा। तुम्हें स्थानीय स्तर पर प्रयास करना चाहिए क्योंकि शीला की नौकरी से तुम्हारे काफ़ी मसले सामान्य हो सकते हैं।

दूसरी बातों पर जब चाहे चर्चा हो। मैंने अपनी बात कह दी। अब तुम चिन्तन मनन करो। और निर्णय कर सको। पहले ज़रूरी है अपनी आर्थिक हालत को सामान्य करना। उसका प्रयास करो। अपने को कसो और अपनी आर्थिक हालत के बारे में मुकम्मल सूचना दो।

राजकमल को 15 प्रति गयी हैं। इसके अलावा पुराने अंकों का हिसाब बकाया है। राजकमल से कहो कि हिसाब करें। हम मुसीबत में हैं। अभी कोई किताब नहीं छप सकती। पहले कर्ज़ उतारना है और आगे का कुछ प्रबन्ध करना है। हम कठोर भूमि पर खड़े हैं और तलुए जल रहे हैं। विज्ञापन का प्रबन्ध कठिन है। मैं जानता हूँ, पर प्रयास करने में कोई हर्ज़ नहीं है।

शीला और बच्चों को हमारा यथायोग्य।

तुम्हारा
ज्ञानरंजन

*

कर्मेन्दु शिशिर

हनुमान नगर, शास्त्री नगर, पटना
03/05/88

आदरणीय भैया!

जब से आपका पत्र मिला मैं गहरी उद्विग्नता और ग्लानि में रहा। अपनी अगम्भीरता और असन्तुलन में स्वयं तो असामान्य स्थिति में पड़ता ही हूँ–आप सरीखे दुर्लभ सम्बन्धों को भी दुखी और परेशान कर देता हूँ। मैं बिल्कुल ही आर्थिक संकट में नहीं हूँ। आर्थिक बेहतरी तो नहीं है, लेकिन संकट तो हरगिज़ नहीं है। मैं अपनी पूर्व स्थिति से तुलना करूँ तो इस स्थिति को सर्वोत्तम उपलब्धि मानना चाहिए। मैं पहली बार ऋणमुक्त हुआ हूँ और कॉलेज़ पर मेरे काफ़ी पैसे निकलते हैं। वे जब भी मिलेंगे–मेरे पासबुक में अतिरिक्त पड़े रहेंगे। समस्या शीला की बीमारी और उसकी नौकरी है। वह नौकरी करना चाहती है।

मेरा वेतन जीवन-यापन की सरहद पर ही चुक जाता है। नौकरी मेरे वश में नहीं और मैं किसी किसी को इसके लिए कह सकने की सामर्थ्य में नहीं हूँ। मैं नहीं चाहता कि उसकी परीक्षा में डेढ़ वर्ष गवाँ कर अब और अप्रिय मन:स्थितियों को आमंत्रित करूँ। शीला की व्यवहारिक उपेक्षायें चाहे जितनी ज़रूरी हों और आप भी मुझे अपराधी मानें, तब भी मैं क्या कर सकता हूँ। भैया! आप बिहार को और मेरी स्थिति को समझने की कोशिश करें। जो हो जाता है, पत्नी परिवार वही काफ़ी है। मैं साहित्य, संस्कृति के बाहर, अपने परिवार, पत्नी और बच्चों के मामले में कभी अपने को सक्रिय नहीं कर सकता। ऐसे कभी किसी से कुछ हो गया काफ़ी है। शीला इससे चिढ़ जाती है कि मैं जानबूझ कर ऐसा करता हूँ। तब वह अपनी इच्छाओं को सामने रख कर, परास्त करती है। मैं भावुकता और उत्तेजना में विवश हो जाता हूँ। यही मेरा निजी संकट है। ग़लत यही है कि अन्तत: निजी संकट स्वयं ही तय करने चाहिए। आप इतनी दूर से कुछ नहीं कर सकते। मैं अपनी क्षुद्रता में आपको कह देता हूँ–मैं इसका ध्यान रखूँगा, आप क्षमा करेंगे। शीला पढ़े लिखे, समझदारी बढ़ाये–अभी मैं यही बेहतर सोचता हूँ।

• वह क्यों नहीं पहल करती? मुझे किसने नौकरी दी थी? वह अपने संकट को मुझ पर थोपती है। मेरी एकमात्र ग़लती यही है कि मैं उसे समझा नहीं पाता–उबल कर आहत कर देता हूँ। यह अमानवीय है। वह भी ज़्यादा सुखी नहीं। स्वास्थ्य ठीक नहीं रखती। मैं ज़रूर डॉ., जाँच वग़ैरह को टालता हूँ, लेकिन इस लापरवाही को कम करते-करते ही समाप्त कर पाऊँगा। वह तत्काल मुझ से अपने तार्किक और व्यवहारिक आग्रहों को पूरी तरह मनवा लेना चाहती है। ख़ैर, आप भैया! अब मेरी व्यक्तिगत चिन्ताओं की चिन्ता छोड़िये। मैं तो स्वयं इसे पसन्द नहीं करता। ज़्यादा ज़रूरी और उचित है–साहित्य और जनता की चिन्तायें। यह सब चलता रहेगा।

• दूसरी बात की चर्चा को मैं स्पष्ट कर दूँ। चाहता था बात होती तभी आप वास्तविक हिचक को समझ पाते। व्यक्तिगत रूप से कल मैं नक्सलवादी संघर्ष में होलटाइमर था। छात्र जीवन में ही–कॉलेज छात्र संघ का अध्यक्ष, प्रबुद्ध छात्र नेता और नक्सली राजनीति के संगठन में कार्यकारिणी का सदस्य तक था। जब मैंने राजनीति से पूरी तरह अपने सक्रिय जीवन को समेट लिया

तो साहित्य और संस्कृति की दुनिया में ख़ुद को अधिकतम सार्थक करना चाहता हूँ। मोटे तौर पर मैं वैचारिक रूप से व्यापक मार्क्सवादी एकता का प्रबल पक्षधर हूँ। मार्क्सवादी विचारधारा के प्रति प्रतिबद्ध हूँ–रूढ़ नहीं। विश्व दृष्टिकोण में रूस और अमेरिका के निर्णायक संघर्ष में रूसी पक्षधरता को आत्यांतिक मज़बूत करने में मेरी निर्विवाद, प्रचिन्तित ईमानदार निष्ठा है। भारत में साम्यवादी आन्दोलन के प्रति मैं (निर्मम लेकिन आत्मीय दोस्ताना के सम्यक रूप में) कटु आलोचनात्मक विचार रखता हूँ। मेरे विश्लेषण का एकमात्र आधार व्यापक एकता है–इसके गतिरोधों पर चोट इसी भाव से करता हूँ। रही बात प्रलेस–जलेस और जसम की, मैं जसम को, जो नक्सलवाद की परिवर्तित विचारधारा को वहन करने का दावा करता है–परन्तु यह मुख्यधारा से कट कर कृत्रिम तरीक़े से सांस्कृतिक परिवर्तन के लिए कठोर संघर्ष कर रहा है। इसका नेतृत्व ग़ैर-सांस्कृतिक वर्चस्व के कारण बंझा है। इसमें जाकर स्वयं को हास्यास्पद नहीं कर सकता। जलेस के साथ मेरा कभी कोई सम्पर्क नहीं रहा। जितना जानता हूँ, उसके मुताबिक लोकतांत्रिक चिन्तन का बौद्धिक धैर्य, विवेक और संस्कार फ़िलहाल तो दिखायी नहीं पड़ता। आत्ममुग्धता और कुण्ठित अहंकार का अतिरेक तो कभी उससे जुड़ने को उत्साहित ही नहीं कर सकता। प्रलेस एक मात्र संगठन है, जिसने यहाँ भी और आपके प्रदेश में भी मुझे स्नेह और सम्मान से ऋणी किया है। लोकतान्त्रिक चिन्तन के प्रति सम्मान और खुलापन, लेखकीय संस्कार और गरिमा, सार्थक कार्यों की गौरवपूर्ण शृंखला, लेखक के प्रति आदरभाव, अपने रचनाकारों के प्रति अटूट स्नेह। सबसे बड़ी बात यह कि सांस्कृतिक कार्यों की निरन्तरता। अन्त में रेखांकित कर ही दूँ कि उसमें अनेक दूसरे दुर्लभ मित्रों के अतिरिक्त आप भी! आप कहेंगे तब मैं क्यों हिचक रहा हूँ। तो, मैंने अन्तिम रूप से तय कर लिया है। मैं अखिल भारतीय प्रगतिशील लेखक संघ का सदस्य रहा हूँ। काशी मेरा जन्म-स्थान है। उसी भूमि पर मेरे दूसरे (निश्चय ही पहले जीवन से ज़्यादा महत्त्वपूर्ण और सर्वोत्तम) जीवन की घोषणा आदरणीय भाई ज्ञानरंजन कर देंगे। आप फार्म मँगा दीजिएगा–मैं स्वीकृत हस्ताक्षर का गौरव पा जाऊँगा। बिहार प्रगतिशील लेखक संघ या पटना प्रगतिशील लेखक संघ में सदस्य नहीं बनने का कारण क्या है? यह मैं मिलने पर ही कहूँगा। मैं जाने के बाद किस तरह क्रमशः सक्रिय होऊँगा, मेरी योजना क्या है, कैसी अकाट्य व्यवहारिकता

है–आपसे मैं इस पर मुहर लगवा लूँगा। मैं सक्रियता में, अपने समर्पण में, अपनी आस्था में, अपने आचरण में, विनम्रता से ही कह रहा, अपने लेखन बोध और लेखन में भी–आपको कभी शिकायत का अवसर नहीं दूँगा। बस!

• राजकमल वाले पैसे भेज देंगे। उसे आप पूर्व और नये अंकों की बिल (प्रतिलिपि) विपत्र भेज देंगे। पहले वाली खो गयी है। आगे से आप को वी.पी. पी. ही भेजना है–वे छुड़ा लिया करेंगे। बात हो गयी है। मेरा भी अंक, नाम लिख कर भेज दिया करेंगे, साथ मिल जायेगा, अलग से खो जाता है। विज्ञापन के लिए मैं ईमानदारी से प्रयासरत हूँ–निश्चित उम्मीद का आश्वासन भी पाया है। समय भी ज़्यादा नहीं लगना चाहिए। वैसे मैं स्वभाव से ठोस और सामने से ही सन्तुष्ट होता हूँ। शीला जी भी मुस्तैद हैं–इस मामले में मुझे सक्रियता से याद दिलाती हैं। सुबह उठा देती हैं, चाय बनाकर भेज देती हैं कि विज्ञापन के आश्वासन वाले मित्र फिर निकल जायेंगे। फिर भी, एक दो बार वे नहीं मिले। मैं सम्भव शीघ्रता कर रहा।

क्षमा सहित।

शिशिर

*

कर्मेन्दु शिशिर

हनुमान नगर, शास्त्री नगर, पटना
05/05/1988

आदरणीय भैया,

चरण स्पर्श!

आपको कल या परसों एक लम्बा पत्र भेजा हूँ।

आज आपका कार्ड मिला। मैंने आपके तमाम पत्रों को निकालकर पढ़ा। जब मैंने लेख भेजा था। आपकी प्राप्ति प्रतिक्रिया में दो वाक्य बेहद अनुकूल थे। जब आपने इस अंक के संयोजन क्रम में ध्यान से पढ़ा तो अपनी अनिच्छा का भाव लिखा। इसमें आपने लिखा कि यह नामवर जी की गरिमा के अनुकूल नहीं। इस कार्ड में आपके भीतर का द्वन्द्व दिखा। मैं दुखी इस बात से भी हुआ कि आपने अनावश्यक इस द्वन्द्व को लम्बा किया। आपने लिखा है कि यह लेख मेरी गरिमा के अनुकूल नहीं। इतना सम्मान मुझे न दीजिये। मेरे लिए

आपकी और 'पहल' की गरिमा सर्वोपरि है। आप सम्पादक हैं और आपको कुछ भी छापने, न छापने का पूरा अधिकार है। इसमें ग़लत अर्थ लेने का कोई कारण नहीं। ग़लत सिर्फ़ यही लगा कि इसे जब आपको भेजा था, तभी अस्वीकृत कर देना चाहिए था और वापस भी। लेकिन यह कोई विशेष बात नहीं। अभी जब आपका कार्ड मिला है, मैं लगभग तीन वर्षों बाद कहानी लिखने की मनःस्थिति में आया हूँ और लिख रहा हूँ। इस पत्र ने मन को आहत किया और मैं बाधित हुआ परन्तु, इसमें भी आप निर्दोष हैं क्योंकि आप क्या जानते हैं?

• आप प्रदीप सक्सेना की तीखी आलोचना वाला लेख छाप रहे हैं– इसकी चर्चा मेरी समझ में नहीं आयी–आपने क्यों की, मैं अपने लेख को जहाँ तक याद है तीखी आलोचना नहीं मानता। हाँ, वह एक घटिया आलोचना हो सकती है। ख़ैर! इस प्रकरण को एकबारगी समाप्त ही समझें।

• आपसे मैं साग्रह अनुरोध कर रहा हूँ कि लौटती डाक से उस आलेख की मूल प्रति मुझे रजिस्टर्ड डाक से वापस भेज दें। सामान्य डाक में खो जाने का भय होता है। अपने श्रम और और समझ को संजोकर ससम्मान रखे रहूँगा तो संताष होगा। वैसे भी उसकी हू-ब-हू प्रतिलिपि है नहीं। अब शायद रफ़ भी न हो। अब मैं उसे हरगिज़ छपने की न इच्छा रखता हूँ और न अनुमति देता हूँ। सिर्फ़ सुरक्षित रख भर लूँगा।

भैया! आप बहुत ही संतुलित, संवेदनशील और गम्भीर हैं। मेरे प्रति आपके भीतर गहरा और सच्चा स्नेह है। आपसे एक ही अनुरोध कर रहा हूँ और इस विश्वास के साथ कि आप निराश नहीं करेंगे। आपने लिखा है कि 'इस सम्बन्ध में तुम्हें विस्तार से लिखूँगा।' मैं विनम्र आग्रह कर रहा कि आप इस सम्बन्ध में कभी कुछ न लिखें और न ही मिलने पर चर्चा करें। बस रचना वापस (कृपया रजिस्टर्ड डाक से) कर इस प्रकरण को हमेशा के लिए समाप्त कर दें। मैं इससे सप्ताह-डेढ़ सप्ताह में मुक्त हो जाऊँगा। अन्यथा आपके पत्र से अनावश्यक इसी मनःस्थिति में घिचता रहूँगा, जो मैं हरगिज़ नहीं चाहता। मैं कहानी लिखने की निहायत उर्वर मनःस्थिति को यथाशीघ्र वापस पाने में लग रहा हूँ। इसमें आप यथाशीघ्र आलेख भेजकर मेरी बड़ी सहायता करेंगे, क्योंकि तभी मैं इससे पूर्णतया निश्चिन्त हो पाऊँगा। मुक्त भी।

• भैया! मैं जानता हूँ, आपको लगेगा शिशिर ने अन्यथा ले लिया अथवा सही परिप्रेक्ष्य में नहीं लिया। ऐसी बिल्कुल बात नहीं। आप पायेंगे इससे आपके प्रति मेरे सम्मान में रत्ती भर फ़र्क़ नहीं पड़ेगा। ऐसा आप स्वप्न में भी नहीं सोचेंगे।

आलेख की प्रतीक्षा में।

आपका
कर्मेन्दु शिशिर

*

पुनश्च : विज्ञापन वाले मित्र के यहाँ आज भी गया था। वे सम्भवत: दो-तीन दिनों के लिए बाहर चले गये हैं। मैं इस सम्भावना का तब तक पीछा करूँ–जब तक मिल न जाय अथवा वे आख़िरी जवाब न दे दें। इसके बाद भी मैं हार नहीं मानूँगा और एक न एक विज्ञापन अवश्य 'पहल' के लिए दिलाऊँगा। यह तय है। समय के बारे में कुछ कहना ठीक नहीं। भाभी को सादर प्रणाम। शीला जी का सादर प्रणाम! उदिता और उमंग का चरण स्पर्श!

क्षमा सहित।

आपका
कर्मेन्दु शिशिर

*

44. ज्ञानरंजन

763, अग्रवाल कॉलोनी, जबलपुर
15/05/88

प्रिय कर्मेन्दु,

10 दिन बाद इलाज शुरू करवा कर जाँच करवा कर लौटा। नये सिरे से शुरू करना पड़ेगा जीवन। एक महीने का इलाज बताया है।

मतवाला मंडल की 10 प्रति भेज रहा हूँ। अब समाप्त। अनेक पत्र आ रहे हैं। मतवाला मंडल की तारीफ़ पर। उदय प्रकाश, परमानन्द जी ने भी लिखा तारीफ़ में। शेष बाद में–

तुम्हारा
ज्ञानरंजन

*

45. ज्ञानरंजन

प्रिय कर्मेन्दु,

तुम्हारा पत्र मिल गया। मैं त्रिपाठी जी से संवाद कायम रखूँगा और एक ठोस कार्यक्रम तैयार करूँगा। शीला जी के लिए काम तय होना जल्दी ज़रूरी है।

यहाँ विश्वविद्यालय से एक साहित्य सेमिनार के लिए पत्र तुम्हारे पास, अरुण कमल के पास और त्रिपाठी जी के पास जा रहा है। यह मेरे सुझाव से ही जा रहा है, ताकि हमलोग मिल कर ठोस कार्यक्रम तय करें। अप्रैल के पहले सप्ताह में। यहाँ मिलना फलप्रद होगा।

शीला, उदिता और उमंग को स्नेह!

तुम्हारा
ज्ञानरंजन

*

46. ज्ञानरंजन

763, अग्रवाल कॉलोनी, जबलपुर
16/05/88

प्रिय कर्मेन्दु,

तुम्हारा दूसरा पत्र भी मिला। अभी मैं 15 दिन के लिए बाहर निकलने की तैयारी में हूँ–यात्रा पर। जल्दी में लिख रहा हूँ। विस्तार से बाद में दोनों पत्रों का उत्तर दूँगा।

तुम्हारे दूसरे पत्र में स्वाभाविकता खो गयी है। जो एक हद तक किसी लेखक में अपनी रचना के कारण नामुमकिन नहीं है। बहरहाल, लेख को तुरन्त बुलाने के लिए कहना बार-बार लिखना इस बात का चिह्न है कि तुम आहत हो। मैं प्रयास करूँगा कि इलाहाबाद से तुम्हारा लेख लौटा सकूँ, क्योंकि सारी सामग्री वहीं है। जून मध्य में मुझे सम्भव है कि चण्डीगढ़ और हिमाचल भी जाना हो।

बच्चों को प्यार और शीला जी को अभिवादन। अन्त में एक बार यह कि तुम विज्ञापन के लिए इतना हलाकान मत हो। यह दुनिया इसी तरह चलेगी।

कभी मिलेगा, कभी नहीं मिलेगा। अपने शरीर को इस काम के लिए तपाओ और भरमाओ मत।

तुम्हारा
ज्ञानरंजन

*

47.

763, अग्रवाल कॉलोनी, जबलपुर
21/05/87

प्रिय कर्मेन्दु,

अभी एक घंटे बाद गाड़ी है और आप का पत्र मिला। आप कुछ ज़्यादा ही सोच जाते हैं। आप पत्र तो देखें जो मैंने गोपेश परीक्षित को लिखा। उसमें यह लिखा कि आप जैसे ही विचार कर्मेन्दु ने भी लिखे थे। पर यह अर्थ नहीं था कि आप सब मिलकर यह कर रहे हैं। आप सब से ज़्यादा मेरी अटूट आस्था मनुष्य में है, इसलिए आप लोगों से मेरे सम्बन्ध सहज हैं। जिस सरलता से आप लिखते हैं, उसी से मैं लिखता हूँ। यह साफपन अच्छा होता है पर मुझे जब कोई गिला न था तो आप क्यों करते हैं। यह अफ़सोसनाक शर्म है जो आप अनावश्यक उठाते हैं। मैं तो आपका वही हूँ जो पहले था। बार-बार परीक्षा बार-बार दुहाई, बार-बार आश्वासन अच्छे और गहरे मित्रों के बीच न होनी चाहिए। मैं जब किसी से मिलता हूँ तो मैं उसे अपनी और उसकी मृत्यु तक के लिए जान जाता हूँ। फिर सम्बन्ध तूफ़ान में भी डवाँडोल नहीं होते। अब कर्मेन्दु जी इससे ज़्यादा क्या लिखूँ।

मैं सवा महीने बाहर रहूँगा। इस बीच बिना किसी तकलीफ़ के पहल के पैसे भेजें तो ड्राफ्ट 'पहल' के नाम भेजेंगे, ताकि मेरी अनुपस्थिति में वह बैंक में जमा हो जाय।

बच्चों को प्यार।

तुम्हारा
ज्ञानरंजन

*

48. ज्ञानरंजन

763, अग्रवाल कॉलोनी, जबलपुर
12/06/88

प्रिय भाई,

बाहर से 4-5 दिन पहले लौटा। अलग डाक से रजि. डाक से लेख भेज रहा हूँ। विश्वास है सपरिवार स्वस्थ प्रसन्न होंगे। बच्चों को प्यार।

तुम्हारा
ज्ञानरंजन

*

49. ज्ञानरंजन

763, अग्रवाल कॉलोनी, जबलपुर
02/07/88

प्रिय भाई,

तुम्हारा कार्ड मिला अभी। इसके पहले कोई पत्र नहीं मिला। बहरहाल। बच्चे अब तक आ गये होंगे और शीला जी का रिजल्ट भी अनुकूल निकल गया होगा।

कॉलेज खुल गये होंगे और व्यस्तता प्रारम्भ हुई होगी।

राजकमल ने नये बिल का पैसा भेजा है। पुराने अंकों के बारे में अभी तक कोई जवाब नहीं मिला।

तुम्हारा
ज्ञानरंजन

*

50.

763, अग्रवाल कॉलोनी, जबलपुर
19/08/88

प्रिय कर्मेन्दु,

तुम्हारा पत्र मिला। मैंने तुम्हारे हर पत्र का उत्तर दिया है। इसलिए मेरे पत्र की प्रतीक्षा की बात समझ में नहीं आयी। बल्कि मैं ही यह सोचता रहा कि

शायद ज्वार समाप्त हो गया है। तभी लम्बे समय तक कोई ख़बर नहीं है। इस बीच भोपाल गया था तो देखा कि सोमदत्त से इस समय गहरा प्रेम है। प्रेम तो अनुचित नहीं है अनुचित है, अन्तरविरोध और वह भी ज्वार-भाटा आकाश पाताल जैसा अन्तर। बहरहाल, यह तुम्हारा निजी मसला है कि किससे कब कितना रिश्ता रखो, पर मुझे यह बात उदासीन बनाती है।

गोपेश और त्रिपाठी जी ने अगर ज.सं.मं. से रिश्ता जोड़ा है तो यह कोई नागवार नहीं है। तुमने बड़े उत्साह से एक बार प्रलेस के बारे में लिखा था और वह बात फुस्स हो गयी। यह बात ज़रूरी नहीं कि तुम प्रलेस में आते ही, लेकिन चीज़ें केवल फितूर की तरह पैदा हों और मर जायें यह बात किसी गहरी खामी की तरफ़ संकेत करती हैं। मैं अपनी ही जगह हूँ, पर तुम्हारे अन्दर एक परिवर्तन मैं उसी दिन से देख रहा हूँ जबसे लेख की वापसी हुई है।

तुम्हारे अन्दर पहचान करने की ताक़त नहीं है। 'पहल' को छोटा ही सही पर घाटा हुआ उन लोगों से जिनके बारे में तुम आश्वस्त थे। विज्ञापन का कहा कुछ नहीं हुआ। मैं न होने पर खिन्न नहीं हूँ, पर कहीं कार्य पद्धति में गड़बड़ है। उस बारे में हाँ–नहीं सब समाप्त हो गया, कुछ नहीं लिखा तुमने। यह भी जानता हूँ कि तुम अपनी अस्थिरता से अपना भी नुकसान करते हो।

बच्चे मस्त होंगे। शीला जी पास हो गयी होंगी।

तुम्हारा
ज्ञानरंजन

*

कर्मेन्दु शिशिर

हनुमाननगर, शास्त्रीनगर, पटना
19/08/1988

आदरणीय भईया,

सादर प्रणाम!

आप निश्चित रूप से नाराज़ हैं। मैंने जो कुछ ऐसा लिखा है–जिससे आपको कष्ट पहुँचा है। उसे वापस करता हूँ। मैं विनीत क्षमा चाहता हूँ। आप

क्षमा नहीं करेंगे–यह अत्याचार होगा। ऐसी स्थिति में मुझे जबलपुर आना होगा। आपने जब छोटे भाई के रूप में स्नेह दिया तो कोई कारण नहीं कि किसी बात को लेकर आप स्थायी अलगाव क़ायम रखें।

• आपकी नाराज़गी से मैं बेहद दुखी हूँ। 26 अगस्त को मेरा जन्मदिन है और उस दिन मुझे अपने नये उपन्यास की शुरुआत करनी है। एकमात्र बाधा आपकी नाराज़गी से उद्वेलित मन है। आप न सिर्फ़ अपनी नाराज़गी वापस लें, बल्कि पूर्ववत स्नेह दें। इससे ज़्यादा मै क्या लिखूँ! आपकी चुप्पी ही बड़ा दण्ड है।

• ग़लती क्षमा! 'पहल' की 15 प्रतियाँ राजकमल के नाम से वी.पी.पी. (कमीशन काटकर) ही भेजेंगे। यहाँ छुड़ा लेंगे। मेरी प्रति भी नाम लिखकर उसी में डाल देंगे। स्वतन्त्र अकेली खो जाती है। पैसे चले जायेंगे। राजकमल के सत्येन्द्र के अनुसार आपकी तमाम बक़ाया राशि भेज दी गयी है। शीला का परीक्षाफल अभी तक नहीं छपा। उसका सादर प्रणाम! वह मुझसे आपके प्रति किये व्यवहार से बुरी तरह नाराज़ रही। मैं साँसत में खीझ और पछतावे में रहता रहा हूँ। इससे मुक्त करें। उदिता, उमंग का चरण स्पर्श! भाभी को सादर प्रणाम। बच्चों को नेह। अगर आपका पत्र नहीं आया तो सितम्बर में निश्चित जबलपुर आऊँगा। जो गुस्सा होगा, सामने माथा झुका दूँगा। उतार लेंगे। यह अलगाव अब असहय हो गया है।

क्षमा सहित पत्र की प्रतीक्षा में।

आपका
कर्मेन्दु शिशिर

*

51. ज्ञानरंजन

763, अग्रवाल कॉलोनी, जबलपुर
24/08/88

प्रिय कर्मेन्दु,

'पहल' ने कार्ल मार्क्स की एक अपूर्व जीवनी प्रकाशित की है। लागत मूल्य 15.00 है। एक प्रति तुम्हें भेजी गयी है। कृपया 15.00 के डाक

टिकट भिजवाने की व्यवस्था कर के सहयोग दो। पहल का अंक जाने वाला है।

तुम्हारा
ज्ञानरंजन

*

52. ज्ञानरंजन

763, अग्रवाल कॉलोनी, जबलपुर
27/08/88

प्रिय कर्मेन्दु,

तुम्हारा पत्र मिला। तुमसे मुझे केवल इतना कहना है कि यह कतई भ्रम मत करो कि मेरे मन में तुम्हारे लिए क्रोध या नाराज़गी है। अमिट प्यार है बस। इन दिनों मैं काफ़ी अस्वस्थ हूँ और निदान हो नहीं पा रहा है। बीमारी संदिग्ध है। मैं नैतिक बल बढ़ा रहा हूँ और दृढ़ता से आगामी जीवन के लिए सोच रहा हूँ।

शीला, उदिता और उमंग के लिए मेरा यथायोग!

राजकमल ने एक चेक भेजा था जो पहल का था पर पुराने अंकों का भुगतान कहाँ हुआ है।

तुम्हारा
ज्ञानरंजन

कर्मेन्दु शिशिर

हनुमान नगर, शास्त्री नगर, पटना
28/08/1988 रात

आदरणीय भईया,

सादर प्रणाम!

काफ़ी लम्बे अन्तराल के बाद आपका पत्र पाकर गहरी राहत महसूस हुई। निःसन्देह आप नहीं बदले हैं–अपनी आशंका के निर्मूल होने से बहुत ही

सन्तोष और सुख है। आपको मेरा एक पत्र नहीं मिला। अगर मिला होता तो आप सोमदत्त के आसंग में मेरे प्रति ऐसा कभी नहीं सोचते। मैं इस सन्दर्भ में फिर एक बार आपको विस्तार से लिख रहा हूँ। यह सच है कि सोमदत्त के मेरे ऊपर कुछ अहसान हैं। उन्होंने अपरिचय की स्थिति में मुझे कई बार छापा और कई बार आमन्त्रित किया। कई लोगों से मेरे बारे में चर्चा की और लिखा। पहली बार 1985 में भोपाल गया तो उनके यहाँ टिका ओर वहीं से आपको फ़ोन भी किया। 'मतवाला' के प्रकाशन के साथ उनसे सम्बन्ध कटु हुए तो मैंने झिझंकते हुए आपको पत्र लिखा। आपने उनके बारे में तीखी प्रतिक्रिया दी। तब मैं सचेत हुआ। हरि भटनागर ने भी काफ़ी कुछ बताया। 'मतवाला' अंक के बाद मैंने सम्बन्ध सिकोड़ लिए। इसके बाद वे लगातार मुझसे रचना के लिए लिखते रहे। एक पुस्तक भी भेजी–जो अभी तक पड़ी है। मैंने कुछ न लिखा। इसके बाद हरि का पत्र आने लगा। हरि ने गुस्सा थूकने, नाराज़गी वापस लेने और अप्रियता लम्बी न करने के साथ यहाँ तक लिखा कि 'तुम कुण्डुक हो गये हो।' मैं फिर भी चुप रहा। उसने स्वयं लिखा कि मैंने न छपने की क़सम खायी थी सो सोम जी ऐसे टीगिर करने लगे कि मैंने कहानी दे दी। इस बीच सोमदत्त पटना आये। एक रात मेरे यहाँ रहे। उनकी इच्छा थी कि मैं उन पर कुछ लिखता। मैंने कभी कविता पर न लिखा। उनके एहसानों का बोझ संकोच में डाल रहा था। मैं काफ़ी द्वन्द्व में रहा। अन्त में मैंने मानसिक मुक्ति का रास्ता निकाला। मैंने उन्हें पत्र लिखा। सोचा एक सम्पादित पुस्तक भेंट कर दूँगा। जब पटने में थे तो निःसन्देह मैंने अपने तईं स्वागत–सत्कार में कोताही न बरती। मेरे टेबुल पर नामवर जी का लेख था। वे उसे ले जाना चाहते थे। मैंने कहा–इसे ज्ञान भैया 'पहल' में प्रकाशित कर रहे हैं, आप पढ़ ही लेंगे। ग़लती या सही, जो कहिये लेख वापसी के बाद मैंने उन्हें इसकी जानकारी दे दी। लेकिन लेख मैंने न भेजा। लेख चूँकि लौटा था, इसलिए उसे रीराइट करना ही था और कतई उसे 'साक्षात्कार' या 'पूर्वग्रह' में नहीं देना था। अब आप इसको 'ज्वार-भाटा, आकाश–पाताल' कह रहे तो मेरी समझ में नहीं आ रहा। मेरा कोई ऐसा निजी मामला नहीं जो आपको दुःखी और नाराज़ी के बावजूद क़ायम रहे। आपने लिखा है–'किससे कब कितना रिश्ता रखो।'

भैया आप स्वप्न में भी न सोचें कि शिशिर अवसरवादी और स्वार्थी होगा। मैं सोमदत्त के बारे में ज़्यादा न तब जानता था, न अब। न ही आपने विशेष कुछ लिखा था। हरि ने जो लिखा–उससे लगा 'ऐसे ही' था–गुज़र गया। इसे लेकर मेरे प्रति उदासीन हो रहे तो ग़लत है। मैंने पटने में उन तमाम लोगों को जो आपके स्नेह का सर्वोत्तम पाते रहे हैं, देखा–सोमदत्त ने जब अशोक वाजपेयी के पक्ष में कहना शुरू किया तो आलोक धन्वा तक ने कुछ पक्ष समर्थन के ढूढ निकाले। अब भले बदल जायें, मगर मैंने तुरन्त प्रतिवाद किया। सोमदत्त चुप रहे। आख़िर किसी परिचित व्यक्ति से बिना प्रत्यक्ष विवाद के कैसे और क्या बर्ताव किया जाय? आप लिखें। आप क्या सोच रहे कि सोमदत्त, देथा या रामविलास जी ही आपके प्रति मेरे सम्मान को कम या अधिक करेंगे, या निर्धारित करेंगे। सोमदत्त आपसे मेरी निकटता जानते थे और वे कुछ नहीं कहे। अगर हरि ने कुछ और कहा है तो मैं नहीं जानता। ऐसे में हरि से पहले उदासीन होना चाहिए।

• गोपेश और त्रिपाठी जी जसंमं में गये–यह नागवार लगने के लिए मैंने नहीं लिखा था। गोपेश जी मुझसे लगातार कहते रहे कि जहाँ आप जायेंगे, वहाँ मैं जाऊँगा। यही बात वे आलोक धन्वा से भी कहते रहे। बाद में पता चला कि वे मूर्ख बना रहे थे। त्रिपाठी जी के लिए मैंने अरुण कमल को कहा। अरुण जी और खगेन्द्र जी दोनों उनके पास गये। लगातार सम्पर्क रहा। त्रिपाठी जी ने शामिल न होकर जो प्रतिक्रिया दी–वह मैंने सुनी। वह न लिखूँगा, क्योंकि वह सुनी–सुनायी है। मैंने प्रलेस में जाने की बात की। लेकिन यह 'फुस्स' और 'फितूर' की तरह क्यों लगी आपको? मैंने कभी लिखा कि मैं नहीं जा रहा या मैं अन्यत्र गया? आपको याद होगा–मैंने यह लिखा कि मैं शामिल होने के पूर्व आपसे एक बार मिल लेना चाहता हूँ। क्यों? यह पत्र में नहीं लिखा जा सकता। लिखने पर काफ़ी लम्बा होगा। फिर भाई कमला जी से बात हुई। मैंने कहा कि मैं म.प्र. में ही इसे सार्वजनिक करना चाहूँगा। उन्होंने लिखा ठीक है–जब ऐसा होगा तो मैं तुम्हें लिखूँगा। भैया, बिहार की स्थिति, सांस्कृतिक परिदृश्य और प्रलेस के अन्दरूनी सच को देखते हुए–मैं यह चाहता रहा कि जब शामिल होऊँगा तो ठोस कार्यों के साथ आगे आऊँगा। मात्र सदस्यता फार्म में नाम चिपकाना है तो भेजिये मैं हस्ताक्षर कर के रजिस्ट्री कर दे रहा।

मैं आलोक धन्वा को देख रहा हूँ। मेरी समझ में नहीं आया आपको फितूरी कैसे लगा? ऐसी कोई बात नहीं। आप ऐसा हरगिज़ न सोचें।

• इसमें दो मत नहीं कि आलेख की वापसी से मुझे गहरा शॉक लगा था और मैं बुरी तरह आहत हुआ था। सिर्फ़ इसलिए कि आपने उसे लगातार छापने को लिखा, लेख की पाण्डुलिपि पर प्रेस निर्देश के चिन्ह भी रहे। मैंने कुछ मित्रों को लिखा भी कि वे 'पहल' में नामवर जी पर लेख देंगे। यह सच है कि इससे मैं महीने भर प्रताड़ित रहा। लेकिन इसका यह अर्थ नहीं कि सिर्फ़ इसी कारण आपके स्नेह को एकबारगी डुबो दूँ। मैं संवेदनशील आदमी हूँ। जब सोमदत्त के एहसानों से बरी होने की इस हद तक चिन्ता करता हूँ, तो आपके ही प्रति लापरवाह और लावारिश रहूँगा? मुझे अभी भी याद है आपके कमरे का वह दृश्य! मैंने कहा 'मैं चटाई पर सोऊँगा', आपने कहा 'मैं'। मैंने कहा, 'मुझे नींद नहीं आयेगी।' आपने कहा–'तुम्हें अपनी नींद की चिन्ता है तो सो जाओ, अगर मेरी नींद की चिन्ता है तो पलंग पर ही सोवो।' मैं नशे में था। लेकिन मेरी आत्मा होश में थी। मैं कभी नहीं भूल सकता वह दुर्लभ अनुराग। भैया, आप विश्वास करें–लेख वापसी का जो कुछ भी था–वह गुज़र गया, अतीत हो गया। उसका कोई प्रभाव नहीं। इतना हल्का नहीं।

• यह बात सच है कि मुझमें पहचान की ताक़त नहीं है। राजकमल और गया से आपको नियमित पैसे मिल जाते होंगे। शिवेन्द्र दास का परिचय मैंने नहीं दिया था। मैं उन्हें जानता नहीं–न कभी मिला हूँ। हरेकृष्ण के बारे में आपसे कितनी बार कहा कि आप लिखें तो सही कितने बकाया हैं? मगर आप इसे छोड़ देने की बात करते रहे। विज्ञापन के आसंग में मैं आपको लिखता रहा हूँ। आपने स्वयं एक पत्र में लिखा कि 'छोड़ो, कभी नहीं भी होता। मुझसे जितेन्द्र राठौर ने कहा था आप प्रपत्र मँगवायें–हो जायेगा। जब मँगवाया तो नकार गये। बीसों परिचितों से कहा; एक ने बीस बार दौड़ाया। तीन बार मदन कश्यप भी साथ गये। अन्ततः न दिया। लोग मजाक उड़ाते थे कि शिशिर जी 'टें डिली' में लगे हैं–अरे भाई, ऐसे ही लेखक होता है कोई। यह सब कुछ व्यर्थ, क्योंकि काम न हुआ। अगर हो जाता तो ठीक। कार्यपद्धति की गड़बड़ी क्या हो सकती है–मैं नहीं समझ पाता। अपने नुकसान की बात तो मेरी क़िस्मत ही है। छोड़िये इसे, उमंग थोड़ा अस्वस्थ है। शीला जी का रिज़ल्ट अभी तक

नहीं छपा। सभी का चरण स्पर्श! मैं सर्दी, खाँसी और बुखार से बुरी तरह जकड़ा हुआ हूँ। किसी तरह पत्र लिख पाया–मन उचटा है। थकान और दर्द है। ग़लती क्षमा।

आपका
शिशिर

*

कर्मेन्दु शिशिर

हनुमान नगर, शास्त्री नगर, पटना
10/09/1988

भैया,

चरण स्पर्श!

मैं जिस ज़िले का बाशिन्दा हूँ–उसका नामकरण जिस गाँव के आधार पर है–'भोजपुर'। वह अभी भी है। वहाँ एक क़िले का समाप्तप्राय भग्नावशेष है। उसे नवरतनगढ़ कहते हैं। किंवदन्ती है कि जिस कारीगर ने ताज़महल बनवाया था–उसके हाथ बादशाह ने काट लिए थे कि ऐसी इमारत वह कोई दूसरी न बनावे। वह कारीगर भाग गया। उसने संकल्प किया कि हाथ तो काटे ही, जेहन तो बचा है। वह भोजपुर के दरबार में पहुँचा और परिचय देकर सुरक्षा माँगा। सुरक्षा का आश्वासन पाकर उसने अपने निर्देशन में नवरतनगढ़ का महल बनवाया। उसकी दो विशेषतायें विलक्षण थीं। एक तो उसकी ऊँची मुण्डेर पर बत्ती जलायी जाती थी तो दिल्ली का बादशाह उसे देखकर दग्ध होता था। दूसरी विशेषता यह कि वह कलाकार ढोलकिया को लेकर पूरे महल की खाक छानता था, मगर क्या मजाल जो कोई उसे पकड़ सके कि वह महल में कहाँ है? मैं कहना यह चाह रहा कि आपने कप्तानी की इमारतें छोड़ दीं–मगर सम्पादन में नवरतनगढ़ रच रहे। इसमें शक नहीं 'पहल' का यह अंक बेजोड़ है। आपने सम्पादन के बेहतर शिल्प को ध्यान में रखकर सारी सामग्री अपेक्षित तर्कसंगति में ही प्रस्तुत किया है।

• मैं ध्यान से पन्ने पलट गया और आपको हार्दिक बधाई दे रहा। अंक नि:सन्देह सुन्दर और बेहद प्रभावशाली है। महत्त्व असंदिग्ध है।

शुभकामना और क्षमा सहित।

आपका
शिशिर

*

कर्मेन्दु शिशिर

हनुमान नगर, शास्त्री नगर, पटना
10/11/1988

आदरणीय भैया,

सादर प्रणाम!

आपका 21/10 का पत्र मिला। इस कार्ड के पूर्व आपका कोई पत्र नहीं आया–इससे मैं लम्बे समय तक गहरे दुखी रहा। डाक की इस गड़बड़ी ने बड़ी यातना दी–क्यों? मिलने पर! आपकी बीमारी का समाचार संजना ने दिया था। मैं तो हड़बड़ा गया कि 10 दिन तक आप गहरे इलाज़ में रहे और सूचना तक नहीं। आकर देखूँगा तो जी को चैन मिलेगा। शीला भी काफ़ी परेशान रही और स्वास्थ्य के लिए मंगल कामनाएँ भेज रही। उसका रिजल्ट अभी तक नहीं आया। उसका प्रणाम लें।

• मैं 16-17 को जबलपुर पहुँच ही रहा हूँ। अधिक सम्भावना 17 को ही है। वहीं से दुर्ग या राजनांदगाँव जाऊँगा। गद्य पर लेख पढ़ना है, वह किसी तरह तैयार कर लिया। पता नहीं कैसा हुआ है। आपसे मिलना इतना अनिवार्य हो गया था कि मैं समय की ताक में ही था। मिलते ही, हामी भरी। वरना प्रलेस को छोड़कर और किसी आयोजन में जाने को मन तैयार नहीं होता।

• जब से प्रलेस में आया हूँ लोगों की नफ़रत और आक्रामकता को ज़्यादा झेलना पड़ रहा है। वैसे, ये बातें अब मुझे उत्तेजित नहीं करतीं और न ही विचलित। ये लोग सहानुभूति के ही पात्र हैं। इनका ओछापन, इनकी

क्षुद्रताएँ इनके बौनेपन को ही ज़ाहिर करती हैं। ये मेरी बगल में कभी लम्बी लकीर नहीं खींच सकते। ये सिर्फ़ मेरी लकीर छोटी करने पर आमादा हैं। इस द्वेष और इर्ष्या का कोई 'रैशनल' इलाज़ नहीं। बाहर कुछ, भीतर कुछ, सामने कुछ, ओट में कुछ–क्या चरित्र बनता है इनका। मैं नहीं समझ पाता यह छल करते किससे हैं? अगर मुक्तिबोध सच हैं तो निश्चित रूप से ओछा व्यक्तित्व इनकी रचनाओं का क़द कम करेगा। खैर! आप तो आप–कोई दूसरा मुझसे ही कहे तो मैं विश्वास नहीं करूँगा कि कोई पढ़ा–लिखा लेखक ऐसी अश्लील बातें, हरकतें करेगा। पहले मैं विनम्रता और शील में, बड़प्पन में सह जाता था। अब तुरन्त सामने ईंट का उत्तर पत्थर से, शातिरपन का सीधे उत्तर दे देता हूँ। इससे थोड़ी आक्रामकता कमी है। पटने में जनसंस्कृति की भीड़ ज़रूर ताक़तवर है। कुछ ठीक भी है, मगर ज़्यादा लोग असांस्कृतिक हैं। प्रलेस की जो स्थिति है–उस पर चर्चा होगी। मैं रुका हुआ था कि आप से पहले चर्चा तो हो। मगर अरुण कमल ने आकर बताया कि ज्ञानरंजन जी पूछ रहे थे कि शिशिर आया नहीं? दूसरे पता नहीं कौन यहाँ से (शायद त्रिपाठी जी) जबलपुर गया था। उन्होंने (अगर वही हैं) यहाँ आकर कई लोगों को कहा कि शिशिर ने त्रिपाठी जी और गोपेश के जनसंस्कृति मंच में जाने को लेकर ऐसी टिप्पणी लिखी है मानों वे स्मगलर संघ में गये हों। उन्होंने पत्र ख़ुद पढ़ा। इस प्रमाण के साथ मेरे प्रति आपकी नाराज़गी, मेरा गिड़गिड़ाना, आपका लताड़ना; मैंने कहा कि कम से कम त्रिपाठी जी तो ऐसा नहीं कह सकते। वे तो मुझे जानते हैं। दूसरे, ज्ञानरंजन जी रचनाकार हैं, कोई कांग्रेसी नेता नहीं। रही बात स्मगलर संघ की तो आप मान लें कम से कम त्रिपाठी जी का निर्णय तो निश्चित घातक है और वे वहाँ रहेंगे नहीं। गोपेश किसी संगठन में रहें–उससे संगठन दूषित ही होगा। वैसे भी वे राजपूत संगठन के स्थायी सदस्य हैं। उनमें अन्तदृष्टि नहीं। वे कभी सच्चे रचनाकार तो नहीं हो सकते। ख़ैर! यह बिहार ऐसी कीच–पाँक की पुरानी रण-स्थली है। इसमें ज़्यादा वक़्त जाया करना व्यर्थ है। असल बात है काम! वह कैसे हो? क्या हो? इस पर हम लोग चर्चा करेंगे। तय करेंगे। कॉलेज की परेशानी समाप्त हुई। मई से निर्धारित वेतन का भुगतान शुरू हो गया इसलिए पूरे मनोयोग से काम करने की अनुकूल स्थिति आ गयी है। आने

पर विस्तार से सार्थक चर्चा होगी। शीला का सादर प्रणाम। उदिता और उमंग का चरण स्पर्श।

ग़लती क्षमा।

आपका
कर्मेन्दु शिशिर

*

54. ज्ञानरंजन

763, अग्रवाल कॉलोनी, जबलपुर
22/11/88

प्रिय कर्मेन्दु,

मुक्तिबोध वाला लेख मिला। मैं उसे परसाई जी को पढ़ने के लिए दे रहा हूँ उसके बाद मैं पढूँगा। यह सब जान सुन कर बहुत प्रसन्नता हुई कि तुम्हारा परचा बेहद पसन्द किया गया है। बधाई।

प्रकाश को मेरा पत्र गया और मणि को भी। पत्रिका का चुपचाप जल्दी फायनालाइज करो। तुम इसमें लगोगे तो व्यर्थ की अनेकानेक स्थानीयताओं से मुक्ति मिलेगी।

नामवर अंक की राशि राजकमल से चाहिए बस। 80.00 उमंग, उदिता को हमारा स्नेह। शीला जी को अभिवादन हमारा।

तुम्हारा
ज्ञानरंजन

*

55. ज्ञानरंजन

763, अग्रवाल कॉलोनी, जबलपुर
26/11/88

प्रिय कर्मेन्दु,

तुम्हारा लेख मैं पढ़ गया और आज उस परसाई जी को देने जा रहा हूँ। मुक्तिबोध पर लिखे इस लेख की हर सूरत तारीफ़ करनी होगी। तुमने पता

नहीं कितना श्रम किया है और तब यह मोतियों का संसार लाये हो। तुम पर गर्व होता है। मैंने विजयकुमार जी को तुम्हारे बारे में और भी बहुत लिखा है।

अगर प्रेमकुमार मणि और तुम मिलकर समाज विज्ञान और तीसरी दुनिया के साहित्य पर पत्रिका निकालते हो तो बहुत मदद की जा सकती है। संगीत कला के विषय भी उसमें शामिल किये जा सकते हैं। मेरे पास कुछ सामग्री है जिसे चाहने पर भेजा जा सकता है। विजयकुमार काफ़ी सहायता कर सकेंगे। इस पत्रिका को हम अपनी ज़मीन की समस्याओं से जोड़ कर चलायें। तुम तेजी से काम करो इस बाबत और मेरी ज़िम्मेदारी से अवगत कराओ।

तुम्हारे लेख के सर्वोत्तम उपयोग का प्रयास होगा।

सुनयना तुम सबको अपना प्यार भेज रही है।

तुम्हारा
ज्ञानरंजन

*

56. ज्ञानरंजन

763, अग्रवाल कॉलोनी, जबलपुर
27/11/88

प्रिय कर्मेन्दु,

मतवाला मण्डल को हम प्रेस में देने की तैयारी कर रहे हैं। इसमें अगर कोई टिप्पणी अपनी तरफ़ से देनी हो तो छोटी जल्दी भेजो।

दूसरे हिन्दी की पत्रकारिता से सम्बन्धित या सामान्य साहित्यिक पत्रकारिता से जुड़ा दो तीन महत्त्वपूर्ण कोटेशन छोटे-छोटे जल्दी भेजो। जैसा पहल के आंतरिक हिस्से में जाता है। मुझे कोई जल्दी में मिल नहीं रहा है। पाश वाले अंक में जैसे मण्डेला का कथन है। कुछ ऐसी चीज हम देना चाहते हैं– पत्रकारिता को लेकर।

बहुत जल्दी में।

तुम्हारा
ज्ञानरंजन

*

कर्मेन्दु शिशिर

हनुमान नगर, शास्त्री नगर, पटना
12/12/1988

आदरणीय भैया,

चरण स्पर्श!

आपका दोनों कार्ड मिल गया था। आलेख आपने पढ़ लिया–श्रम सार्थक हुआ। आपकी शुभाकांक्षा फली, और क्या? यहाँ आकर हमारे नवल जी को लेख छात्रोपयोगी लगा। उनके अनुसार ऐसी जुमलेबाज़ी वे छात्र जीवन में किया करते थे। ऐसी ही बातें। जिन लोगों ने मुक्तिबोध को गहराई से नहीं पढ़ा है–उन्हें ही यह लेख पसन्द आया। मेरे एक मित्र ने कहा कि नवल जी को आलेख पसन्द नहीं आया–बाक़ी को आया, यह आलेख के महत्त्व का प्रमाण है। ख़ैर, ऐसी हरकतों का मैं अब मज़ा लेता हूँ। 'तुलसी इस संसार में भाँति-भाँति के लोग'!

• 27, 28, 29 नवम्बर को जनसंस्कृति मंच का राष्ट्रीय सम्मेलन हुआ। मैं, अरुण कमल वगैरह स्वागत समिति में रखे गये थे। मेरे नाम का तक्षक (गोपेश जी) वगैरह ने विरोध किया, मगर संगठन के ज़िम्मेवार लोगों ने काफ़ी ज़ोर देकर मेरा नाम रखा। मैंने बहुत मना किया मगर वे लोग न माने। समारोह में मैं और प्रेमकुमार मणि साथ रहे। जिस तरह से रचनाकार और नये लड़के हम लोगों से लगे रहे उससे मुझे उखाड़ने वाले लोगों के चेहरे रोचक हो गये थे। मंच पर डॉ. मैनेजर पांडेय अध्यक्षता कर रहे थे। उन्होंने खगेन्द्र जी को बुलाने के लिए कहा। संचालक ने थोड़ी आना-कानी की तो बिगड़ गये। छोड़कर चले जाने की धमकी दी। ससम्मान खगेन्द्र जी आये और बहुत ही अच्छा बोले। उन्होंने कहा कि जलेसं और जसमं के तमाम लोगों का प्रशिक्षण प्रलेस में ही हुआ। मातृ-संगठन वही है। डॉ. मैनेजर पांडेय ने एक प्रस्ताव पास कराया। प्रलेस, जलेसं, जसमं, को जोड़कर किसी ठोस कार्यक्रम की दिशा में सोचा जाय। डॉ. मैनेजर पांडेय मेरे यहाँ ही ठहरे थे। घर पर भी काफ़ी लम्बी बातचीत हुई। मैंने उनसे ठोस कार्यक्रम और व्यक्तिगत रूप से उन्हें प्रलेस के साथ काम करने पर जोर दिया। वे स्वयं मानते थे कि प्रलेस ही सुव्यवस्थित लेखक संगठन है। जसमं से काफ़ी क्षुब्ध थे। इस आसंग में कभी विस्तार से

हम लम्बी बातचीत करेंगे। आप पांडेय जी से सम्पर्क रखें। ये बड़े ही गम्भीर आदमी हैं। अभी सप्रे जी पर काम कर रहे हैं और काफ़ी गम्भीरता से काम कर रहे। सप्रे जी म.प्र. से ही थे। कभी बिलासपुर में कार्यक्रम रखा जायेगा तो सप्रे जी के आसंग में आप इन्हें भी आमंत्रित करेंगे। त्रिपाठी जी और तक्षक जी को कार्यकारिणी में भी नहीं रखा गया। सम्मेलन असफल रहा। बड़ा ही अराजक दृश्य था। राणाप्रताप महासचिव चुने गये। उनका स्थानीय काफ़ी विरोध रहा।

• विमल और पूनम का विवाह ठीक से सम्पन्न हो गया। प्रयाग शुक्ल, इब्बार रब्बी, विष्णुनागर और असद ज़ैदी आये थे। इनके आतिथ्य का गहरा सुख मिला। ख़ूब बातें हुईं भारत यायावर और प्रेम मणि भी अतिथि रहे। यायावर को मैंने प्रलेस में आमंत्रित किया। वे भी कुछ उत्सुक दिखे। मणि से पत्रिका को लेकर निश्चयात्मक बातें हुईं। अप्रैल '89 तक पहला अंक आ जायेगा। आपसे मदद वे लेंगे ही। मैं लगा हूँ। नाम 'संकेत' या 'समय संकेत' चुना गया। अन्य नाम आये तो आप लिखें। धीरेन्द्र प्रसाद (समाज शास्त्र, दिल्ली) और स्वामी अग्निवेश के आलेख आये हैं। रामशरण शर्मा से सम्पर्क हो रहा है। आपसे मणि शीघ्र सम्पर्क करेंगे। मुज़फ़्फ़रपुर से वीरेशचंद्र 'आवर्त्त' निकालता है। मेरा काफ़ी अन्तरंग है। पहला अंक तो बेहतर नहीं निकला था, मगर दूसरा अच्छा निकाला है। 'आवर्त्त' को भी खड़ा करना है। मैं इसमें पर्याप्त मदद कर रहा। आप भी कुछ रचनात्मक सहयोग और ग्राहक सहायता दिलवा दें। 'आवर्त्त' और 'अब' के बाद 'संकेत' निकल जाय तो बिहार में स्थिति ठीक हो सकती है। मैं कुछ जगहों पर इकाई खड़ी कराने में लगा हूँ। स्थिति ठीक हो जायेगी। आप डॉ. पांडेय से अवश्य सम्पर्क करेंगे। पता होगा–005, ट्रांज़िट हाउस, कावर के पीछे, जे.एन.यू. कैम्पस, नयी दिल्ली–110 067. आप प्रकाशन तन्त्र को तय कर लें तो पांडेय जी से सहायता ली जायेगी। जसमं में ये एकमात्र गम्भीर आदमी हैं। प्रकाशन में एक योजना बनाकर कुछ काम करा कर सामने लाना होगा। पांडेय जी से लम्बी चर्चा हुई है। आपके प्रति उनके भीतर बहुत ही ऊँचा और गहरा सम्मान है।

• 'मतवाला-मण्डल' पुस्तिका के आसंग में महादेवप्रसाद सेठ के लड़के ने मुझे कुछ सामग्री भेजी है। सेठ जी के आसंग में उक्त सामग्री बहुत ज़रूरी है। आप या तो मूल पाण्डुलिपि रजिस्ट्री से भेज दें, मैं जोड़कर भेज दूँगा। अथवा कहिए तो सामग्री भेज दूँ, आप यथास्थान जोड़ देंगे। जैसा आप सोचें। पाण्डुलिपि की प्रति मेरे पास नहीं है।

• इन्द्रमणि जी को पत्र देर से दूँगा। उन्हें सादर प्रणाम। भाभी जी को मेरा, शीला और उदिता तथा उमंग की ओर से चरण स्पर्श। वत्सला और पाशा को नेह।

अपने स्वास्थ्य के बारे में लिखेंगे। ग़लती क्षमा।

• गद्य-गोष्ठी वाली तस्वीर अगर मिल जाय तो अवश्य भेजेंगे। अगर मार्क्सवादी सौन्दर्यशास्त्र (पहल-विशेषांक) मिले तो आभारी होऊँगा।

आपका स्नेहाकांक्षी
कर्मेन्दु शिशिर

*

57. ज्ञानरंजन

763, अग्रवाल कॉलोनी, जबलपुर
13/01/89

प्रिय कर्मेन्दु,

तुम्हारे कार्ड मिले। हम भेजी सामग्री लेख में जोड़ लेंगे। अभी यह तय नहीं है मतवाला मण्डल को स्वतन्त्र रूप से छापेंगे या पहल के अंक के भीतर क्योंकि सामग्री जादा बड़ी नहीं है।

पर यह सब एक सप्ताह में तय करके प्रेस में दे देंगे।

तबियत कैसी है। उसका पूरी तरह ध्यान रखना। मैंने कुछ लेख भेजे थे। मुमकिन है 2 ताकि उनके बारे में प्रेम मणि निर्णय कर सकें।

तुम्हारा
ज्ञानरंजन

*

कर्मेन्दु शिशिर

हनुमान नगर, शास्त्री नगर, पटना
14/01/1989

आदरणीय भैया,

सादर प्रणाम!

आपको मेरा कार्ड मिला होगा, जिसमें मैंने 'मतवाला-मण्डल' में दो-चार

टुकड़े जोड़ देने का (आप स्वयं या डॉ. अशोक त्रिपाठी) आग्रह किया था। मेरे पास भेजने की तनिक ज़रूरत नहीं। आशा है, ऐसा हो गया होगा।

• पिछले दिनों मैंने अनुकूल स्थिति देखकर निजी अहंकार और मान को नज़रअंदाज़ कर भृगुनन्दन जी से बातचीत की। बातचीत काफ़ी अनुकूल रही। जो लोग बाधक हैं और अलग गुट बनाकर उसी में त्रिपाठी जी को रखे रहना चाहते हैं–वह सम्भव नहीं होगा। मैं अत्यन्त धीरज और बुद्धिमत्ता से रचनात्मक उद्देश्य के अनुरूप वस्तुगत चर्चा करता हूँ। 'आवर्त्त' या अन्य जो भी प्रलेस की पत्रिका या रचनाकार हैं–उन्हें बराबर उनके पास भेजता हूँ। वे भी सहयोग कर रहे हैं। स्थिति काफ़ी हद तक अनुकूल है। आप लगातार उनसे सम्पर्क रखें और स्पष्ट बातचीत ही प्रारम्भ करें। उनसे पूछें कि उनकी हिचक क्या है? मैं भृगुनन्दन त्रिपाठी को ही लेकर ज़्यादा गम्भीर हूँ। सम्भावना इन्हीं में है। बाक़ी लोगों में काफ़ी आगे की यात्रा फ़जूल है। मैं सभी को अन्दर से, अत्यन्त समीप से जानता हूँ। भारत यायावर को लेकर मैं गम्भीर हूँ। दो-चार और सम्भावनाशील लोग हैं, जिन्हें शीघ्र ही प्रलेस में सदस्यता दिलाऊँगा। यहाँ तत्परता का आलम यह है कि सदस्यता फॉर्म तक नहीं हैं। छपते–छपते वर्ष आ गये। मैंने पटना प्रलेस (अपूर्वानन्द इत्यादि) और बिहार प्रलेस के विरोध को दूर कर फिर से एक साथ काम करने के लिए प्रयत्न शुरू कर दिया है और सफलता के अनुकूल संकेत मिलने भी लगे हैं। 'आवर्त्त' सम्पादक वीरेशचन्द अत्यन्त उपयोगी और बहुत ही अच्छा है। उसके साथ मैं सीतामढ़ी, बेतिया, चम्पारण इत्यादि जगहों की यात्रा पर निकलने वाला हूँ। ठण्ड कुछ कम हो जाय। सभी जगह इकाई सक्रिय करनी है और जहाँ न हो वहाँ खोलनी भी है। कुछ बातें सामने आ रही हैं–जिनके बारे में पत्र लिखना ठीक नहीं। मिलने पर कभी चर्चा करूँगा। प्रेम मणि दो-तीन बार आये। बात पक रही है। ज़मीन खरीदने का चक्कर चल रहा। उससे निबटते ही मणि जी इसमें लग जायेंगे। 'आवर्त्त' से पुस्तिका का प्रकाशन भी होगा। 'ऋतुगन्ध' बन्द हो गयी। उसमें से रेवतीरमण को अलग कर 'अपूर्वा' पत्रिका अशोक गुप्ता निकाल रहे–जो मुज़फ़्फ़रपुर प्रलेस के सचिव हैं। 'अपूर्वा' का त्रिलोचन अंक निकल रहा है। अपनी रचनात्मक ऊर्जा की सुरक्षा करते हुए जितना हो सकेगा मैं करूँगा। मैं एकाएक ज़्यादा सक्रिय भी नहीं होना चाहता। यहाँ लोगों के मन की दुनिया विचित्र है। लोग लाने में अपना श्रेय भी बकते चलते और निष्क्रिय

रहकर अवसरवादी बनूँ–यशाकांक्षा की पूर्ति करूँ–यह सलाह भी देते हैं। मैं इतने ओछे उद्देश्य को लेकर जी ही नहीं सका। मैं तपा हूँ अपने नेक उद्देश्य और इरादे में। संगठन में आया हूँ तो आत्मा के साथ। संगठन में कुछ सार्थक हो–यह मेरा उद्देश्य है। मेरी चार-पाँच पुस्तकें छपीं। एक की भी कहीं समीक्षा नहीं आयी। कोई चर्चा नहीं हुई, लेकिन चर्चा और समीक्षा के लिए जो लालच आये–उससे मैं दुखी हुआ। चिन्तित भी कि लोग मुझे ऐसा क्यों समझ रहे। लोगों को काम महत्त्व का नहीं लगता। ख़ैर!

• भैया! मैं कुछ दिनों तक संगठन की इन ज़रूरतों को पूरा कर फिर अपने काम में लग जाऊँगा। मेरा इरादा इस वर्ष एक उपन्यास (छोटा) लिखने का है। उसके पूर्व अपने दायित्व को पूरा कर सकूँगा–ऐसा सोच रखा है। अगर त्रिपाठी जी जैसा कि कह रहे हैं–आ गये तो बहुत बड़ी विजय होगी। तब काम का रुतबा ही बदल जायेगा। आप बात करें। मैं अपने उन मित्रों से जिनके प्रति उनका भी गम्भीर रुख है–उन्हें सहमत कराने की कोशिश कर रहा। लगातार अच्छे संकेत मिल रहे। तक्षक जी एक मात्र बाधा हैं। वही जो आपने लिखा है सच्चाई और निष्ठा। उसी पर मुझे भी भरोसा है और रहा है। आगे भी रहेगा। प्रकाश चन्द्रायन निराश कर रहे हैं। मैं दुखी हुआ। ख़ैर! शीला, उदिता और उमंग का चरण स्पर्श।

भाभी को चरण स्पर्श। वत्सला, पाशा को नेह। ग़लती क्षमा।

कर्मेन्दु शिशिर

*

58. ज्ञानरंजन

763, अग्रवाल कॉलोनी, जबलपुर
19/01/89

प्रिय कर्मेन्दु,

तुम्हारा पत्र मिला। मैंने प्रेस से पाण्डुलिपि बुला कर जोड़ कर फिर से अंक 36 की तैयारी की है। अब जल्दी ही दो चार दिन में अंक जायेगा। 15 दिन पूरे बरबाद हो गये। बहरहाल, तुम्हारा पत्र बहुत उत्साहवर्धक है। यह मेरा स्वप्न है और अगर यह पूरा हो गया तो मुझे बहुत राहत मिलेगी। तुम अगर दिल से चाहोगे तो सब कुछ ठीक हो जायेगा। मैं त्रिपाठी जी को पत्र लिखूंगा।

मेरे पास बिहार से काफ़ी पत्र आते हैं। मुजफ्फरपुर से वीरेश से मेरा गहरा सम्पर्क है। तुम संगठन को गहरी सूझबूझ से देखते हो और मैं जानता हूँ कि तुम समर्पण से काम कर सकते हो।

मैं तुम्हें विस्तार से लिखूँगा बाद में। अभी मारक हालत है।

तुम्हारा
ज्ञानरंजन

*

59. ज्ञानरंजन

763, अग्रवाल कॉलोनी, जबलपुर
29/01/89

प्रिय कर्मेन्दु,

अभी तुम्हारा पत्र मिला। मुझे खगेन्द्र जी के बारे में तत्काल पूरी ख़बर दो। उनका पता क्या हो सकता है यह भी। यह ज़रूरी है। हम चिन्तित हैं।

मतवाला मंडल अब पुस्तिका के ही रूप में जा रहा है। दो तीन दिन में पाण्डुलिपि पहल के अंक 36 के साथ जा रही है। पुस्तिका का मूल्य 4.00 रखा है।

भृगुनन्दन को पत्र दिया है। अनावश्यक शक्ति इधर-उधर बरबाद न करें। बस भृगुनन्दन से ही चर्चा करें।

आलोक धन्वा इन दिनों मेरे पास हैं। मंगलेश डबराल भी। दो चार दिन और रहेंगे। आलोक की कविताएँ जो हंस में छपी हैं तुमने अवश्य पढ़ी होंगी। भागी हुई लड़कियाँ बहुत अच्छी कविता है। मुझे हान्ट कर रही है।

मुक्तिबोध वाला लेख बहुत अच्छा है पर दिक़्क़त यह है कि अभी मतवाला मंडल छप रहा है और इसके बाद कविता अंक है। इसलिए विलम्ब तो होगा ही।

शीला और बच्चों के लिए स्नेह।

तुम्हारा
ज्ञानरंजन

*

कर्मेन्दु शिशिर

हनुमान नगर, शास्त्री नगर, पटना
11/02/1989

आदरणीय भैया,
सादर चरण स्पर्श!

आपका कार्ड मिला। यह जानकर कि आप 'मतवाला-मण्डल' पुस्तिका के रूप में दे रहे हैं–परम सन्तोष हुआ। मुक्तिबोध वाले आलेख में मैं कुछ जोड़ना चाहूँगा। अच्छा है कि आप उसे कविताँक बाद देंगे। तब तक मैं उसे पूरा कर सकूँगा। जो बातें मैं जोड़ना चाहूँगा, वह विशेष महत्त्वपूर्ण होनी चाहिए। कई बातें मैंने नयी सोची हैं–जो राजनांदगाँव से लौटकर मुझे उत्प्रेरित करती रहीं। मुक्तिबोध पर सोचना-लिखना ऐसा है कि मन नहीं भरता। उनमें रच-बस जाने की इच्छा लगातार प्रबल हो रही है।

• आलोक और मंगलेश-यानी आज की कविता के दो महत् नाम। यह अत्यन्त प्रीतिकर लगा। आलोक की 'हंस' में कविताएँ पढ़ीं और लगातार पढ़ीं। 'भागी हुई लड़कियाँ' निःसन्देह अच्छी कविता है, लेकिन मेरी निजी राय में यह कविता उनकी पूर्व कविताओं की तुलना में अलग तो है, बेहतर नहीं। वैसे, यह बात आलोक के लिए विशेष रूप से महत्त्वपूर्ण है कि वे भिन्न भावभूमि और शिल्प को अपना रहे। यह ज़रूरी था और यही एक रास्ता भी था। जहाँ से वे शुरू हुए थे–वह रास्ता आगे अवरुद्ध हुआ तो इसका कारण स्वाभाविक है। 'हंस' में प्रकाशित आलोक की सामग्री पर मेरी आपत्ति दूसरी है। मैं इस बात को शत-प्रतिशत ग़लत मानता हूँ कि किसी एक कवि या कविता को विशेष ज़ोर देकर सामने रखा जाय। प्रायोजित तरीक़े एकदम ठीक नहीं। मंगलेश की टिप्पणी और प्रस्तुति मुझे अच्छी नहीं लगी। आज के समय में कविता में असाधारण फैलाव आया है। इतना वैविध्य पहले नहीं था। बाह्य जगत के अन्तर्जगत पर पड़े प्रभाव और अन्तर्जगत के बाह्य प्रक्षेपण के बीच ही सारे कवि हैं। मैं मंगलेश के ठिगराव से असहमत हूँ। जैसी विविधता आज है और हिन्दी के तमाम समकालीन कवि जिस निजी वैशिष्ट्य के साथ सामने आये हैं और आ रहे हैं–उसे रेखांकित करने के लिए पूरे परिदृश्य को सामने रखना होगा। ख़ास तरह की पसन्दगी ख़ास तरह पर ज़ोर नहीं। आलोक में जो वैशिष्ट्य है, वह उनका निजी है; उसी तरह जिस तरह मंगलेश,

वीरेन, ऋतुराज, राजेश, असद में है। कहानियाँ सत्येन, मंजूर, मधुसूदन, मोहन थपलियाल, पंकज बिष्ट ने भी बेहतर लिखीं, मगर डंका बजवाया गया सिर्फ़ उदयप्रकाश का। क्या यह ठीक है? इसका कहानी के पूरे परिदृश्य पर क्या ग़लत असर नहीं पड़ता? नामवर जी से मेरी सबसे बड़ी शिकायत यही रही कि वे कुछ को खड़ा करते रहे, कभी परिदृश्य को साफ़ करने का यत्न नहीं किया। अब यह प्रवृत्ति रुक जानी चाहिए। पूरे समय को उठाकर उसमें निजी वैशिष्ट्य के साथ सभी को (ज़रूरी नामों को ही ऑफकोर्स) उनकी वाजिब जगह दी जानी चाहिए। कवि, कथाकार, आलोचक की पूरी टीम सामने आये–यह ज़्यादा ज़रूरी है। ख़ैर! मेरी बातें एक सिरे से व्यर्थ भी लग सकती हैं।

• एक बात जो मैं प्रसन्नता और पूरे विश्वास से आपको बताने जा रहा हूँ, वह यह कि आपने जिस अपेक्षा और विश्वास से मेरे प्रलेस में आने को लिखा था–उसे एक सीमा तक प्रमाणित करना महसूस कर रहा हूँ। त्रिपाठी जी की आज मैंने आख़िरी तौर पर स्वीकृति ले ली। चन्दा भी। मदन भी दरवाज़े के पास खड़े दीख रहे। शेष के लिए यत्न करना–जब चारों एक मंच पर खड़े रहेंगे तो बिहार में कोई मंच बराबरी नहीं कर सकता। मगर अब संगठन के रचनात्मक स्वरूप के बारे में गम्भीर निर्णय लेने होंगे। सोचने होंगे। यह हम–आप मिलकर ही कर सकेंगे। भैया! मैंने मान-सम्मान को आपकी इच्छा को समर्पित कर दिया है। वरना जो जिस रूप में टूटा था–उसका जुड़ना असम्भव था। इस जोड़ने के लिए काफ़ी कुछ सुनना पड़ता है। परन्तु मैं साहित्य, संगठन को अपनी प्रतिष्ठा से ऊँची जगह देता हूँ। सबसे बड़ी बात आपका सर्वाधिक अनन्य होने का लोभ। आप एक पत्र शीला के नाम भेज दें–अवश्य! वह गोपेश तक्षक के दिये दंश पर विश्वास कर त्रिपाठी जी के प्रति कुछ ज़्यादा ही प्रतिक्रिया में है। आप उसे समझा दें कि मैं जो कुछ कर रहा हूँ, उसमें आपकी प्रेरणा है। उसमें दूरगामी हित है। उसमें मेरी रचनात्मकता का हित है। त्रिपाठी जी आगे कुछ भी करें तो मैं रहूँगा यानी आप! शीला इसे मेरी कमज़ोरी समझ रही, वह दूरदर्शिता, रचनात्मकता और बोध को स्वीकार नहीं करती, समझती नहीं। आपका पत्र ज़रूरी है। वह आपको देथा और रामविलास जी को सबसे अधिक महत्त्व देती है। इनमें से किसी का कहा स्थायी लकीर होगी। मुझे सुविधा भी।

• भाभी को चरण स्पर्श। वत्सला और पाशा को नेह।

इन्द्रमणि जी को सादर नमस्कार। ग़लती क्षमा। शीला, उदिता और उमंग का चरण स्पर्श। डॉ. खगेन्द्र ठाकुर के पते के लिए अगले पत्र की प्रतीक्षा–शीघ्र भेजूँगा। आलोक मिले। ख़ूब खिले, हरे, भरे।

आपका स्नेहाकांक्षी
कर्मेन्दु शिशिर

*

कर्मेन्दु शिशिर

हनुमान नगर, शास्त्री नगर, पटना
15/02/1989

आदरणीय भैया,

सादर चरण स्पर्श!

आपका कार्ड मिला। आपने कहा था कि तुम्हारा (शिशिर) आना–एक झटका लगेगा, सो लग रहा। ऐसी अनुकूल स्थिति कि पत्र में क्या लिखूँ? काफ़ी संख्या में कई ज़रूरी नाम आने की सहमति दे रहे हैं। जम जायेगा। आपकी ताक़त विचित्र सफलताएँ ला रही। ख़ैर!

• ठोस कार्यक्रम पर ज़्यादा अच्छा होता आप मुझसे और त्रिपाठी जी से बातचीत करते। अरुण कमल ने यहाँ संगठन में ख़ुद को इतना निष्क्रिय, उदासीन और अगम्भीर कर लिया है कि मैं नहीं समझता वे स्वीकृति के बावजूद सक्रियता बरतेंगे। विशेष बातें पत्र में सम्भव नहीं। मैंने इतने ही दिनों में अन्दरूनी स्थिति भाँप ली है और समझ गया हूँ कि दिक़्क़तें क्या हैं, कहाँ हैं? उन्हें दूर करने के तरीक़े क्या हैं? लेकिन उन पर विचार-विमर्श करना होगा। अरुण कमल निराश ही कर रहे। उनमें बदलाव सम्भव नहीं क्योंकि वे अपने सोच की दिशा तय कर चुके हैं। वैसे मैं संगठन में नया हूँ–मेरी बात सम्भव है ज़्यादा महत्त्वपूर्ण न हो, मगर नये लोगों को जो लग रहा है–उससे मैं ज़्यादा चिन्तित हूँ। बात मिलने पर होगी।

आपका
कर्मेन्दु शिशिर

*

60. ज्ञानरंजन

763, अग्रवाल कॉलोनी, जबलपुर
22/02/89

प्रिय,

मेरा पत्र मिला होगा। अभी तुम्हारा कार्ड मिला। मैं 11-12 तक इलाहाबाद पहुँच सकता हूँ पक़्की तारीख़ हम तै कर लेंगे। 12 मार्च मेरी तरफ़ से पक्की मानें। सहाय साहब के निवास स्थान पर परिमल प्रकाशन 17 लाद, बाघम्बरी आवास योजना, अल्लापुर, इलाहाबाद। भृगुनन्दन जी को भी लायें। कृपया लिखो कि कितनी प्रतियाँ मतवाला मंडल की तुम्हें लगेंगी चार या पाँच रुपये मूल्य होगा।

तुम्हारा
ज्ञानरंजन

*

कर्मेन्दु शिशिर

हनुमान नगर, शास्त्री नगर, पटना
17/03/1989

आदरणीय भैया,

होली गुलाल सहित चरण स्पर्श।

आपसे मिलकर लौटा हूँ तब से मन स्वस्थ और प्रसन्न है। यहाँ आकर मैंने खगेन्द्र जी से भेंट की। वे यहाँ आ गये हैं। उनके पाँव पर मोटा प्लास्टर चढ़ा है। डेढ़-दो महीने तक यूँ ही पड़े रहना होगा। मैंने त्रिपाठी जी को भी कहा है कि वे मिल लें। सदस्यता का कार्य निकट भविष्य में ही सम्पन्न हो जायेगा। फॉर्म छपा ही नहीं है। छप रहा। कुछ नये और ज़रूरी मित्र भी हैं–जिनको शामिल करना है। उनसे मैं मिलता रहा हूँ। वे सभी तैयार हैं। संगठन को एक स्वरूप देना ज़रूरी है।

• आपसे भारतीय भाषाओं के वर्चस्व की जिस प्रस्तावना पर चर्चा हुई थी उसे व्यवस्थित रूप में इसी माह के अन्त तक दे दूँगा। एक महान् कार्य की शुरुआत जो निश्चित रूप से हम लोग देर से करने जा रहे–मगर दुरुस्त तरीक़े से। यह ऐसा कार्य है–जिसे करके जीवन की सार्थकता का विश्वास किया जा सकता है। इसमें तन-मन-धन से समर्पित होना है। इस आन्दोलन में अपरिमित सम्भावनाएँ हैं। संगठन को मज़बूत और स्थायी बल मिलेगा।

• आपसे जो तय हुआ उसके अतिरिक्त मैं ख़ुद समेट भी लेना चाहता हूँ। अपने निजी लेखन को लेकर भी मेरा विश्वास धीमा पड़ा है। रचनात्मक जीवन नहीं होगा तो रचना नहीं आयेगी। अध्ययन को भी मैं सोद्देश्य कर लेना चाहता हूँ। पहले की तरह पढ़ने की अधीर कोशिश भी कम कर रहा। अपने लेखन को लेकर कोई निश्चित धारणा नहीं बना पा रहा। बेहद द्वन्द्व में रहता हूँ।

• प्रेमकुमार मणि आये थे। पूर्व निश्चित कार्यक्रम के अनुसार जून तक अंक आ जाना चाहिए। पत्रिका के नाम आसंग में दो नाम आये हैं–'दख़ल' और 'इर्द–गिर्द'। आप कोई नाम सुझायें। त्रिपाठी जी को 'इर्द–गिर्द' पसन्द आया है। त्रिपाठी जी समकालीन कविता पर जो पुस्तक तैयार कर रहे हैं–उसमें उनके कहे मुताबिक दिसम्बर लगेगा। उनकी गति भी धीमी है। जो काम करते हैं वह गम्भीरता और लगन से करते हैं। अपनी सम्भावना को हर कोई अपने ही मूर्त्त कर सकता है।

• गद्य गोष्ठी की तस्वीर अगर मिल सके तो अवश्य सुलभ कर लेंगे। 'पहल' के मार्क्सवादी अंक की एक प्रति तो निश्चित ही सुलभ करा दें। शीला आपको और भाभी को चरण स्पर्श भेज रही। आपके पत्र के बारे में कृतज्ञता प्रकट करते हुए लिखने को कहा कि उनकी बात मैं समझ गयी, लेकिन अपनी बात मिलने पर ही कहेगी। उसके अनुसार आप कर्मेन्दु शिशिर, भृगुनन्दन त्रिपाठी और देश-दुनिया में लगे हैं, उसमें पत्र लिखकर आपके समय में धक्का-मुक्की करना ठीक नहीं। रिजल्ट ने उसे बेहद उदास कर दिया है। जिस उद्देश्य से उसने कठिन श्रम किया था–उसकी असफलता ने उसे तोड़ दिया है। उदिता और उमंग का चरण स्पर्श। भाभी को चरण स्पर्श। पाशा और वत्सला को नेह। ग़लती क्षमा। अशोक अग्रवाल को पुस्तकें भेजने को कहा

है। आज ही पत्र भेज रहा हूँ। क्या आप मेरा संकलन पढ़ने का वक़्त निकाल पायेंगे? सौभाग्य समझूँगा।

आपका
कर्मेन्दु शिशिर

*

61. ज्ञानरंजन

763, अग्रवाल कॉलोनी, जबलपुर
22/03/89

प्रिय कर्मेन्दु,

तुम्हारा पत्र मिला। तुम्हारे जाने के बाद मैं तेज ज्वर में लगभग 5 दिन इलाहाबाद में ही पड़ा रहा। 18 को रात लौटा। अभी तक कमज़ोरी बनी है। तुम त्रिपाठी जी के साथ स्वयं खगेन्द्र जी के पास जाओ। खगेन्द्र जी को पत्र लिखा है।

तुम लोगों से मिलना एक अच्छी शुरुआत है। अब धीरे-धीरे हम अपने नियोजित काम को लेकर आगे बढ़ेंगे। तुम मसौदा बनाने के काम में लगो। यह नाजुक काम है। अन्यथा बहुत से लोग इसे संकीर्णता में ले सकते हैं। हिन्दी उर्दू मसले पर भी लोग संवेदनशील हैं। पूरे मसौदे पर बातचीत करके इसे आगे बढ़ाना होगा। खगेन्द्र जी से भी चर्चा कर लेना।

प्रेम कुमार मणि का काम भी बढ़िया और निरन्तर होना चाहिए। त्रिपाठी जी को अपने काम को योजनाबद्ध तरीक़े से आगे बढ़ाना होगा।

तुम्हारा संकलन मैं पूरी तरह डूब कर पढ़ूँगा। चित्र और मार्क्सवादी अंक के बारे में ध्यान रहेगा। होली की सपरिवार शुभकामनाएँ।

तुम्हारा
ज्ञानरंजन

*

62. ज्ञानरंजन

हिन्दी एवं भाषा विज्ञान विभाग, रानी दुर्गावती विश्वविद्यालय, ज़बलपुर
23/03/89

प्रिय कर्मेन्दु,

9-11 तक सेमिनार है। केवल कविता पर ही विषय हैं। 9 की शाम उद्घाटन है। विश्वनाथ त्रिपाठी, मैनेजर पांडे, नामवर जी नित्यानन्द तिवारी आदि बहुत से लोग आ रहे हैं। तुम भृगुनन्दन और अरुण कमल आ जायेंगे तो हम अपने मतलब की बातें भी कर सकेंगे।

प्रथम क्लास के दो टिकट और स्थानीय पूरा आतिथ्य रहेगा। अवकाश भी मिलेगा क्योंकि यह विश्वविद्यालय अनुदान आयोग का कार्यक्रम है। स्लीपर का रिजर्वेशन करवा लेना। त्रिपाठी जी अरुण कमल को भी पत्र लिखा है।

पचमढ़ी स्थित विश्वविद्यालय गेस्ट हाऊस में रहने की व्यवस्था है।

तुम्हारा
ज्ञानरंजन

*

कर्मेन्दु शिशिर

हनुमान नगर, शास्त्री नगर, पटना
19/04/1989

आदरणीय भैया,

सादर चरण स्पर्श!

भाई सोमदत्त के निधन का समाचार हतप्रभ कर गया। मन इस क्रूर यथार्थ को स्वीकार करने को बिल्कुल तैयार नहीं। लगता है कहीं से कोई कहेगा–यह असम्भव घटना असत्य है। मेरे प्रति उनका स्नेह अत्यन्त गहरा था। काफ़ी कुछ किया था मेरे लिए। मैं उनके यहाँ टिका था। शालिनी, अमिताभ, नेहा, मनु को याद कर जी भरभरा उठता है। थोड़ा में तना था। खुन्नस-सी थी। लेकिन, उनका ढीला–ढाला कुछ कमज़ोर सा व्यक्तित्व तब खलता था। अब वह सालता है। इतनी विनम्रता थी उनमें कि अपने स्वाभिमान की भी परवा नहीं करते। सम्बन्ध हर हालत में स्नेह से गाढ़ा ही करते रहे। मेरी खुन्नस

तो किसी के प्रति स्थायी नहीं, उनसे तो कुछ था ही नहीं। सोम भैया एकदम बदल गये मेरे लिए। उनकी सक्रियता अब ज़्यादा मूल्यवान लग रही। काफ़ी काम किया था, उस जीवट वाले कवि ने। वे देशज थे–ठेठ। जातीय पहचान थी उनमें। गँवई सरलता, सहजता कूट–कूट कर भरी थी। उन आदतों ने जिसे उन्होंने अगल–बगल से आमंत्रित कर लिया था–उससे वे दूरी न रख सके। उनका स्वभाव दरअसल ऐसा था ही नहीं। उनमें जैसी उदारता आ गयी थी, उसमें उनकी विवशता स्वभाव की थी। लेकिन, यह उनका सबसे कमज़ोर पक्ष था। प्रतिक्रियाएँ जो मुझे अच्छी नहीं लगीं–अब लगता है वे सबकी सब तात्कालिक थीं। उनका मन साहित्य से समृद्ध था। उनमें मूलरूप से सच्चाई ही ठोस थी। वे नेक और सज्जन इन्सान थे। सम्पादन, कविता, अनुवाद समीक्षा और आयोजन, उनमें काफ़ी विस्तार था। शायद ढीले इसी कारण हों कि इस विस्तार को क़ायम रखा जा सके।

• भैया! उनके परिवार की चिन्ता आप ज़रूर करें। उनका परिवार कहाँ रहता है, उसकी जानकारी आप बराबर रखें। उनकी लड़कियों के ब्याह तक चिन्ता सामूहिक रखना है। आर्थिक दबाव स्वाभाविक है। विवाह में विनम्रता और भाव सम्पन्नता से कुछ भी खलने नहीं देना है। साहित्यकारों को अब भी हम इतना नहीं करेंगे तो यह रास्ता आगे आने वालों के लिए और दुर्गम हो जायेगा। उन पर सौ-सवा-सौ पृष्ठों की एक संकलित सामग्री आनी ज़रूरी है। आपके सम्पर्क में काफ़ी पत्रिकाएँ हैं–उनमें विशेष सामग्री जानी चाहिए। अशोक वाजपेयी क्रूर और मतलबी आदमी होगा। मलयज के मामले में स्पष्ट हुआ कि उनका किसी से गहरी संवेदना और रचनात्मक लगाव का रिश्ता नहीं है। हमें ही ऐसे लोगों की भी चिन्ता करनी है–जो थे तो हमारे ही, लेकिन दूसरों की चंगुल में भी जाते रहे। मुझे लगता है उनकी गद्य रचनाओं का भी संकलन आना चाहिए। पूर्वग्रह, आलोचना में जो सामग्री है–वह काफ़ी महत्त्वपूर्ण है। उनके अनुवाद जो 'नयी दुनिया' में छपते थे–उनका संकलन आना चाहिए। उनके पत्रों का संकलन भी होना चाहिए। सारी सामग्री अभी सहज सुलभ है। हिन्दी साहित्य सम्मेलन म.प्र. को यह काम करना चाहिए। मध्यप्रदेश साहित्य परिषद् भी कुछ दायित्व ले सकती है। इससे उनके परिवार को कुछ रक़म भी मिल सकती है। मैं नहीं जानता उनके परिवार का दायित्व किन लोगों पर जायेगा और वे कितने सक्षम होंगे। मेरी चिन्ता उनकी बड़ी लड़की की नौकरी और शालिनी तथा नेहा के विवाह की है। मैं इन चीज़ों को लेकर बेहद

संवेदनशील हूँ। मेरे यहाँ टिके थे। शीला भी दुखी है बहुत! भैया आप लौटती डाक से पत्र दें।

ग़लती क्षमा।

कर्मेन्दु शिशिर

63. ज्ञानरंजन

763, अग्रवाल कॉलोनी, जबलपुर
25/04/89

प्रिय कर्मेन्दु,

तुम्हारा पत्र मिला। मैं दो दिन भोपाल अन्त्येष्टि के बाद लौटा। सोम की मौत ने हमको कहीं का न रखा। मौत ने हमारे ऊपर ही हाथ डाल दिया। एक महीने पहले इसी कमरे में सोम बैठे थे और आज वे नहीं हैं। हमारे 28 साल के सम्बन्ध थे। लड़ते थे और प्यार करते थे। घर बहुत कच्चा है। कई दिन से हम सुस्त और उदास ही उदास हैं। कुछ काम नहीं रहा जैसे।

भारत भवन संस्कृति विभाग के साथ गहरे तनाव में सोम चले गये। अशोक बाज० और मंडली उसको गालियाँ देती थी। सोम कई साल से व्यथित थे। अब अशोक आगे-आगे आना चाहते हैं। सोम को 6 दिन बाद अस्पताल ले जाया गया। किसी एक्सपर्ट ने देखा नहीं। अशोक ने घोर लापरवाही और क्रूरता दिखायी। स्वामीनाथन ने कहा कि कहीं ग्लासनोस्त ने तो सोम की जान नहीं ली। अन्दर से अशोक सन्तुष्ट हैं, इस मौत से एक पैसा उसके इलाज में शासन या भारत भवन से नहीं दिया। श्रीकान्त वर्मा के बाईपास सर्जरी के लिए भारत भवन ने 50 हज़ार दिये।

हम लोग तत्काल लगभग 15 हज़ार प्रलेस की तरफ़ से जबलपुर–भोपाल से एकत्र करके दे रहे हैं। पूरा ध्यान है। लेकिन अपना सोम हमेशा के लिए चला गया। उससे बहुत लड़ते थे। कर्मेन्दु तुम्हारी योजना पर बाद में लिखेंगे। त्रिपाठी जी अपना ब्यौरा भेज दें।

तुम्हारा
ज्ञानरंजन

*

कर्मेन्दु शिशिर

हनुमान नगर, शास्त्री नगर, पटना
10/05/1989

आदरणीय भैया,

मैं रात 12 :15 इलाहाबाद पहुँचा। रात को अनिल का डेरा गड़बड़ा गया, 2:15 तक भटका और सामान सहित स्टेशन के फ़र्श पर सामान सुरक्षा में लेटा झपकी लेता रहा। सुबह ठीक-ठाक पहुँचा। अनिल से उपयोगी बातचीत हुई। वह भाषा आन्दोलन पर 100 पुस्तिकायें छापने को तैयार है। सोम भाई पर अंक निकालने के बाद आपसे मिलेगा। आप अपने सम्पर्क की सजगता में उसे शामिल करें।

• इलाहाबाद से पटना की यात्रा तो जीवन भर याद रखने वाली सिद्ध हुई। स्टेशन पर 2 बजे दिन से प्रतीक्षा करते-करते 'सुपर फास्ट' आयी रात 9:15 में। ट्रेन खचाखच। सैनिक डब्बे में चढ़ा-उतरा। ट्रेन खुलने के पूर्व अनुनय से एक सैनिक ने ही सामान्य डब्बे में जाने की अनुमति दे दी। मगर वह बिहार से पंजाब गये मज़दूरों से ठकच गया था। जैसे-तैसे सामान पर सामान झोले पर पाँव! दरवाज़े पर 7 आदमी। दो पाँवदान पर। पूरा पाँव रखने को छछन गया। 9:15 रात को चली सिंधिया सुपर फास्ट, अगली सुबह 6:15 को पटना पहुँची। हद हो गयी थी।

• मैं खगेन्द्र जी से मिला। वीरेश आज आये थे। उनसे विजयकान्त के आसंग में चर्चा हुई। आप कुछ दिनों तक छोड़ दें। मुझे काम करने दें। मैं बेहतर स्थिति बनाने के बाद आपको लिखूँगा। खगेन्द्र जी से चर्चा सम्पन्न करा लेने दीजिये। वीरेश जी इसमें लगे हैं। आप इस आसंग में सार्थक और रचनात्मक आशा ही रखें। त्रिपाठी जी को भाषा समस्या वाली सामग्री के लिए लिखें। मैं फॉर्म ले आया हूँ। उनकी औपचारिकता शीघ्र पूरी होगी। भारतीय भाषाओं के वर्चस्व का सांस्कृतिक आन्दोलन बहुतों को साथ लायेगा। आपने जलेसं और जसमं वालों को साथ लेकर काम करने की मेरी अव्यवहारिक और अनुपयुक्त प्रस्तावना पर बहुत संकोच और चुप्पी से असहमति जतायी। ऐसा क्यों? आपको स्पष्ट रूप से ऐसी अपरिपक्वता पर अंगुली रखनी है। इससे मैं थोड़ा दुखी हुआ कि ज्ञान भैया कहीं नक्सलवाद से जुड़े अतीत के कारण पक्का

भरोसा तो नहीं कर पा रहे। आपको मैं शब्दों से विश्वास दिला पाने में असमर्थ हूँ कि प्रलेस, मैंने गम्भीरता से, पूरी ईमानदारी और समर्पण के साथ चुना है। इसे भाव, विचार, बोध और विवेक से वरण किया है। सबसे बड़ी बात यह कि यहाँ मुझे अकूत सम्भावनायें दिखी हैं; अपने इच्छित स्वप्नों को शक्ल में पा जाने की। मेरे स्वप्नों में यश और प्रतिष्ठा नहीं है। सिर्फ़ सांस्कृतिक इच्छा है। मैंने जब नक्सलवाद को जीवन दिया था–शीला और परिवार को छोड़कर 'होलटाइमर' बना था–तब मेरे भीतर देश, समाज ही था। अब जब साहित्य को सौंपा है तो जीवन से कुछ कटौती कर बचा नहीं रखना चाहता। सब कुछ उसी को समर्पित है। आप भाषा, साहित्य, संस्कृति के इस साथ में आजन्म अटूट विश्वास रख सकते हैं। यह विश्वास मैं हर पल प्रमाणित करूँगा। जब मुझे यह लगेगा कि उद्देश्य मूर्त नहीं होगा–तो वापस अकेले में चला जाऊँगा। सिवाय लेखन और उसका यश मुझे सन्तोष और प्रसन्न नहीं रख सकता। अपने समय की रचनात्मकता को अधिकतम उत्कर्ष देने में अपना कुछ भी छोड़ना मेरे लिए कभी द्वन्द्व नहीं रहेगा। मेरी निष्ठा आपको कभी अनिश्चित या कमज़ोर धारणा नहीं बनाने देगी। मैं असन्तुष्ट कभी नहीं रह सकता, क्योंकि मैंने संगठन को निजी यश के मंच रूप में स्वप्न में भी नहीं देखा। संगठन के गौरव, प्रतिष्ठा और सम्मान के लिए मैं सहज, स्वाभाविक रूप से समर्पित हूँ। जलेसं अगर रचनात्मक विवेक वाला होगा तो एक दिन स्वयं हमारा कार्य उसको साथ माँगने के लिए उत्प्रेरित करेगा। अपने में मग़रूर रहा, जैसा कि दीख रहा–तो उससे संवाद भी व्यर्थ है–सामूहिक पहल तो दूर की बात है। हमें अपना काम करना है और जमकर करना है। मेरी समझ में प्रलेस से जितनी पत्रिकाएँ निकल रही हैं, उनका एक सम्मेलन बुलाया जाना चाहिए और उन्हीं के बीच से एक कमीशन बनाना चाहिए। **प्रलेस** के नाम पर पत्रिकाओं को निकालें तो लगे कि एक सामूहिक सोच में है। उनमें आपसी मेल हो। ध्यान में व्यापकता को समेटा जा सके। कई पक्षों पर रोशनी पड़ रही, उन्हें बाँटकर दायित्व ओढ़ने होंगे। तमाम पुस्तिकाएँ जो छप ही रहीं, उनमें व्यवस्थित और क्रमिक सोच नहीं। उन्हें एक निश्चित गुच्छ बनाकर अलग-अलग सौंपा जा सकता है। कोई समकालीन रचनाशीलता पर, कोई भाषा आन्दोलन पर, कोई लोक साहित्य पर, कोई परम्परा और नवजागरण पर, कोई इतिहास या ऐसे

ही विषयों पर। सबको समेटना है। गुना में जब मिलेंगे तो इसे लम्बी बहसों से तय कर समयबद्ध पाबन्दी के साथ दायित्व वितरण कर लेंगे। मेरा तो मानना है कि 5 वर्षों तक अगर सघन परिश्रम हुआ तो उसके अगले 5 वर्षों में तस्वीर उलट देने वाली बात दिखाई पड़ने लगेगी। एक ही तड़प है–जीते–जी हिन्दी और समकालीन साहित्य को स्थायी महत्त्व पाया हुआ देख लूँ। सांस्कृतिक गुलामी अब असह्य हो उठी है।

• शीला जी 7 रुपये प्रति क्लास एक कोचिंग से कमा रही हैं। त्रिपाठी जी की लड़की ने सुलभ कराया। 300 रुपये जेब ख़र्च निकालकर प्रसन्न हैं। मन लग रहा और लोकप्रियता पा रहीं। उनका सादर प्रणाम।

आपका
शिशिर

परसाई जी से सोम जी वाली सामग्री तो भिजवा चुके होंगे।

भाभी को चरण स्पर्श। उपाध्याय जी और ओम भारती जी को नमस्कार। नेहा और पाशा को स्नेह। उदिता और उमंग का चरण स्पर्श। ग़लती क्षमा।

आपका
शिशिर

*

64. ज्ञानरंजन

763, अग्रवाल कॉलोनी, जबलपुर
27/05/89

प्रिय कर्मेन्दु,

तुम्हारे पत्र मिले। अपनी ढीली तबियत के कारण मैं परेशान हूँ और तुम्हें पूरे विस्तार से पत्र और तत्परता के साथ नहीं लिख सका। क्षमा करना। भृगुनन्दन त्रिपाठी को पत्र भेज दिया। अनिल को भी प्यारा पत्र भेजा है। पुस्तिका के बारे में भी सहयोगी उपाय लिखे हैं। हमसे जितना हो सकेगा करेंगे। परसाई जी ने सोम पर भेज दिया है।

हमारा राज्य सम्मेलन गुना में 21-22-23 अक्तूबर को होना तय है। शुरू की तैयारियां हो रही हैं। इसमें हम सांस्कृतिक योजना जारी कर सकते हैं। पुस्तिका उसी के पूर्व निकले तो ठीक है।

प्रलेस की सदस्यता विधिवत ले ली यह अच्छा किया। बधाई। तुमने एक उल्लेखनीय यात्रा की शुरुआत की है। हमें काम करना है। अपने समय और इतिहास की ज़िम्मेदारियाँ निभानी हैं। हमारा और कोई स्वार्थ नहीं है।

राज्य सम्मेलन के अवसर पर प्रेमकुमार मणि की पत्रिका जारी हो तो हमें प्रसन्नता होगी। संगठन में बिहार से और लोग भी आयें इस बात का ध्यान रखना।

मैं 30 मई को इन्दौर जा रहा हूँ। भतीजी का विवाह है और इसी के साथ नये सिरे से चिकित्सा भी करवाऊँगा। ताकि रोज़-रोज़ की परेशानी से मुक्ति मिले। इन्दौर से 10 जून तक आ सकूँगा। सुरेश पांडे का ज़िक्र मत किया करो। न तुम उसके बारे में सोचो।

शीला और बच्चों को हमारा स्मरण।

तुम्हारा
ज्ञानरंजन

*

कर्मेन्दु शिशिर

हनुमान नगर, शास्त्री नगर, पटना
30–31/मई/1989

आदरणीय भैया,
चरण स्पर्श!

आपका काफ़ी पहले लिखा पत्र मिला। यह पत्र आपने सोम भाई की अन्त्येष्टि से लौटकर गहरी व्यथा में लिखा था। ऐसा मर्माहत कर देने वाला पत्र गहरे मौन में ले जाता है। कुछ यथार्थ वाकई हिला देने वाली क्रूरता से भरे होते हैं। उन्हें बार-बार झुठलाने की तबियत होती है। लेकिन एक योद्धा की तरह लड़ना पड़ता ही है।

• अनिल के पत्र से पता चला कि आप बीमार हैं और इन्दौर जाने वाले हैं। मैं एकदम सकते में आ गया। आपने पूरी स्वस्थता की बात कही थी। दवाएँ तक छोड़ दी थीं। बार-बार रोग का उपट आना तो चिन्त्य है। आप लिखते क्यों नहीं? आप इस बात को समझने की कोशिश तो कीजिए कि आपका स्वास्थ्य सिर्फ़ आपका निजी मामला नहीं है, जो मनमानी की इजाज़त हो। आपको नेतृत्व देना है। इसे स्वीकारें।

• 14, 15, 16 अक्टूबर को होने वाले म.प्र.प्रा. सम्मेलन में मुझे एक आलेख लिखने की बात भाई कमला जी ने लिखी है। एक ऐसा आलेख जिस पर बहस हो और उससे छनकर निकले मुद्दों को आगे व्यवहारिक रूप दिया जा सके। इस बारे में आपका पत्र भी आना था। मैंने इस पर काम शुरू कर दिया है। एक ऐसी विस्तृत और पूर्ण योजना जिसमें रचनाशीलता के तमाम घटक समेटे जा सकें और परम्परा से समकालीनता तक विस्तार हो। मूर्त्त करने की व्यवहारिकता भी ठोस रूप में रहे। मैं सम्भव हो सकने वाले तरीक़े से इस योजना पर काम कर रहा हूँ। अगले दशक में एक बड़े नवजागरण की सांस्कृतिक करवट मूर्त्त करनी है–अपनी सम्पूर्ण ताक़त झोंक कर। आप पत्र दीजिए जिससे काम की उपादेयता का आश्वासन अहसास पा सकूँ। त्रिपाठी जी इसमें गहरी दिलचस्पी ले रहे और पूरी ताक़त से मदद करने को वचनबद्ध हो रहे। इस आदमी से हिन्दी के लिए काफ़ी काम लेना है। विकट तैयारी है–लगातार साधनारत! यह दुर्लभ कार्य हुआ कि संवाद आपने क़ायम कराया। प्रलेस में आकर मैं जीवन का अब तक सर्वोत्तम और सही कार्य कर रहा हूँ। मेरी विकलता और हिन्दी दाह आपको मेरे कार्यों में मिलेगी। हिन्दी के लिए रात को नींद नहीं आती। भाषा और संस्कृति की औपनिवेशिकता तोड़नी ज़रूरी है। तनिक विलम्ब लगातार घातक होता जा रहा है। हमें प्राणपण से लग जाना ही होगा।

• 'मतावाला-मण्डल' पर लगातार मुझे पत्र मिल रहे हैं। उनमें कुछ असद ज़ैदी, उदयप्रकाश, से. रा. यात्री के–परमानन्द जी सहित कुछ की प्रतिक्रिया भी मिल रही। लोगों को अच्छा लगा तो हल्का सन्तोष हुआ। पुरानी भाषा थी, फिर भी पसन्द आ गयी। मैं तो थथम रहा था। क्या आप बारह प्रतियाँ मेरे लिए निजी भेज देंगे? 50 प्रतियों में 35 बिक गयीं हैं। पैसे अभी नहीं लिए

हैं। एकमुश्त भेज दूँगा या आने पर अक्टूबर में दे दूँगा–जैसा आप चाहें। अगर आपका सम्पर्क वेदप्रताप वैदिक से हो तो उन्हें पत्र दें। मैं जुड़ना चाहूँगा।

• मैं सारी सक्रियता-संगठन की प्रतिष्ठा और समृद्धि के उद्देश्य से ही करूँगा। मेरी ईमानदारी हमेशा पारदर्शी और असंदिग्ध मिलेगी। मैं जीवन में मुँह छुपाने जैसा कुछ भी नहीं कर सकता। अगर चूक हुई, कर बैठा–तो मुँह न छुपाऊँगा। आपके सामने क्षमा-खड़ा हो जाऊँगा।

• आप नामवर जी और राजकमल को पत्र लिख दें कि वे लोग डी.डी कौशाम्बी की रचनावली का प्रकाशन करें। यह एक महान् कार्य है, जो हिन्दी को एकाएक ताक़तवर बोध से लैस कर देगा। अगर पत्र सम्भव न हो तो कभी मिलने पर ही कहें।

• आप सुविधा से गद्य-गोष्ठी वाले निगेटिव की तहकीक़ात करेंगे। कितना तंग कर रहा? भाभी को चरण स्पर्श। उदिता, उमंग का सादर चरण स्पर्श। शीला का सादर प्रणाम। पाशा और वत्सला को नेह। ग़लती क्षमा। स्वास्थ्य के बारे में ज़रूर लिखें। कभी बिहार का कार्यक्रम बनाइये ना। बड़ी प्रबल इच्छा है।

आपका
कर्मेन्दु शिशिर

*

कर्मेन्दु शिशिर

हनुमान नगर, शास्त्री नगर, पटना
15/06/1989

आदरणीय भैया,

चरण स्पर्श!

आपका पत्र मिला और मैं चिन्तित हो उठा। आप जैसे सन्तुलित और गम्भीर हैं, उसमें स्वास्थ्य के प्रति लापरवाही नहीं होगी। फिर भी, जब अतिरिक्त ज़रूरत पड़े तो काम स्थगित ही कर दें। आपके स्वास्थ्य की चैतन्यता से हम भी स्वस्थ और प्रसन्न रहते हैं।

• संगठन की औपचारिकता त्रिपाठी जी के लिए ही रोक रखी थी। मैं तो उसी दिन प्रलेस में आ गया था जब अरुण कमल को सदस्यता दी। ख़ैर! यह निर्णय मेरे अब तक के साहित्यिक सक्रिय जीवन का सर्वाधिक महत्त्वपूर्ण निर्णय था। मैंने इतनी भारहीन, सक्रिय और रचनात्मक ऊर्जा पहले महसूस नहीं की थी। मैं जो कुछ ठोस तथा मूर्त्त सोचता रहा हूँ–उसका सगुण प्रलेस में ही सम्भव था। मैं लगातार उस मसविदे पर काम कर रहा हूँ, जो गुना में रखना है। इसके दो स्वरूप होंगे–एक सैद्धान्तिक और दूसरा कार्य-योजना का। मैंने सिद्धान्तों को समय की ज़रूरतों से ही समझा है। योजना भी सम्भावित तथा सुलभ साधनों का ध्यान रख कर ही तय करना चाहता हूँ। ज़्यादातर काम 'रफ़' स्थिति में है। जिस तरह मैंने इस पर समय ख़र्च किया है, उसी तरह ज़रूरी है कि उसका एक कच्चा रूप पहले तैयार कर लूँ। जिसकी ज़रूरत महसूस कर रहा, उससे सम्पर्क भी कर रहा हूँ। डॉ. रामविलास शर्मा और त्रिपाठी जी और ऐसे ही अन्य से सम्पर्क। उसे सम्पन्न अपनी तरह से करना ही ठीक होगा। आदरणीय खगेन्द्र जी, कमला भाई और आपको उसकी प्रति (टंकित) पहले ही भेज दूँगा। फिर बहस-मुबाहिसा से संशोधन-परिष्कार होकर, एक ठोस और निश्चित परिकल्पना का आधार तय होगा। फिर 2, 5, 10 वर्ष काम करते हुए निष्कर्षों के आधार पर आगे का तय करते रहेंगे। जितना हम सोच पा रहे हैं, उससे कहीं बहुत ज़्यादा स्थितियाँ प्रतिकूल और जटिल हैं। हमें सुनियोजित, सुव्यवस्थित, सुगठित और सुचिन्तित तरीक़े से कारगर सक्रियता निभानी चाहिए। जो हम करते रहे वह निःसन्देह महत्त्वपूर्ण रहा; लेकिन, ज़्यादा सच यही मानना चाहिए कि वह प्रतिरोध ज़्यादा रहा। सृजन और मूर्त्त करने की दिशा में ठोस हस्तक्षेप अब ज़रूरी है। अशोक वाजपेयी के अनुरूप प्रभाष जोशी ही भले। हमें अब दोनों से अलग–बड़े सवालों और ज़रूरतों की ओर ध्यान केन्द्रित करना होगा। अगर हम अभी से शुरू करें तो कम से कम 5 या 10 वर्ष लगातार मिहनत करते रहने पर ही शायद एक देशव्यापी सांस्कृतिक ताक़त के रूप में संगठन और उसके कार्य को खड़ा कर सकेंगे। इसमें सारी ताक़त झोंक देनी होगी। तभी कुछ सम्भव है।

• मैं जो काम कर रहा हूँ, उसमें भाषा वाले सवाल को गतांक किया है– केन्द्रीय नहीं। सम्पूर्णत्व और व्यापकता सापेक्ष ही सही, लेकिन इसका ख़याल

भी ज़रूरी है। इससे उद्देश्य की ताक़त को विस्तार मिलता है–संगठन मजबूत और बड़ा होता है। सबके अनुरूप एक ऐसी सहभागिता–जो बड़े दायित्व से केन्द्रीय रूप में जुड़ी रही। दायित्व हमारी रुचि और क्षमता के अनुरूप हो ही, वह उद्देश्य की सफलता को समर्पित भी रहे। ख़ैर! मैं स्वयं छानबीन और मंथन के बीच इस काम को अंजाम देने में लगा हूँ।

- संगठन में बड़ी संख्या में लोगों को आना है। इसे योजना, काम और कोशिश से ही करना है। मैं धीरज से हूँ–सजग और सावधान। संगठन में लोगों को, कारगर लोगों को लाने में हूँ। लेकिन, उनको ही ज़्यादा जो अभी हमारे लिए अत्यन्त ज़रूरी हैं और वे अभी तक नहीं हैं। लगातार मैं लोगों के सम्पर्क में हूँ। आप चिन्ता न करें।
- इधर खगेन्द्र जी और अरुण कमल से मिलते रहा। एक सुफल यह निकला कि अरुण कमल अब 'फॉर्म' में आ गये। वीरेश और अशोक तो नये अंकों से आपको भी प्रभावित करेंगे। प्रेम मणि भी आये थे। मेरा पक्का भरोसा है तब तक अंक निश्चित छप जायेगा। इसी में सभी से दायित्व भी ले लिया हूँ। ध्यान केन्द्रित कर, लगा रहता हूँ। परीक्षा, कॉपी जाँच, छात्र और ऐसी ही दूसरी व्यस्तताएँ। ख़ैर! ग़लती क्षमा।

आपका
शिशिर

*

65. ज्ञानरंजन

763, अग्रवाल कॉलोनी, जबलपुर
11/07/89

प्रिय कर्मेन्दु,

तुम्हें काफ़ी समय बाद लिख रहा हूँ। अब गुना सम्मेलन के कारण कार्य भार और बढ़ता जा रहा है। कविता अंक प्रेम में है। और सेहत अब इसी तरह तंग करती रहेगी। बहरहाल, अब हम दो तीन महीने कामकाजी तरह से ही पत्र व्यवहार करेंगे।

सांस्कृतिक साम्राज्यवाद पर मसौदा तुम लोग तैयार कर ही रहे हो। यह गुना सम्मेलन के पूर्व लगभग 20 दिन पहले छप जाना चाहिए। इसलिए अगस्त में उसे तैयार होना है। इस पूरे मसौदे का एक संक्षेप सार भी ऊपर लगा रहे ताकि बातचीत, चर्चा बहस में उसकी उपयोगिता रहे। इसी के साथ प्रदीप सक्सेना वाली बहस भी बगलगीर रहेगी ताकि मुकम्मल काम रहे। मैं उनसे भी जिस्ट लगाने के लिए कहूँगा।

अनिल की पत्रिका निकल गयी पर मिली नहीं है उससे पुस्तिका छपाने के बारे में तुम्हारी क्या चर्चा हुई थी। प्रेम कुमार मणि की किताब का क्या हुआ। मतलब पत्रिका का।

मतवाला मंडल पर हर रोज़ एक दो पंक्ति का पत्र आ ही जाता है। और अन्त में सांस्कृतिक मसौदा इतना विस्तृत न हो कि लोगों को पढ़ने में बोर लगे। मतवाला मंडल लोग एक सांस में पढ़ गये इसलिए हमें इस बात पर ध्यान देना होगा। हमारी आर्थिक हैसियत बहुत सीमित हैं।

शीला, उदिता, उमंग सब ठीक होंगे।

तुम्हारा
ज्ञानरंजन

*

66. ज्ञानरंजन

763, अग्रवाल कॉलोनी, जबलपुर
27/07/89

प्रिय कर्मेन्दु,

13, 14, 15 अक्तूबर को गुना में होने वाले राज्य सम्मेलन में पूरी तरह से भाग लेने के लिए आपको हम साग्रह आमंत्रित करते हैं।

आपकी यात्रा और आतिथ्य की व्यवस्था राज्य संगठन करेगा। आप अपनी स्वीकृति देने की कृपा करें। अभिवादन सहित

आपका
ज्ञानरंजन

नोट : कटनी से बीना जाकर गुना जाना होता है। बीना से गुना 3 घंटे का मार्ग है। साबरमती और शटल सुबह निकलती हैं।

*

67. ज्ञानरंजन

763, अग्रवाल कॉलोनी, जबलपुर
03/08/89

प्रिय कर्मेन्दु,

इस पत्र के साथ एक महत्त्वपूर्ण पत्र भेज रहा हूँ। इसे पढ़ कर वापस कर देना। श्री चन्द्रजी को पत्र भेजना और मतवाला वाली पुस्तिका और किताब भी। मेरे पुस्तक समाप्त है। मैंने इन्हें पत्र भेज दिया है।

पता
श्री चन्द्र शर्मा
20-B,LICFlat,G. T.B.Enclave, Delhi-93

तुम्हारा
ज्ञानरंजन

*

68. ज्ञानरंजन

763, अग्रवाल कॉलोनी, जबलपुर
23/08/89

प्रिय कर्मेन्दु,

तुम्हारे पत्र मिले। इस बीच मैं लगातार व्यस्त बना हूँ। बीच में इलाहाबाद और दिल्ली जाना हुआ। सो पत्र देर से लिख रहा हूँ।

तुम्हारी तबियत की ख़बर चिन्ताजनक है। कुछ तो तुम्हारी परेशानियाँ हैं हीं और कुछ तुम आवेश में काम करते हुए अपने ऊपर अत्याचार कर रहे हो। हम जो चाहते हैं उसका चौथाई ही सम्पन्न हो सके वह बहुत है। फिर साध के काम करना होगा न कि बलिदान और आवेश में।

मेरी सेहत इतनी ख़राब हो चुकी है कि नयी तरह से योजना बनानी होगी। तुम भी अब पागल की तरह काम नहीं कर सकते। मेरा सुझाव मानो अपूर्व उम्मीदों में काम करना दुखों को आमंत्रित करना होगा। हमारे चारों ओर होशियार लोगों की बढ़ती संख्या है। यह जीवन मूल्यवान बना रहे कम ही सही पर निरन्तर न कि एकबारगी भस्म हो जाये। इसमें लेखन और परिवार को भी सन्तुलित तरह से शामिल करो।

गुना वाला काम पूरा करो। जल्दी। त्रिपाठी जी भी जल्द आलेख पूरा करके भेज दें।

बच्चों को प्यार।

तुम्हारा
ज्ञानरंजन

*

69. ज्ञानरंजन

763, अग्रवाल कॉलोनी, जबलपुर
12/09/89

प्रिय कर्मेन्दु,

तुम्हारा पत्र और आलेख मिला। चूँकि सारे आलेख अलग-अलग मिल रहे हैं अलग-अलग समय में इसलिए हम एकरूपता बना सकने में समर्थ नहीं हैं। जैसे अभी तुम्हारा आलेख मिला। त्रिपाठी जी, मणि, स्वयंप्रकाश, राजेन्द्र शर्मा का नहीं मिला है इसलिए कठिनाइ है। छपने की व्यवस्था के लिए इलाहाबाद से काम कराना इतनी जल्दी मुमकिन नहीं। अन्य काम भी हो रहे हैं। कुछ वसुधा में छपेंगे और ऑफ प्रिंट निकाले जायेंगे। कुछ का स्टेंशिल कटेगा। अब जैसा हो जाय। भोपाल गुना जबलपुर और इलाहाबाद के बीच संयोजन बहुत कठिन साबित हो रहा है। कमला जी इसी बीच रीवा केशव पीठ पर चले गये हैं। डाक व्यवस्था अलग तंग करने लगती है। और अर्थ व्यवस्था के लिए अलग हमें संघर्ष करना पड़ रहा है। त्रिपाठी जी से आलेख जल्दी भिजवाओ।

तुम्हारा
ज्ञानरंजन

*

70. ज्ञानरंजन

763, अग्रवाल कॉलोनी, जबलपुर
29/09/89

प्रिय कर्मेन्दु,

तुम्हारे पत्र मिले। पुस्तिकाओं की रफ योजना का मूल भी मिला। हर चीज सम्मेलन में ही नहीं होगी। बहुत सी कार्रवाहियों के लिए हमें एक वर्किंग ग्रुप बनाना होगा। यही काम करेगा। बड़े पैमाने पर केवल स्वीकृति की मुहर होती है। करने का भार कुछ लोगों को उठाना अग्रसर करना होता है।

जब भी हम कोई योजना बनायें उसके व्यवहारिक पक्षों पर पूरा ज़िम्मेदार व्यवहार होना चाहिए। मेरे ऊपर डाल देना कि मैं तो सक्षम हूँ ठीक रवय्या नहीं है। आर्थिक मामलों में मेरा अनुभव यह है कि लोग आश्वासन देते हैं और डुबोते हैं। और बहुत से मसले हैं सब पर वर्किंग ग्रुप विचार करेगा। और सबकी समान ज़िम्मेदारियाँ होंगी। मेरे ऊपर ही पटक देने का रिवाज़ ठीक नहीं। मैं काम के बोझ से पिसा जा रहा हूँ। मेरी सेहत जटिल हो गयी है। आवेग ज़रूरी है पर ठोस आर्थिक आधार बनाना होगा।

मुजफ्फरपुर की ख़बर बहुत अच्छी है। विजयकान्त से मेरा पत्र व्यवहार बना हुआ है। त्रिपाठी जी का काम बहुत अच्छा है। उनसे बहुत काम लेना है।

तुम्हारा
ज्ञानरंजन

*

71. ज्ञानरंजन

763, अग्रवाल कॉलोनी, जबलपुर

20/10/89

प्रिय भाई,

आपका पत्र मिल गया। मैं सारे बकाया काम निपटाने में लगा हूँ। पहल का अंक प्रेस में देना है। आपका लेख सांस्कृतिक संकट वाला जायेगा जैसा तय हुआ था क्योंकि वह ज़रूरी है।

मुक्तिबोध वाला लेख आपका वापस जा रहा है। इसको आप जोड़ घटा लें। पहल में अब कुछ 2-3 अंक के गेप के बाद ही यह जा सकेगा।

सांस्कृतिक संकट वाला बुलेटिन जल्दी ही जा रहा है। नवम्बर तक मैं कुछ खाली हो सकूँगा। फिर अपने लिखने पर भी ध्यान देना है। भेजे गये दो अंश हम जोड़ लेंगे। सस्नेह।

तुम्हारा
ज्ञानरंजन

*

कर्मेन्दु शिशिर

हनुमान नगर, शास्त्री नगर, पटना
01/11/1989

आदरणीय भैया,

प्रणाम!

आपका कोई समाचार नहीं मिला। गुना में आपका जैसा स्वास्थ्य देखा था, वह अन्दर से दुखी करने वाला लगा। आप इस मामले में कुछ ज़्यादा ही ध्यान दें। कुछ समय तक कहीं चले जायें। पूर्ण परीक्षण भी करा लें। इसके प्रति लापरवाही एकदम ठीक नहीं।

• त्रिपाठी जी छठ पूजन के सिलसिले में देवघर गये हैं। उनके आने के बाद बिलासपुर के बारे में तय होगा। वे शायद नहीं आयें। आना मैं भी नहीं चाहता, मगर दो साल से आने की बात करता रहा हूँ। इस बार यह दायित्व पूरा ही कर देना चाहता था। चुनाव के कारण मामला टल तो नहीं रहा? मैंने डॉ. सक्सेना को पत्र लिखा है। उत्तर के बाद तय करूँगा।

• अब मदन कश्यप प्रलेस में आने से संकोच कर रहे। पहले ख़ुद इच्छा ज़ाहिर की थी। अब टाल रहे हैं, मैंने एकदम छोड़ दिया है। ज़्यादा ज़ोर उचित नहीं। समझ से आयें, यही ठीक होगा। अब मैं चर्चा नहीं करता। कल डॉ. खगेन्द्र जी को लेकर मैं रंजीत वर्मा के यहाँ गया था। वे एक-दो दिन में प्रलेस के सदस्य बन जायेंगे। उनको आलोक धन्वा लगातार रोक ही न रहे थे। बल्कि, मेरे बारे अनर्गल समझाकर अनुत्साहित कर रहे थे। ख़ैर!

मैंने उससे कहा कि वे ख़ुद समझ कर आयें, कहने पर नहीं। रंजीत वर्मा की कुछ कविताएँ मैं भेज रहा हूँ। 'वसुधा' वगैरह में भिजवा देंगे। उस पर ज़ोर देना तत्काल ज़रूरी है। गुना सम्मेलन की सूचना से डॉ. मैनेजर पांडेय का पत्र आया है। मैंने डॉ. खगेन्द्र जी से उनके बीच सम्पर्क और बातचीत की पहल की। खगेन्द्र जी को वे जे.एन.यू. में बुलवाने वाले भी थे, मगर खुलकर बात नहीं हुई। एक बार मुझसे हुई। मैंने प्रलेस में जाने के पहले ही उनसे कहा था। मैंने काम करने की गम्भीरता, वातावरण और बेहतर सांस्कृतिक संस्कारों के आधार पर आग्रह किया था। वे भी सहमत थे। वे लगातार कामों तथा अन्य मामलों में भागीदार होना चाहते हैं। हमें, आपको और खगेन्द्र जी को गम्भीरता से लगना होगा। पांडेय जी का प्रलेस से जुड़ना बहुत ही कारगर होगा। यह मैं गम्भीरता से समझ रहा हूँ। आप लगातार पत्राचार बनाये रखें। उनका पत्र आया है। वे गाँव से लौटते सम्भवतः पटना आयें। तब मैं खगेन्द्र जी से बात कराने की कोशिश तो करूँगा ही, खुद भी करूँगा। आप अगर योजना के 'रफ' की फ़ोटोप्रति भेज देते तो बड़ी ही सहूलियत होती। पांडेय जी के आने के बाद जसमं का विलय ही समझिये, क्योंकि विजयकान्त और रविभूषण पर लगातार खगेन्द्र जी काम कर रहे हैं। इसके अतिरिक्त किसी के आने न आने का कोई रचनात्मक महत्त्व नहीं। हम लोगों को ज़्यादा ध्यान काम की प्रस्तुति पर देना है। काम होने से नये लड़के जुड़ते हैं। चुनाव बाद खगेन्द्र जी व्यवस्थित ढंग से लग जायेंगे। वीरेश जी तो गुना से लौटकर कई गुनी गम्भीरता से सक्रिय हुए। उन लोगों का जाना बेहद उपयोगी रहा। गुना वाले आलेख को लगातार पत्र आ रहे हैं। लोग परिवर्तन के बाद मूल चाहते हैं। मैंने आपके छापने की चर्चा कर दी है।

• प्रभु जोशी को मैंने पत्र भेजा था। उत्तर नहीं आया। इन्दौर दंगे में उनका परिवार सुरक्षित रहा। वे ठीक से हैं, इसकी सूचना हो तो देंगे। मन निश्चिन्त हो जायेगा। इन्दौर के फ़ोटोग्राफ़र/पत्रकार मित्र को पत्र दे देंगे। तस्वीर रखने से जगहों की स्मृतियाँ जीवन्त रहती हैं।

• आलोक धन्वा की कविता स्वर्णाक्षरों में अंकित कर के यह टिप्पणी छापनी चाहिए थी कि 'भूतो न भविष्यत्'। उसे कुछ महीनों तक निश्चित रूप से इलाज़ में भेज देना चाहिए। असह्य है सभी के लिए। गोपेश को त्रिपाठी के विरुद्ध खड़ा कर रहा है। क्या तमाशा है! तनिक भी समझ नहीं। उसके अनुसार त्रिपाठी को लिखना नहीं आता। हद है। भाभी को चरण स्पर्श। छोटों को नेह।

बुकलेट भेजिए। भाई इन्द्रमणि जी को सादर प्रणाम। भैया, आपसे एक इच्छा रखता हूँ। मेरी दिली तमन्ना है कि आपके साथ मैं एक यात्रा करूँ, कम ही दिन की, लेकिन कहीं। इस सौभाग्य को दीजिए। कुछ आपके साथ रहना चाहता हूँ।

आपका

कर्मेन्दु शिशिर

*

72. ज्ञानरंजन

763, अग्रवाल कॉलोनी, जबलपुर

27/11/89

प्रिय कर्मेन्दु,

तुम्हारे पत्र मिले। मैं दिल्ली से इलाहाबाद आया। काम बहुत है। उतर जल्दी दूँगा। हरेन्द्र...को 10 तुम्हें 15 और गया (मोहनलाल जी को) 10 भेज रहा हूँ–पहल का नया अंक। अब तक का हिसाब तुम्हीं रखना।

तुम्हारा

ज्ञानरंजन

*

73. ज्ञानरंजन

763, अग्रवाल कॉलोनी, जबलपुर

04/12/89

प्रिय कर्मेन्दु,

साथ में कुमार विकल जी की कविता और ऊपर एक लेख भेज रहा हूँ। इसे हिन्दुस्तान दैनिक या नभाटा में छपवाना है। तुम देख लेना।

26 दिसम्बर शनिवार को कुमार विकल सम्मान है 4:30 पर। स्थान–रक्षा लेखा भवन, पश्चिमी यूनियन सेक्रेटेरियट के पास, सेक्टर 9 सी। रहने की जगह-पंचायत भवन, मध्यमार्ग, सेक्टर 18.

25 की रात को दिल्ली से (नई दिल्ली) चंडीगढ़ के लिए ट्रेन चलती है। 26 की सुबह पहुँचायेगी।

संतोख सिंह धिर (पंजाबी के वरिष्ठतम कथाकार) सम्मान देंगे। मैनेजर पांडे अध्यक्षता करेंगे। पहल का अंक जारी होगा।

साथ की सामग्री 27 दिसम्बर रविवार या 26 को शनिवार को ही छापी जा सकती है। मतवाला मंडल की प्रति इलाहाबाद मैं प्रेस में देकर आया था। बहरहाल, आज ही अशोक त्रिपाठी को लिखा है कि वे पाण्डुलिपि जबलपुर वापस भेज दें। मैं तुम्हें 3-4 जनवरी तक भेज दूँगा। उसमें तुम जोड़ लेना। अगर 16/12 के पत्र में भेजी गयी सूचना ही उसमें जोड़नी है–(तीन चार टुकड़े) जो तुमने भेजे हैं तो जबलपुर के पते पर तुरन्त कार्ड डालो ताकि केवल उसके लिए ही मैं पाण्डुलिपि न भेजूँ–उतना तो मैं स्वयं ठीक कर लूँगा।

शीला, उदिता, उमंग को हमारा स्नेह आशीष :

तुम्हारा
ज्ञानरंजन

*

74. ज्ञानरंजन

763, अग्रवाल कॉलोनी, जबलपुर
15/12/89

प्रिय कर्मेन्दु,

तुम्हारा पत्र मिला। पर मैं बीच में एक सप्ताह के लिए गहन जाँच पड़ताल के लिए इन्दौर के चोइथराम अस्पताल में था। उसके बाद दो दिन के लिए इलाहाबाद पहल का अंक देने भी गया। स्वास्थ्य सम्बन्धी दुश्चिन्ताओं के कारण बहुत अव्यवस्था हो गयी है। क्षमा करना। मैं अपनी ज़िम्मेदारियों को जानता हूँ और उनको पूरे उत्साह से करूँगा। मेरा स्वास्थ्य सध जाय बस। मेरी तरफ़ से प्रलेस में कुछ भी विवाद नहीं है। बस इतना है कि अनेक लोग परिवर्तन को स्वीकार नहीं कर पा रहे हैं और यह ग़लत है। मैं स्वस्थ होते ही इस दिशा में लग जाऊँगा।

पहल के इस अंक में तुम्हारा सांस्कृतिक परिदृश्य वाला लेख जा रहा है। जनवरी में अंक रिलीज हो जायेगा। आर्थिक संकट के कारण लेख पुस्तिका के रूप में नहीं जायेगा। मेरी बीमारी और परीक्षण में बहुत पैसा लग रहा है और अर्थ व्यवस्था जर्जर न हो जाय यह मैं प्रयास कर रहा हूँ। अभी इन्दौर में ही 2000 लग गये। प्रभु जोशी ने बड़ी मदद की। अस्पताल के व्यय कुछ कम करा दिये। जो दवा डाक्टर ने बताई है वह भारत में नहीं मिलती। उसे मंगाना पड़ा 800/- में आयातित हुई। उससे फायदा काफ़ी है। अभी 20 दिन की दवा और है। फिर जाना होगा इन्दौर।

मैं किसी तरह सन्तुलन बनाए हुए हूँ और उम्मीद करता हूँ कि बुरे दिन जल्दी चले जायेंगे। तुम धीरज रखना।

तुम्हारे पत्र में बहुत ही अच्छी ख़बरें हैं। बधाई। विजयकान्त पर भी काम करना है। मैं दिल्ली जाऊँगा तो मैनेजर जी से बात करूँगा। शायद जाना पड़े। कृपया भृगुनन्दन जी को बता देना कि मैं उन्हें पत्र नहीं लिख पा रहा हूँ। जैसे ही कुछ उत्साह बनेगा उन्हें विस्तार से लिखूँगा। तुम लोगों के स्नेह का बड़ा सहारा है।

राजकमल ने पैसे नहीं भिजवाये। बच्चों को प्यार। शीला को आशीर्वाद।

तुम्हारा
ज्ञानरंजन

*

कर्मेन्दु शिशिर

हनुमान नगर, शास्त्री नगर, पटना
02/01/1990

आदरणीय भईया,
नये वर्ष की मंगल कामनाएँ!
सादर प्रणाम!!

फ़ोन पर आपको प्रणाम भेज बड़ी प्रसन्नता हुई। इस वर्ष से ख़ुद को संयत और व्यवस्थित रूप में सक्रिय रखना चाहता हूँ। कठिन निर्णयों पर एकाग्र

टिकने का यही वक़्त है। अपने मूल कथा लेखन में वापस नहीं हुआ तो हमेशा के लिए भटक जाऊँगा। निःसन्देह दूसरी सक्रियताओं और दायित्वों का भी एक निश्चित भार वहन करता रहूँगा। आप 'पहल' के द्वारा सामूहिक सोच, सक्रियता को सुचिन्तित और व्यवस्थित कीजिए, संगठित करके ठोस रूप से हस्तक्षेप कीजिए। यह बात मैं दूसरी सक्रियताओं का ध्यान रखते हुए गम्भीरता से करने की विनम्र सलाह देता हूँ। विस्तार से बातचीत तभी सम्भव है, जब हम लोग मिलकर बात करें।

• आज आपका एक कार्ड मिला। उसमें 500 प्रतियों के जल्द आने की चर्चा है। आपने दो माह का समय दिया है। मैं ईमानदार कोशिश करूँगा। पूरे 2500/- उनकी बिक्री से वापस नहीं आयेंगे। 25 प्रतिशत कमीशन वे केन्द्र लेंगे–जहाँ सत्येन्द्र जी अपने प्रयत्नों से भेजेंगे। डाक ख़र्च और मुद्रा ख़र्च तो मैं वहन कर लूँगा, लेकिन 25 प्रतिशत कमीशन को 'पहल' ही वहन करे तो सुविधा होगी। ग़ालिब की फ़ारसी ग़ज़लों की 50 प्रतियाँ तत्काल भेज दें। शेष आगे माँग लूँगा। 'पहल' के रिक्त कोश की बात का सहज अनुमान है। अगर आप 'पहल' के दायित्व को संगठित विस्तार दें तो हम लोग सोचकर मज़बूत आर्थिक आधार क़ायम करने में अवश्य सफ़ल होंगे। मैं अपने स्रोतों और सम्बन्धों को पूरी ईमानदारी से जोड़ूँगा। मेरी कोई निजी महत्त्वाकांक्षाएँ लोभ या स्वार्थ नहीं है। मैं 'पहल' और आपके नेतृत्व से, सम्भावित सक्रियता की ज़रूरत को समझते हुए लिख रहा हूँ। अर्थए कार्य-भार और आपसी विश्वास, ये संकट नहीं होंगे। आप बाग़डोर सम्भाल कर अनावश्यक और अर्थहीन बोझ से भी मुक्त रहेंगे।

• पिछले दिनों पुन्नी जी आये थे। अन्य कई लोगों से पत्राचार और ख़ुद के अनुमान से भी मुझे प्रलेस का अंदाज़ लग गया है। उसमें आमूल-चूल परिवर्तन घनघोर विवादों का जख़ीरा खड़ा करेगा। और यह सम्भव नहीं। आप उसमें उम्मीद से नहीं औपचारिकता से रह सकेंगे। 'पहल' को आगे आकर नये धुव्रीकरण की दिशा में अविलम्ब बढ़ना चाहिए। अगर ऐसा नहीं, तो हमें अपनी नितान्त निजी राहों पर ही चलना होगा। एकता को समय के प्रति ज़िम्मेदार और प्रतिबद्ध बनाने के लिए जो ज़रूरी सम्भव कोशिश हो–वह होनी ही चाहिए।

• 20-25 पुस्किाएँ आप मेरे लिए अलग से या उसी में रखने की अनुमति भी दें। मैं यह भी कोशिश करूँगा कि उसकी ख़रीद राजभाषा से हो। इसके लिए कुछ प्रतियाँ बिना मूल्य देनी होंगी। भाषा विषयक पुस्तिकाओं के नियमित ख़रीद की बात होने वाली है। अगर ऐसा हुआ तो इस विषय पर हम काफ़ी पुस्तिकाएँ निकाल सकते हैं। एक सहायती के सौजन्य से छप रही है।

पुस्तिका समीक्षार्थ पत्र-पत्रिकाओं को अवश्य भेजेंगे।

• दानी जी को पत्र देंगे। उपाध्याय जी और कुन्दन जी सादर प्रणाम, भाभी को चरण स्पर्श। पाशा, वत्सला को स्नेह। ग़लती क्षमा।

आपका

कर्मेन्दु शिशिर

*

75. ज्ञानरंजन

763, अग्रवाल कॉलोनी, जबलपुर

14/01/90

प्रिय कर्मेन्दु,

तुम्हारा पत्र और मसौदा मिला था। इस बीच एक बार मुझे हक्सर कमीशन के निमंत्रण पर जाना पड़ा जो चारों राष्ट्रीय अकादमियों की समीक्षा करने के लिए गठित किया गया। वहाँ मैंने भारतीय भाषाओं में कामकाज के मुद्दे को दर्ज कर दिया है अपनी आपत्ति के साथ अन्य बातों के अलावा।

तुमको पूरी तत्परता के साथ न लिख पाने का कारण यही है कि इस बीच दो यात्राएँ मजबूरन कीं और सेहत के साथ सहअस्तित्व के सिद्धान्त के आदेश के कारण काम कम और धीमा भी हो गया है। शरीर जब तक नीरोग नहीं होगा यह थकान मन पर चढ़ी रहेगी। भीष्म जी के सहयोग से सुबह की प्रति जो पहले ने छापी है उसका वितरण भी देश भर में चुनी जगह पर होना था सो यह काम भी पूरा किया। तुमको प्रति मिली होगी।

इसकी 5 प्रति राजकमल को भेज रहे हैं बिक्री के लिए। दाम हमने काफ़ी कम 25.00 रखा है। और फिर 20 प्रतिशत कमीशन भी उन्हें देंगे, रजि० डाक का व्यय अलग। तुम उन्हें कह देना।

19 तारीख को म.प्र. प्रगतिशील लेखक संघ के कार्यकारी दल की बैठक परसाई जी के यहाँ है। हम उसमें कामकाज के बारे में निर्णय लेंगे।

तुमने जो ड्राफ्ट भेजा है उसका प्रसार करना है। पर एक सूची हम बना लें जिसमें हस्ताक्षर कराने की व्यवस्था आसान हो जाय। इस समय सम्भवत: हाल ही में दिनमान टाइम्स ने भाषा के सवाल पर एक अच्छी टिप्पणी छापी है।

इलाहाबाद में हमरी बैठकी खगेन्द्र जी से पूछ कर तय कर लो। मेरा राजेश्वर जी और कमला जी का जिम्मा मेरे पास है। फरवरी में उत्तरार्ध में कर लो। हम इस मसौदे को देश भर के अख़बारों में जारी कर देंगे। उस पर काम भी करेंगे, देशभर के संगठनों संस्थाओं को इनवाल्व करेंगे। तुम बैठक तय कर लो।

बिहार में जो कर लिया है वह बहुत बड़ी बात है। पर अब खगेन्द्र जी के साथ बैठ कर उसे ठोस रूप देना है। मैं जब कहो पटना भी आ सकता हूँ। रंजीत वर्मा की ओर कविताएँ भिजवाओ।

शीला की तबियत के बारे में जान कर चिन्ता हुई। मुझे पता लगा है कि तुम उसके स्वास्थ्य के प्रति लापरवाही कर रहे हो। यह ठीक नहीं।

अभी इतना ही।

तुम्हारा
ज्ञानरंजन

*

कर्मेन्दु शिशिर

हनुमान नगर, शास्त्री नगर, पटना-23
22/01/1990

आदरणीय भैया,

सादर प्रणाम!

आपका अत्यन्त आत्मीयता भरा पत्र। स्वास्थ्य को लेकर मन बेहद उदास हुआ। समझ में नहीं आता स्वास्थ्य को लेकर मैं किस तरह आपके काम आऊँ। मन भावुकता से बार-बार गीला हो उठता है।

• 'सुबह' के लिए राजकमल कह दिया है। पैसा यथा शीघ्र मिल जायेगा। भाषा सम्बन्धी अपील पर आपने अत्यन्त सार्थक पहल किया। सरकार और पूँजीवादी संस्थानों ने हिन्दी और भारतीय भाषाओं को अनुवाद बना डाला है। भाजपा भाषा का पाखण्ड रच कर वोट की राजनीति कर रही। भाकपा और माकपा इसे समस्या नहीं मानतीं। ऐसे में हमें भाषा के द्वारा सांस्कृतिक साम्राज्यवाद के विरुद्ध एक सशक्त आन्दोलन संगठित करना ही होगा। मैंने विपुल सामग्री जमा कर रखी है। यह हमारे आन्दोलन को व्यापक जनसमर्थन दिलायेगी। हमें हिन्दी का नहीं, भारतीय भाषाओं का सवाल उठाना होगा। यूरोप और रूस में जो हो रहा है–उसे लेकर अंग्रजी-भाषा-मीडिया का रुख ही सार्वजनीन होता जा रहा। अभी ख़बर आयी कि भारत में 40 करोड़ निरक्षर लोग हैं–जो पूरी दुनिया के निरक्षरों की आधी आबादी है। निरक्षरता के विरुद्ध सम्मेलन का उद्घाटन वी. पी. सिंह ने अंग्रेज़ी में किया। साम्यवादी शासन में भागीदारी लेकर मौनव्रती हो गये हैं–इससे उनको भारी नुकसान हो रहा है। हमें सांस्कृतिक स्तर पर ज़ोरदार क़दम उठाने होंगे।

• मैंने कार्ड में आदरणीय भाई कमलाजी के बारे में जानबूझ कर लिखा था। तब मैं इतना दुखी था कि डर लगा कहीं ज़्यादा न लिखा जाय। उन्होंने कवि विजेन्द्र से कहा है कि त्रिपाठी और शिशिर शराब पीकर गुना में अरुण कमल को गरिया रहे थे। उन्होंने पत्राचार बन्द कर लिया। कमला जी को यह बात या डाँट मुझे देनी चाहिए थी। इस तरह चरित्र हत्या से उन्होंने कौन-सा स्वार्थ सिद्ध किया। स्वयं अरुण कमल ने कहा कि राजेन्द्र शर्मा और रमाकान्त श्रीवास्तव ने भोपाल भारत-भवन में जाकर यह पुनीत कार्य किया। अरुण कमल को मैंने कहा कि मैंने यह-यह कहा और जो नहीं कहा वह भी सुन लो। मुझे ख़ुद तो अपराध भाव से ग़लती स्वीकार ही किया, यह भी कहा कि तुम्हारा विरोध वाजिब ही नहीं–सम्मान योग्य भी है। यह उचित और क़द्र करने योग्य है। वह सब कुछ किया जो ऐसे अवसरों पर निष्णात नाटकीयता की जा सकती है। मैंने भी बात को तूल न दिया। वह 1972 से मेरा दोस्त है, पारिवारिक रिश्ता है और हम एक-दूसरे को प्यार भी करते हैं। मगर म. प्र. के उसके अन्ध शुभेच्छुओं को यह बात क्यों नहीं समझ में आयी कि अरुण कमल के सम्मान और हित की रक्षा ग़लती के विरोध में ही है। ग़लती को सहलाकर नहीं। उससे न तो अरुण कमल का हित होगा, न संगठन का। रही

बात शराब की–तो इसका विरोध अवश्य होना चाहिए। श्री शिवकुमार सहाय, डॉ. नामवरसिंह, डॉ. केदारनाथ सिंह, डॉ. विश्वनाथ त्रिपाठी, श्री भगवत रावत, श्री महेश कटारे, श्री प्रकाश दीक्षित, श्री अब्दुल बिस्मिल्लाह–इन सबके बारे में आदरणीय भाई कमला जी को विरोध करना होगा। मैं प्रलेस का सदस्य हूँ। मेरी ग़लती मुझसे कही जाय, डाँट पिलायी जाय, चपत भी लगायी जा सकती है–मगर पूरे भारतवर्ष मेरी चरित्र हत्या ग़लत और गन्दी बात है। अब है–आपके द्वारा उछाले जाने की। भैया! मैंने कब आपसे अपने को प्रोजक्ट करने को कहा? कब मैंने आपको कहा कि मुझसे लेख पढ़वायें। मैं तो स्वयं इससे कतराता हूँ। विरोध का दूसरा सलीका यह कि भाई प्रमोद जी की मृत्यु पर दो-दो पत्र दिया–एक का भी उत्तर नहीं। मेरे लिए प्रलेस की सदस्यता यश, सम्मान, पुरस्कार, यात्रा का माध्यम नहीं। साहित्य और संस्कृति कर्म मेरी साँस की अनिवार्यता है। मैं साहित्य घटिया और स्तरहीन लिखता हूँ–मगर जीता हूँ और रहता हूँ; ऊँची नैतिकता, ऊँचे लोक का। मैं एकबारगी लिखना छोड़ सकता हूँ;–मगर मेरी विकलता में भाषा, साहित्य, जीवन, समाज और देश से इतर कुछ नहीं। सब कुछ होम कर आया हूँ; कुछ लूटने या पाने नहीं। मैं विचलित तो नहीं मगर गम्भीर ज़्यादा हूँ। मेरे भीतर कमला जी, रमाकान्त या राजेन्द्र जी को लेकर तनिक असम्मान नहीं। न ही उत्तेजना है। 'तुलसी इस संसार में भाँति-भाँति के लोग।' आपको ग़लत सही निष्पाप मन से ही सब कहता-सुनता हूँ।

• अरुण कमल ने बताया कि रंजीत वर्मा की प्रलेस में सदस्यता रोक दी गयी है। वह स्वयं प्रेरित होकर नहीं आया है–आलोक धन्वा ने प्लांट किया है। उसने प्रलेस और भाकपा, खगेन्द्र जी तथा औरों के बारे में अंट-संट बका। उसकी अगम्भीरता से त्रिपाठी जी ने बहिष्कार सा कर दिया है। उन्हीं के प्रयत्न से आया था। उन्हीं के प्रयत्न से इस गति को प्राप्त किया। उनका प्रयत्न या स्वयं की आदत से। जसम के कई लोगों को प्रलेस में नहीं लेना है। वे यहाँ भी उपद्रव करेंगे। मदन और गोपेश ठीक हैं–वे सदस्य बन ही गये। औपचारिकता पूरी हो जाती मगर खगेन्द्र जी बाहर हैं। इसी सप्ताह पूरी होगी। आप चिन्ता न करें। बिहार प्रलेस अपने भव्य और गरिमामय व्यक्तित्व को इस वर्ष निश्चित खड़ा कर लेगा। विजयकान्त के आसंग में आप निश्चिन्त रहें। इस महीने या फ़रवरी तक वे प्रलेस के सदस्य बन रहे हैं। चन्दन एक नया कवि है। इसकी

कविता त्रिपाठी जी भेजेंगे। त्रिपाठी जी का योगदान ही केन्द्रीय है–मेरा कम। आप त्रिपाठी जी, मदन जी और अरुण कमल को लगातार प्रेरित करते रहें। श्रेय त्रिपाठी जी को मिलना चाहिए।

• खगेन्द्र जी के यहाँ तीन-चार बार गया। वे मिले नहीं। इस सप्ताह उनसे भेंट होगी। फ़रवरी अन्त में इलाहाबाद में मिलना शत-प्रतिशत तय मानें। मैं खगेन्द्र जी से बता कर तिथि भेजूँगा। आप डॉ. राजेश्वर सक्सेना और भाई कमला जी, खगेन्द्र जी, त्रिपाठी जी और मैं, शिवकुमार जी रहेंगे ही। डॉ. मैनेजर पांडेय को आप बुला लेंगे। उनका पत्र आया है। उनका पत्र आपको भी मिला होगा। उन्हें हर हालत में जोड़ लेना है। हम सभी बैठ कर इलाहाबाद में रणनीति, कार्यनीति योजना तय करेंगे और जुट जायेंगे। 1090 से 2000 तक राष्ट्रीय स्तर पर प्रलेस को सांस्कृतिक नेतृत्व खड़ा कर लेना है। अनिल को इलाहाबाद से जोड़ना है। यह काम मैं कर दूँगा–आपको अन्त में बस कान फूँक देना है।

• शीलाजी का अब मैं क्या ध्यान रखूँगा। नौकरी पाने की एक सूत्री पीड़ा पालती है–वह मेरे वश का नहीं। वे ही मेरा ध्यान रखें। उनका पक्ष पत्र में लेकर मेरा संकट न बढ़ायें। उनका अब दुगने आदर सहित प्रणाम लें। उदिता और उमंग का चरण स्पर्श। भाभी को चरण स्पर्श। वत्सला और पाशा को नेह! ग़लती क्षमा। 'पहल' कब तक? गुना वाली तस्वीर नहीं मिली–छोड़ दीजिए–आपको ज़्यादा तंग करना ग़लत है। इन्द्रमणि जी को सादर प्रणाम।

आपका स्नेहाकांक्षी

कर्मेन्दु शिशिर

*

कर्मेन्दु शिशिर

हनुमानगर, शास्त्रीनगर, पटना-23

06/02/1990

आदरणीय भैया,

सादर प्रणाम!

सिर्फ़ प्रसारित पत्र के आसंग में

जिस कार्रवाई की चर्चा के साथ पत्र शुरू हुआ है उस पर मैंने एक

व्यंग्यात्मक टिप्पणी भी लिखी है। उसे इब्बार रब्बी जी को दिया। वे शायद दिल्ली के किसी पत्र में दें। वह नहीं छपा तो प्रति आपको भेजूँगा। उसमें मैंने करुणानिधि पर व्यंग्य तो किया है, लेकिन इसको उनके पक्ष में लिखते हुए सरकारी नीतियों के भयानक परिणामों का संकेत भी किया है। भाषाओं की जातीयता का विकास अंग्रेज़ी ने रोक रखा है। वह जिस वर्ग के वर्चस्व को क़ायम रख रही है–उसका यही उद्देश्य है। लोगों को अपनी ज़मीन, भाषा, सोच, संस्कार और परम्परा से काटने की। अगर हिन्दी से न जोड़ा गया तो तमाम भाषाओं के स्वतन्त्र द्वीप अगले दशकों में भीषण भाषाई/क्षेत्रीय साम्प्रदायिकता पैदा करेंगे। जो शिक्षा आज है इससे निकले नौकरशाह जब देश सँभालेंगे यानी हमारे जीवन के आख़िरी काल में तो–वे पूर्ण संवेदनहीन, कल्पना शून्य, अनुदित विचारों की प्रबन्धकीय तेज़ी और चतुराई लिए होंगे। उसके किये देशभक्ति एकदम पिछड़ी और भदेस बात लगेगी। आज वह कम से कम फैशन में शामिल तो है।

• मैं पर्चे के लेखक के जुड़ाव को नहीं जानता। इनके पर्चे में जो है, उसका समर्थन तो किया जा सकता है, लेकिन हम भाषा के सवाल को हिन्दी का सवाल नहीं बना सकते। हमें ज़्यादा पूर्णता में उठाना है। भारतीय भाषाओं के वर्चस्व का सवाल असाधारण महत्त्व का सवाल है। इसे टालना निःसन्देह आत्मघाती है। ऐसे अनेकों पर्चे निकल रहे हैं। भाजपा भी इसी स्तर पर सक्रिय होना चाहती है। उसके पहले अगर साम्यवादी नेतृत्व खड़ा नहीं किये तो आगे बड़ी मुश्किल होगी। भाषा का आन्दोलन तो कई स्तरों पर निरन्तर चल रहा है। सिर्फ़ नेतृत्व का अभाव है। अगर प्रलेस ने इस नेतृत्व को लेने का निर्णय किया तो निःसन्देह व्यापक जन-सम्मान और सहयोग प्राप्त करेगा। सारी भाषाएँ मिल कर अंग्रेज़ी को अपदस्थ करें–संवैधानिक माँग ही हो। इससे संगठन को नयी ताक़त मिलेगी। व्यापक जन–समर्थन का महत्त्व है। सांस्कृतिक नवजागरण खड़ा होगा। मगर इस तरह नहीं। इस पर्चे का इस तरह विकास हिन्दी साम्प्रदायिकता को जन्म देगा।

• अब जैसे-तैसे कुछ करने का या संगठन है तो कुछ करते रहना चाहिए कि यह किया, यह भी किया–व्यर्थ है। अब परिणाम पाने के उद्देश्य से करना होगा। यह काम म.प्र. में ही कई दृष्टियों से सम्भव लगता है। वही

केन्द्र बने। पहले एक सशक्त संचालन समिति गठित हो–डॉ. रामविलास शर्मा सलाह दें। लगातार विचार-विमर्श से निर्णय हो। प्रलेस के नेतृत्व में या जलेसं से भी मिलकर वह बने। उसका अन्य भाषाओं के लोगों से सम्पर्क/संवाद बने। अब तक हुए आन्दोलनों के स्वर को सम्पादित प्रकाशित किया जाय। तमाम भाषाओं में संवाद तो बने। हटने को तो हटेगी ही। भारत, अफ्रीका नहीं है कि ये कुत्ते भारत की भाषा नष्ट कर पायेंगे। लेकिन इनको निछुट्टा रौंदने देना–समय में हमारी उपस्थिति को ही व्यर्थ करेगी–अत: मेरी समझ में पहल होनी ही चाहिए। पत्र की प्रतीक्षा में। ग़लती क्षमा।

शिशिर

*

कर्मेन्दु शिशिर

हनुमान नगर, शास्त्री नगर, पटना
26/02/1990

आदरणीय भैया,

सादर प्रणाम!

आपको जानकर प्रसन्नता और सन्तोष होगा कि मैं शीला जी और बच्चों को साथ लेकर दिल्ली जा रहा हूँ। 8 को जायेंगे, 17 (मार्च) को वापसी। पहले से कार्यक्रम नहीं बना सका वरना इस होली को आपके साथ रहने की तबियत थी। फिर कभी। दरअसल घर/गाँव से सम्बन्ध विच्छेदता के कारण ऐसे अवसर पूरे घर को संवेदित कर देते हैं। मेरा तो कुछ नहीं लेकिन शीला और बच्चों की उलझन बढ़ जाती है। वे ज़्यादा प्रसन्न महसूस करेंगे।

• एक संगठन सम्बन्धी बात लिख रहा हूँ जिसे निष्पाप मन की राय के रूप में ही लेंगे। त्रिपाठी जी ने बताया कि उनके पास आपने लिखा है कि संगठन की रचनात्मकता और सांस्कृतिक सक्रियता के व्यापक हित में किसी प्रिय को निकालना पड़ सकता है। मैं नहीं जानता आपका किससे अभिप्राय है। लेकिन, अगर यह बात अरुण कमल की ओर संकेत करती है तो मैं आग्रह करूँगा कि यह कार्रवाई जहाँ तक है–वहीं रोक रखी जानी चाहिए। कम से कम

बिहार और मेरी समझ में हिन्दी जगत में अरुण कमल अत्यन्त ज़रूरी साथी हैं। मैंने इस प्रसंग में मदन कश्यप से बात की तो मुझे उनका मत उचित लगा। उनका प्रस्ताव यह था कि इस कार्रवाई को वैचारिक आधार देना चाहिए। सत्ता से सटकर जो संस्कृतिकर्मी जो लाभ लेता है, सत्ता की सांस्कृतिक गतिविधियों में शामिल होकर उसका हिस्सा बनता है। तो हमें संगठनात्मक स्तर पर इस आसंग में स्पष्ट ढंग, निर्णय तय करना होगा। सभी को बताना होगा–इसके बावजूद अतिक्रमण अपराध माना जाय। आपसी विरोध, तर्क-वितर्क और विवाद चलते रहने चाहिए, मगर मतैक्य और दोस्ताना के लिए ही। इसे निजता मानने की भूल हरगिज़ नहीं करनी है। निश्चय ही आप इसमें मुझसे ज़्यादा सन्तुलन रखते हैं। मेरे कहने का आशय स्पष्ट हो गया है। इसे कतई अन्यथा नहीं लेंगे। मेरा कोई व्यक्तिगत द्वेष नहीं।

- कवि केदारनाथसिंह को पता नहीं कैसे यह भ्रम हुआ है कि मेरे कारण विनोद दास ने लिखा और छपा। उन्हें मेरे लेख का कोई हिस्सा अत्यन्त गन्दा लगा। गुना में तो उन्होंने बधाई देते हुए तारीफ़ की मगर परमानन्द जी की बिटिया के विवाह में गये वीरेशचन्द के मुताबिक उन्हें वह लेख इतना ख़राब लगा कि 'पहल' में छपना–'पहल' की प्रतिष्ठा को धूमिल करने जैसा लगा। मैंने कोई टिप्पणी न की सिर्फ़ यह कहा कि उन्हें अपनी राय 'पहल' सम्पादक से करनी चाहिए। वह लेख विवावादास्पद (विनोददास) था और केदार जी को मैं अत्यन्त महत्त्वपूर्ण मानता हूँ–अब भी। दूसरी टिप्पणी काशीनाथ जी की थी। उनकी नाराज़गी कारण नामवर जी पर लिखा मेरा लेख है और उनके बनारस में कहने के बावजूद उन पर मेरा नहीं लिखना है। उनसे मेरा परिचय 1972 से रहा है मगर कभी अन्तरंगता विकसित करने की इच्छा या कोशिश मैंने न की। वे अच्छे कथाकार हैं–उल्लेखनीय है बावजूद मेरे कभी प्रिय नहीं रहे। इस कारण उनकी टिप्पणी सुनी और भूल गया। पिछले दिनों पटना बड़ा गर्म रहा। प्रलेस से लोगों का जुड़ना, आपके साथ सक्रियता, मेरे कहानी संकलन का छपना, उस पर एक दो समीक्षाओं का भी आना–बड़ा नागवार गुज़रा। लोगों की तीखी भड़ास, चुप्पी और बौद्धिकाना रुख का बड़ा शोर रहा। सारा दोष 'बिहारी स्टाइल' में ही था। मैं बिना तनिक विचलन के मूक भरपूर आनन्द लिया। ऐसे ग़ैर रचनात्मक समय का अनिवार्य हिस्सा है तो रहेगा ही। ज़रूरी है अपना रुख। मैं तनिक सजगता, आत्मविश्लेषण और सन्तुलन से काम लिया।

सब कुछ में अपने व्यक्तित्व का विकास और निखार ही पाया। यह नियन्त्रण आपसे ही सीखा है।

• आपको जानकर गहरी और सच्ची प्रसन्नता होगी कि मैं लिखने के स्तर पर सक्रिय हो गया हूँ। लिखने, पढ़ने और अपने को समेटने में जो सफ़लता पायी है उससे बड़ा सुकून आया है। समय काफ़ी अच्छा कट रहा है।

ग़लती क्षमा। भाभी के पाँवों पर और आपके भी–अबीर। पाशा और वत्सला को नेह। उदिता और उमंग की प्रसन्नता और उनका सादर प्रणाम। 17 मार्च को आ जाऊँगा। 8 मार्च को जाऊँगा। पत्र और 'पहल' प्रकाशित हो तो भेजने में आपको इन तिथियों से सहूलियत होगी। दिल्ली में पांडेय जी से उक्त आसंग में चर्चा करूँगा।

क्षमा सहित।

आपका
कर्मेन्दु शिशिर

*

76. ज्ञानरंजन

763, अग्रवाल कॉलोनी, जबलपुर
14/05/90

प्रिय कर्मेन्दु,

तुम्हारा 1.5 का पत्र 12.5 को मिला। अपनी दुर्बलता और बीमारियों के कारण इस लम्बे समय में तुमको पत्र नहीं लिख सका जबकि तुम सबका मुझे अब बहुत सहारा है। दिल्ली में इस बार मुझे बहुत निराशा हुई। पुराने मित्र भी झांकने नहीं आये। यह बहुत बुरा समय है। पर कुछ साथियों के बूते ही आगे बढ़ना होगा। पहल का काम मन्द है। पर तुम्हारा कहना ठीक है कि 100 अंक पूरे कर लिए जाय। इसी मार्ग पर चलेंगे।

स्वास्थ्य के बारे में अब चिन्ता जादा न करके आत्म बल बढ़ाना होगा क्योंकि बीमारी से ज़्यादा आजकल आधुनिक चिकित्सा की गुंडई और आतंक मार देता है। हमें धीरे-धीरे कुचक्र से निकलना होगा। पर मैं अपनी तबियत का ध्यान रख रहा हूँ। धीरे-धीरे एडजस्ट करना सीख रहा हूँ।

मैंने त्रिपाठी जी को भी लिखा है। कई महत्त्वपूर्ण युवा साथियों ने विजेन्द्र का नाम पहल सम्मान के लिए सुझाया है। मैं कुछ औपचारिकताएँ पूरी नहीं कर सकता पर तुम्हें अपनी संस्तुति भेज देनी है। हम इलाहाबाद में सितम्बर में यह कार्यक्रम करेंगे सादे तरह से उस समय परिमल सम्मान भी होगा और पहल सम्मान भी। सम्मिलित। सहाय जी संभाल लेंगे। तुम सब आ ही जाओगे। तुम्हारी और विजेन्द्र की किताबें भी उसी कार्यक्रम में रिलीज होंगी। कृपया त्रिपाठी जी से मशविरा करके अपनी संस्तुति तत्काल भेज दो।

पता चला कि दिल्ली यात्रा तकलीफ़देह रही। दोनों बच्चों को चेचेक का प्रकोप था। विश्वास है अब सब ठीक रहेगा। दिल्ली में विनोद जी बहुत ही मूल्यवान व्यक्ति हैं।

पाशा की पोस्टिंग अभी नहीं आयी है। दो महीने लग जायेंगे अभी। पर लगभग आश्वस्ति हो गयी।

बाक़ी सब ठीक है। सस्नेह।

तुम्हारा
ज्ञानरंजन

*

77. ज्ञानरंजन

763, अग्रवाल कॉलोनी, जबलपुर
05/06/90

प्रिय कर्मेन्दु,

तुम्हारा पत्र और विजेन्द्र की संस्तुति मिली। तुमने बहुत अच्छा लिखा है। हां, योग्यता की बात तुम्हारी ग़लत है। तुम मेरे अभिन्न मित्र हो, सकारात्मक कार्यों के साथी हो और सघन लेखकीय प्रतिभा के धनी हो। क्या इतना प्रयाप्त नहीं है तुम्हें निर्णायक बनने के लिए। फिर हम निर्णय मित्र समूह में करते हैं ताकि परस्पर ग़लती के ऊपर सेंसर का भी काम करते रहें।

चिन्ता यह है कि त्रिपाठी जी ने अब तक नहीं भेजा और न उन्होंने वह टिप्पणी जिसके आधार पर प्रशस्ति पत्र बनेगा। तुम उन्हें प्रेरित करो।

एक प्रेस विज्ञप्ति मिली होगी जो पटना के समाचार पत्रों के लिए है।

अपनी तबियत के लिए सतर्क हूँ। बहुत ध्यान देता हूँ। जल्दी ही कुछ काम का विभाजन करेंगे और इलाहाबाद में उसे बांट देंगे।

हमलोग ठीक हैं। शीला, उदिता और उमंग इस समय गर्मियां बिता रहे होंगे।

तुम्हारा
ज्ञानरंजन

*

78. ज्ञानरंजन

763, अग्रवाल कॉलोनी, जबलपुर
15/06/90

प्रिय कर्मेन्दु,

विजेन्द्र वाले समाचार की प्रकाशित कटिंग भिजवा दो जल्दी।

तुम्हारा
ज्ञानरंजन

*

79.

763, अग्रवाल कॉलोनी, जबलपुर
09/07/90

प्रिय भाई,

7 सितम्बर को इलाहाबाद में हिन्दुस्तानी अकादमी परिसर में परिमल और विजेन्द्र सम्मान होगा। आप नोट कर लें आना है।

तुम्हारा
ज्ञानरंजन

*

80. ज्ञानरंजन

763, अग्रवाल कॉलोनी, जबलपुर
22/08/90

प्रिय कर्मेन्दु,

तुम्हारा पत्र मिला। मैं तुम्हारी परेशानियों समझ रहा हूँ। इस बार तो निश्चय ही तुम्हें लम्बी कठिनाइ का सामना करना पड़ेगा। ज़मीन जायदाद का काम हमलोगों के लिए जानलेवा है। मैं खुद ही मकान के चक्कर में आधा शरीर हो गया हूँ। कर्ज़ के कारण रात की नींद समाप्त हो गयी है। पर अब इस जंजाल के अलावा और चारा भी क्या है हमारे लिए। हिम्मत से काम लो। कर्ज़ धीरे-धीरे उतर जायेगा।

इलाहाबाद तुम्हें और भृगुनन्दन को आना ही है। तुम लोगों का पहल के किसी कार्यक्रम में न होना मैं सोच भी नहीं सकता। 7 की दोपहर तक पहुँच जाना। 7 की शाम 5 बजे हिन्दुस्तानी अकादमी में कार्यक्रम है। त्रिपाठी जी को भी आना है। मदन कश्यप को पत्र लिखा है।

प्रलेस की हालत अब तुमसे क्या कहूँ। मैं दुख में पड़ा हूँ। राजेश का एक पत्र तुम्हें भेज रहा हूँ जिसे वापस कर देना पढ़ कर। इस पर विचार करना। हमारी ज़िम्मेदारी बहुत बढ़ रही है। संगठन मौन है। रास्ता नया ग्रुप बनाना होगा। हमारे यहाँ लोग बुझ गये हैं और ग़लत पंक्ति पकड़ रहे हैं। वसुधा और पहल के अंक इलाहाबाद में मिलेंगे तुमको।

शीला और बच्चों को यथायोग। पहल 38 इलाहाबाद में ही प्राप्त करेंगे किसी से।

तुम्हारा
ज्ञानरंजन

*

कर्मेन्दु शिशिर

हनुमान नगर, शास्त्री नगर, पटना
13/09/1990

आदरणीय भैया,

सादर प्रणाम!

इलाहाबाद की यात्रा के अनुभवों ने बहुत ही सम्पन्न किया। ऐसा सुखद और रचनात्मक अनुभव मुझे कभी नहीं हुआ था। सब कुछ यथावत अविस्मरणीय है।

• आपको निकट भविष्य में भाषा-सम्बन्धी पुस्तिका की सामग्री और उन लेखों को भेजूँगा–जिसे आप म.प्र. के समाचार पत्रों में प्रकाशित करा दें। मेरे निजी आर्थिक दबावों की चिन्ता न करें। बस, मैं यहाँ जो लिखकर देता हूँ उसे वहाँ कुछ पत्र छाप दें–उसके 100-50 मिल जायें। जो क़र्ज़ है उसे उतरने में समय नहीं लगेगा। जो क़र्ज़ वेतन पर है–उसे नहीं उतरना है। वह तो वेतन से कट कर वसूल हो ही रहा। असल चिन्ता ऊपर की रक़म का है। उसे लिख कर चुकाऊँगा और ऐसा करने पर पड़ गया हूँ। मेरी मदद यही चाहिए बस! मेरी निजी चिन्ता इससे ज़्यादा नहीं है। हमें काम में प्राणपण से लग जाना है।

• आप 'राधाचरण गोस्वामी की चुनी रचनाएँ' (125.00 प्रति) की सम्पूर्ण रॉयल्टी 'पहल-परिवार' के नाम स्वीकार कर लीजिए। इस आशय का पत्र श्री शिवकुमार जी को लिख रहा हूँ। यहाँ मैंने चर्चा भी कर दी है–अब आप मुझे बदनाम होने देना पसन्द तो नहीं ही करेंगे। आपके गुस्से से वरना मैं सारी सम्पादित पुस्तकों की रॉयल्टी लिख देता। आप मेरे जीवन का सबसे इच्छित कार्य 'पहल' द्वारा पूरा करने जा रहे हैं–इसके लिए मेरा सर्वस्व है। यह मेरी भावुकता नहीं है। यह तो छोटा-सा समर्पण है–जिसे आपसे ही सीखा। अब आप आदेश दायित्व दीजिए, बस! अगर इसके बावजूद आपने रॉयल्टी की रक़म स्वीकार नहीं की, बातचीत या बहस जारी किया तो मैं मानूँगा आप मेरी दयनीयता पर रहम कर रहे। ऐसा आप न कभी करेंगे न सोचेंगे। इस पर चर्चा ही समाप्त करें।

• आप इस रक़म को अपनी योजना में ही शुरू करें–वह जब मिले। अधिक से अधिक आप यह कर सकते हैं कि उक्त रक़म से छपने वाली

पुस्तिकाओं को 'मुंशी नवजादिक लाल स्मृतिमाला' कर सकते हैं अथवा उसे फिक्स कर उसके सूद से पत्रकारिता का कोई पुरस्कार दे सकते हैं। इसके लिए पैसे कम पड़ें तो मैं 'मतवाला की होली' का अधिकार भी देने को तैयार हूँ। वैसे यह कुछ भी न करके आप जो उचित समझें वही करें। यह आप पर निर्भर है।

• 'पहल' राजकमल को पहुँचा आया। मदन और रब्बी जी को (पुस्त कभी) 'पहल' दे दी। एक और 'सज्ज्न' को देनी थी, उसमें ख़ासी दिक़्क़त हुई, क्योंकि कोई माध्यम नहीं था। फिर भी आपके आदेश का पालन करते हुए एक विश्वासपात्र से भिजवा दिया।

• 'भारत में अंग्रेज़ी राज और मार्क्सवाद' लोक भारती से छपी है। लेखक–डॉ. रामविलास शर्मा। आपने कहा था–वह दो प्रतियाँ देंगे। कृपया उसकी एक प्रति मुझे भिजवा दें या भेज दें। मुझे उस पर लिखना है। ख़रीदना कठिन है–150/- दाम है। आपने कहा भी था।

• 'पहल' का यह अंक भी असाधारण है। अहसान हबीब तो अद्‌भुत ताक़तवर कवि हैं। कई कविताएँ मुझे बहुत गहरे प्रभावित कीं। मुग्ध हो गया।

• 'पहल' के विज्ञापन की व्यवस्था में नवम्बर से लगूँगा। मैं कोशिश में हूँ, कम से कम 5000/- का विज्ञापन आपको भेजूँ। जिनके मार्फ़त इसे होना है–वे अक्टूबर में एक सम्मेलन करने जा रहे हैं। इसी कारण इसमें देर होगी। मैं और मदन जी मिलकर ऐसा तन्त्र विकसित करना चाहते हैं कि तुरन्त 500 प्रतियाँ निकल जायें। आप योजना (पुस्तिका) का एक प्रारूप छपा कर भेजें। इससे स्थायी ग्राहकों का चयन आसान होगा। हर क्षेत्र में, हर विषय और विधा में पुस्तिका छपे। मदन जी या मणि जी किस पर लिखें, ये वे जानें। आप स्वयं लिखें। मैं अब किसी साहित्यकार की ओर से स्वयं कोई बात नहीं करूँगा–इससे मुझे परेशानी होती है। इन्द्रमणि जी, दानी जी को नमस्ते। भाभी जी को सादर।

आपका
शिशिर

*

81. ज्ञानरंजन

763, अग्रवाल कॉलोनी, जबलपुर
19/09/90

प्रिय कर्मेन्दु,

तुम्हारा पत्र मिला। मैं वापस आते ही पहल के वितरण के बचे काम में लग गया। अभी 3-4 दिन का काम बाक़ी है। यहाँ लगातार बहुत पानी गिर रहा है इसलिए काम बाधित है।

पहल के लिए तुमने जो समर्पण किया है उसका कोई जवाब देना मुमकिन नहीं है। पहल अब मात्र मेरी तो है नहीं वह तुम सबके निर्णय से संचालित होगी। कृपया मेरी हार्दिक कृतज्ञता स्वीकार करो।

भाषा सम्बन्धी पुस्तिका और अन्य सामग्री भेजना। पुस्तिका को फुटकर बेचने का अभियान ही हमें रखना चाहिए। उसमें स्थायी ग्राहक आदि से हमारा कार्यालय सम्बन्धी काम बढ़ेगा। फुटकर बेचने में सहूलियत भी होगी और उम्मीद है कि राशि भी ज़्यादा आ सकेगी।

अगर 500 की बिक्री की व्यवस्था तुम कर सकोगे मदन जी के साथ मिलकर तो मैं हज़ार प्रतियों की व्यवस्था कर लूँगा। पहली पुस्तिका में दूसरी पुस्तिका का विवरण देंगे और दूसरी में तीसरी का इस तरह सिलसिला चलेगा। हमारे पास भाषा वाली तुम्हारी पुस्तिका और विज्ञान पर एक पुस्तिका की सामग्री है। दो और लगेंगी तब काम प्रारम्भ किया जा सकेगा। अभी नया पुरस्कार प्रारम्भ करने की तत्काल कोई ज़रूरत नहीं है। इसे अगले सालों में आर्थिक दशा के आकलन के बाद ही किया जा सकता है।

अब अन्य पुस्तिकाएँ क्या होंगी बताओ। मैं किसी को भी लिखने को तैयार हूँ। क्या प्रेस्त्रोइका पर एक पुस्तिका हो सकती है। या फिर हम इसको अपने देश तक ही सीमित रखें। ये सभी विचार-विमर्श प्रसार के लिए होंगी। इसका एक संक्षिप्त विज्ञापन बना दो जो पहल के अगले अंक में चला जायगा। अभी फोल्डर छपाने की ज़रूरत नहीं है। हम इसे अपने तरीक़े से सारे देश में फैला देंगे।

नवम्बर अन्त तक भी विज्ञापन व्यवस्था हो जायगी तो हम उसे दिसम्बर अंक में डाल देंगे। मणि और मदन के लिए विषय मुझे लिखो।

शीला, उदिता, उमंग को हमारा अभिवादन।

तुम्हारा
ज्ञानरंजन

*

82. ज्ञानरंजन

763, अग्रवाल कॉलोनी, जबलपुर
07/10/90

प्रिय कर्मेन्दु,

तुम्हारा पत्र मिला आज ही किंचित देर से। मैं पुस्तिकाओं के सिलिसिले में लगातार सोच रहा हूँ और विषय तथा नाम पर गौर कर रहा हूँ। अपने पास साल भर का हिसाब बन रहा है। आगे मदन और मणि के लिए तुम विचार करो।

500 के लगभग पुस्तिकाएँ बिहार में बेचने की व्यवस्था तुम करो। बाक़ी मैं कर लूँगा। इस प्रकार लगभग 1500 की बिक्री की व्यवस्था हम आराम से कर लेंगे। इसे पहले 2000 फिर 2500 तक ले जाना है।

एक पुस्तिका का मूल्य 5.00 कम से कम रहेगा। भाषा वाली पुस्तिका की पाण्डुलिपि अगर हमें मिल जाय तो नवम्बर वाली बात सोंचे कि 14 नवम्बर तक भिजवाएँ छाप कर। इलाहाबाद में व्यवस्था करनी होती है इसलिए शतप्रतिशत कह नहीं सकते।

तुम जिस पुस्तिका की बात अतिरिक्त कर रहे हो उसे 1500 छापने में 2500/- तो निश्चित लगेंगे। पृष्ठ 40 के लगभग की हमने कल्पना की है।

जैसा भी हो तत्काल लिखो और सामग्री भेजो।

तुम्हारा
ज्ञानरंजन

*

83. ज्ञानरंजन

763, अग्रवाल कॉलोनी, जबलपुर
16/10/90

प्रिय कर्मेन्दु,

तुम्हारा 4.10 का कार्ड 13 को मिला। अभी तक पाण्डुलिपि नहीं मिली। मेरा एक पत्र मिला होगा। दूसरी पुस्तिका उपेन्द्र चौहान छापें यह अच्छी बात है। हमारे साथ यह दिक़्क़त है कि हमारी वित्तीय स्थिति चिन्ताजनक रहती है। जब तक कोई आधार न बन जाय। हम पहली पुस्तिका छापेंगे। जो भी विज्ञापन मिलें और विज्ञापन भी ऐसे कि जिनका भुगतान शतप्रतिशत हो जाय तथा 500 प्रतियों का तुम्हारे माध्यम से बिक्री। इसके बिना यह योजना सफल न होगी। डाक व्यय भयानक हो गया है।

14 नवम्बर से पहले छाप सकने का प्रयास करेंगे पर गारन्टी नहीं ली जा सकती क्योंकि प्रेस के बारे में क्या कहा जाय और जब कि अभी तक पाण्डुलिपि का पता नहीं। मेरा निवेदन है कि कभी भी इस तरह हड़बड़ी में और ज्वार में लम्बी योजना लागू नहीं करने चाहिए। विज्ञापन और पाण्डुलिपि की प्रतीक्षा। विज्ञापन कार्ड भेंजे हैं।

तुम्हारा
ज्ञानरंजन

*

84. ज्ञानरंजन

763, अग्रवाल कॉलोनी, जबलपुर
31/10/90

प्रिय कर्मेन्दु,

तुम्हारा पत्र और पाण्डुलिपि मिली। इस समय इलाहाबाद में तनाव है। मुसलमान प्रेस कर्मचारी नहीं आ रहे हैं। बड़ा ख़राब माहौल है।

मैं अभी कह नहीं सकता कि कितना वक़्त लग जायेगा। पर प्रयास पूरा होगा। अभी मैंने इलाहाबाद टेलीफ़ोन से सारी व्यवस्था की थी पर दो बार पाण्डुलिपि के लिए टेलीफ़ोन आ चुका है। यह विधिवत तरीक़ा नहीं है। बहरहाल, मैं एक और टैरिफ की चार प्रतियाँ भेज रहा हूँ। विज्ञापन का प्रबन्ध करना।

छपते ही 500 प्रति भिजवा दूँगा। अब मैं सोचता हूँ कि जब हमारी स्थिति होगी तभी हम पुस्तिका निकालेंगे। ज़्यादा भार लेना मेरे बस में नहीं है। मुझसे अब उतना नहीं होता। इस समय कमज़ोरी बहुत जादा है। बच्चों को स्नेह।

तुम्हारा
ज्ञानरंजन

*

कर्मेन्दु शिशिर

हनुमान नगर, शास्त्री नगर, पटना
25/11/1990

आदरणीय भैया,

आपको मेरा एक लम्बा पत्र मिला होगा। यह पत्र खगेन्द्र जी से मिलकर लिख रहा हूँ। उन्हें मैंने आपका पत्र दे दिया। वे आपको पत्र लिखेंगे। मैं इस आसंग में कुछ बातें निर्द्वन्द्व भाव से लिखता हूँ। इसे मेरी निष्पाप मंशा के रूप में ही लेंगे। इसके पूर्व आपको सूचित करूँ कि 26/1 यानी कल मदन कश्यप प्रलेस के सदस्य बन जायेंगे। परसों यानी 27/1 को खगेन्द्र जी विजयकान्त को सदस्य बनाने मुज़फ़्फ़रपुर जा रहे हैं। दुर्घटना से लम्बे समय तक खगेन्द्र जी को बिस्तर पर रहना पड़ा है। पटना में रहते हुए 300 कि.मी. दूर के कॉलेज में नौकरी के आने-जाने का और वेतन रुकने का तनाव स्थायी है। वे सी.पी. आई. के बिहार राज्य कमेटी में सदस्य हैं। उस पर चुनाव की सरगर्मी। टिकट बंटवारे से लेकर तमाम तरह की व्यस्तता। परिवार। अतिव्यस्त सामाजिक, सांस्कृतिक आयोजनों का विपुल आमंत्रण। सभी जगह जाने की दायित्वपूर्ण कोशिश। लेखन। संगठन। तमाम छोटी–बड़ी जगहों पर व्याख्यान। हर जगह

मुस्तैदी का स्वभाव। यह है खगेन्द्र जी की ज़िन्दगी। 30 को दिल्ली जा रहे। एक कॉलेज में साहित्यिक आयोजन है। साम्प्रदायिकता और ऐसे ही तमाम तरह के कार्यक्रमों की केन्द्रीयता। ऐसी स्थिति में ठोस योजना पर कैसे उन्हें केन्द्रित करूँ? उनकी सघन राजनीतिक व्यस्तता और सांस्कृतिक समारोहों की चिन्ताओं में एक और जोड़ने जैसी बात का मतलब वाकई ठीक नहीं होगा। इधर बड़े पैमाने पर लोग प्रलेस में आ रहे, तो ज़ाहिर है प्रलेस को घनघोर सक्रियता दिखानी होगी। सिवाय सदस्यता का कोई मतलब नहीं। जैसा, जिस रूप और गति में चल रहा–उसमें गुणात्मक बदलाव ज़रूरी। खुद मैं सक्रिय सांस्कृतिक पहल के उद्देश्य से ही आया हूँ। मैंने जिस किसी को जोड़ा है या जोड़ने में लगा हूँ–उसमें उसकी रचनात्मक क्षमता ही नहीं, उसकी गम्भीर विकलता का भी ध्यान रखता हूँ। मैं विश्वासपूर्वक नहीं कह सकता, सम्भव है कुछ आशंकाएँ भी हों, हिचक भी हो, मैं नहीं कह सकता।

मंशाएँ न मेरी छुपेंगी, न किसी और की। अगर सच्चे मन से सांस्कृतिक नवजागरण का अहसास न होगा तो बहाने तलाशने की गुंजाइश सबकी बनी रहेगी। समस्या सिद्धान्तों की एकता की नहीं–वह है, और असंदिग्ध है। मूल समस्या करने की उत्कटता और गम्भीरता की ही है। खगेन्द्र जी तपे और गम्भीर व्यक्ति हैं। आप जानते ही हैं उनकी प्रतिबद्धता सघन है। उनकी प्रतिबद्धता सम्मान की ही नहीं–प्रेरणा की भी बात है। उनकी एक राय यह भी है कि इसमें राजीव सक्सेना जी को भी आमन्त्रित किया जाय। मुझे बिहार और मध्यप्रदेश के बाहर निर्णायक, प्रभावशाली, सक्रिय और क्षमतावान सदस्यों की कोई जानकारी नहीं है। कौन आये, यह आप या आप जिसे चाहें वही तय करें। मैं अपने अलावे आपको, कमला जी, सक्सेना, खगेन्द्र जी और त्रिपाठी जी को चाहूँगा। किसी को भी बुलावें–अधिक से अधिक आवें–यह तो बेहतर बात होगी। उद्देश्य स्पष्ट है। प्रलेस की केन्द्रीयता में एक ऐसी टीम का गठन जो दस वर्षों की योजनाबद्ध कार्यनीति और कार्यक्रम तय करे और सांस्कृतिक नवजागरण की राष्ट्रव्यापी पहल शुरू करे। एक कोश बने जिसमें बड़ी रक़म जमा की जाय। मैं 'मतवाला' के चारों खण्डों तथा अन्य

सम्पादित पुस्तकों की रॉयल्टी सौंप दूँगा। चन्दा, अपील से और अन्य साधनों से एक लाख की फिक्स डिपॉज़िट हो–फिर कार्यक्रम तय करके कार्य हो। कार्य की सामान्य रूपरेखा आपको भेज ही चुका हूँ। मेरा पक्का यकीन है कि भारतीय भाषाओं के स्तर पर जब तक प्रलेस का एक देशव्यापी संवाद नहीं बनता–सारे कुछ का प्रभाव कमजोर रहेगा। संवाद का अर्थ भारतीय भाषाओं का वर्चस्व ही नहीं–उनमें भी अपनी धारा का प्रतिष्ठापन। बिना अंग्रेज़ी के भारतीय भाषाओं के बीच का संवाद। पूरे देश में तमाम भाषाओं, कलाओं और सांस्कृतिक स्तर पर जो नौकरशाही नियंत्रित संस्कृति है–उसे भारतीय भाषाओं के संस्कृतिकर्मियों को सौंपा जाय। सुझाव, आलोचना, समीक्षा यानी तमाम सरकारी संसाधनों का वह हिस्सा जो संस्कृति के नाम पर ख़र्च होता है, उसके ढंग, नीति, वास्तविकता और प्रभावों पर श्वेत-पत्र तैयार करना। संस्कृति और संस्कृति के सम्मान और हित की आवाज़ उठाने को तत्पर। दिल्ली में आज नहीं तो 1999-2000 में ही सम्पूर्ण भारतीय लेखकों की माँग यही हो। संचार माध्यमों पर यह बात आये तो? यह कार्य संकीर्णता से नहीं होगा और न ही उदारता से। यह जिस तरह होगा–यह हम सब मिलकर नहीं कर सकेंगे तो हमें इस दिन रास्ते की यात्रा बन्द कर देनी चाहिए। मेरा तो पक्का यक़ीन है कि हम सब साथ चले तो काफ़ी कुछ कर पायेंगे। जैसा है, वैसा चले, इस पर मुझे गहरा असन्तोष है। बस। क्षमा।

- शायद एम.एल.सी. बनें खगेन्द्र जी।
- इस पत्र का उत्तर अवश्य दीजियेगा।

क्षमा सहित।

शिशिर

*

85. ज्ञानरंजन

763, अग्रवाल कॉलोनी, जबलपुर
01/12/90

प्रियवर,

लौटती डाक से कृपया संक्षिप्त Biodata भेंजे। ज़रूरी है।

मतवाला मंडल पर कवर कैसा होना चाहिए? सुझाव

तुम्हारा
ज्ञानरंजन

*

86. ज्ञानरंजन

763, अग्रवाल कॉलोनी, जबलपुर
03/12/90

प्रिय कर्मेन्दु,

तुम्हारे पत्र मिले। इस बीच में एक सप्ताह से फिर अस्वस्थ हो गया हूँ। दो-तीन दिन और लगेंगे।

कल विज्ञापन मिला भारत वैगन का। अंक 40 छप रहा है। उसमें जायेगा। पुस्तिका भी छप रही है। 20-25 दिसम्बर तक प्रतियाँ राजकमल के पते पर भेज सकेंगे। विज्ञापन का और प्रयास करना। अब साधनों की कमी बहुत है। हम प्रयास कर रहे हैं कि 20-25 हज़ार का कम-से-कम एक फन्ड बन जाय। लेकिन यह कठिन काम है। फिर भी प्रयास करना होगा चारों तरफ़ से। शीला, उदिता, उमंग को हमारा अभिवादन।

सुभाष शर्मा से विज्ञापन के लिये कहो।

तुम्हारा
ज्ञानरंजन

*

कर्मेन्दु शिशिर

हनुमान नगर, शास्त्री नगर, पटना
12/12/1990

आदरणीय भैया,

स्वास्थ्य को लेकर सबसे अधिक सतर्क रहें। इस मामले में तनिक लापरवाही ठीक नहीं। काम होता रहेगा ही।

• विज्ञापन आप पत्रिका में ही देंगे। अन्यथा तकनीकी दिक़्क़त हो सकेगी। विज्ञापन के लिए जिस मित्र को कहा–वे आत्मीय हैं और राजनीति में हैं। साहित्य में उनकी गहरी रुचि है और सबसे बड़ी बात यह है कि सारे साहित्यकों का सम्मान करते हैं। आपके प्रति उनके भीतर गहरा सम्मान है। स्वयं भी लिखते हैं और 'भारतीय भाषा आन्दोलन' के संयोजक हैं। अभी वे राजनीतिक अस्थिरता के दौर में हैं। यह शीघ्र टलेगा फिर और विज्ञापन होगा। एक 'कथ्य रूप' को भी देना है। 'पहल' के लिए विशेष तौर पर मैंने उनसे कहा है। अगले वर्ष कुछ विज्ञापन और मिलने की पक्की उम्मीद है।

• आपने 20-25 हज़ार के फण्ड की चर्चा की है। यह कोई बड़ी बात नहीं है। इसके कई निर्दोष तरीक़े निकल आयेंगे। इतना लग जाने पर यह बिहार से ही सम्भव हो सकता है। कई तरीक़े हैं। मगर इससे पहले ज़्यादा अहम मसला यह है कि हम अपने कार्य और सोच को किन-किन स्तरों पर, किन-किन रूपों में अभिव्यक्त करें। सिर्फ़ पुस्तिकाओं से हम इतनी रक़म इकट्ठा कर सकते हैं। सरकारी ख़रीद से यह एकदम मुमकिन नहीं। चन्दा, अनुदान, विज्ञापन और ख़रीद से 20-25 हज़ार ज़्यादा मुश्किल नहीं। मैं अकेले भी कर सकता हूँ। मगर कुछ बातें सुनिश्चत होनी चाहिए। हम लोगों को यह तय करना होगा कि निजी व्यस्तता ओर रचनात्मक स्तर पर अपने दायित्व पूरे करने के बाद, जो समय-सामर्थ्य है, उसमें भाषा और संस्कृति के स्तर पर किन रणनीतियों और कार्यनीतियों से कारगर तथा प्रभावशाली हस्तक्षेप कर सकते हैं। इसकी एक योजना 'ब्लू प्रिंट' तैयार हो जाय तो संसाधन उतना कठिन नहीं है। ऐसा कहने के पीछे जो मेरे नये अनुभव हैं–उनके बारे में आपको लिखना चाहता हूँ।

• पिछले दिनों मैंने बिहार के निर्णायक बौद्धिकों की अन्दरूनी दुनिया के बारे में निकट से जानकारी प्राप्त की। बिहार में जो लोग, जिस तरीक़े से, जिस क्षमता और प्रतिभा से, जितने संसाधनों से जिन-जिन क्षेत्रों में दत्तचित्त काम कर रहे हैं, वह माथा चकरा देने वाला है। पूरे राज्य में पैसा इतनी मात्रा में लगा है और उनकी तैयारी जैसी है–अगर वे उठें तो तमाम पूर्व संगठन प्रभावहीन हो जायेंगे। प्रकाश झा तो एक आदमी है। जिन लोगों के साथ वे जुड़े हैं और जिस समझ और साधन से लगे हैं–वह मामूली नहीं है। उसके केन्द्रीय व्यक्ति को मैं जानता हूँ। पत्र में सारी बातें लिखी नहीं जा सकतीं। सीपीएम, आईपीए, तथा कुछ दूसरे ऐसे संगठन हैं–जिनके कार्यों को गम्भीरता से लेना ही होगा, क्योंकि उसका प्रभाव गम्भीर है। प्रलेस की जैसी स्थिति है, वैसी बने रहने की आगे भी सम्भावना है। उन लोगों से जैसे लोग जुड़े हैं और जुड़ रहे हैं–जिस पर उनका काम चल रहा है–उसके सामने आने का सिलसिला अगर सफ़ल हुआ तो प्रलेस जैसे संगठन काग़जी बनकर रह जायेंगे। प्रलेस एक तकनीकी संगठन भर शेष है। उन लोगों से मेरी लगातार बातचीत हो रही है, मगर मेरी दूरी इतनी संयमित है कि जमकर संवाद हो नहीं पा रहा। मगर निकट भविष्य में बातें होंगी। मैंने अभी तक उनके संसाधनों का तन्त्र नहीं समझा है और यह मूल है। यह कहना जल्दबाज़ी (और शायद बिना सबूत का ग़लत) होगी कि पूँजी विदेशी है। उनके लोगों में चयन विवेक को लेकर सवाल किये जा सकते हैं–मगर सभी पर एकदम शक करना ज़्यादती होगी। सीपीएम, आईपीएफ और जिससे प्रकाश झा सम्बद्ध हैं–ये तीनों प्रलेस की निष्क्रियता को लेकर लगातार मुझसे सवाल कर रहे हैं, क्योंकि सक्रियता वाकई इन्हीं के पास है। प्रलेस की सक्रियता असम्भव नहीं तो दुष्कर ज़रूर है। सिर्फ़ तकनीकीपन है। ऐसे में मेरे लिए गम्भीर समस्या है। अगर आप 'पहल' को केन्द्र में रखकर वाकई एक सुचिन्तित और कार्यबद्ध तरीक़े पर एकजुट करके निर्णय लें तो मुझे समर्पण के लिए बेदी नहीं ढूँढ़नी पड़ेगी। समाज में अन्दरूनी स्तर पर जो रचनात्मकता पनप रही है–उससे अलग तभी रहा जा सकता है जब हम भिन्न स्तर पर रचनात्मकता में काम कर रहे हों। सामूहिकता के बरक्स अकेले का विकल्प कभी उचित नहीं। मगर निष्क्रियता का अंजाम तो हर हालत में घातक ही होगा। हम लोग प्रलेस के नाम पर अपनी हैसियत चमका सकते

हैं। मगर काम तो 'पहल' के नाम पर ही सम्भव है। हमारी प्रतिबद्धता भाषा और संस्कृति की सामाजिकता के प्रति है। वैज्ञानिक सोच की है। आप इस मामले में स्वयं बागडोर लेकर हिन्दी क्षेत्रों, प्रदेशों, विधाओं और ग़ैर हिन्दी प्रदेशों से प्रखर, प्रतिभाशाली, ईमानदार और सक्रिय लोगों का चयन कीजिए। अगर आपका सांस्कृतिक रथ समय के सही रास्ते पर चला तो उसके प्रभाव को धूमिल करने अथवा उसके विकल्प में किसी दूसरे के जम जाने की कोई उम्मीद न होगी। जो बेहतर काम करने वाले संगठन है, उनसे समानधर्मा स्तर पर बातचीत करके संवाद–सम्बन्ध बनायेंगे! मैं प्रकाश झा के नेतृत्व में ख़ुद को विलीन नहीं कर पाऊँगा। अगर 'पहल' सामने आयेगा तो जो योग्य लोगों की उधर उमड़ती भीड़ है–उसे 'पहल' के रथ पर शामिल करने का विकल्प भी बनेगा। आप अपने प्रभाव और 'पहल' के महत्त्व को लोगों के सम्मान और अपेक्षा की निगाह से भी देखिए–सोचिए। इससे ज़्यादा मैं कुछ नहीं कहूँगा। मैं आप पर आख़िरी साँस तक विश्वास करूँगा, यह विवादमुक्त निर्णय है।

• विज्ञापन के लिए कुछ आग्रह पत्र बनाकर भेज दें या एक के साथ कुछ पैड भी। मैं सम्बन्धित संस्थाओं से प्रयत्न करूँगा। ग़लती क्षमा। पत्र पूरे प्रसंग पर विस्तार से दें। शीला, उदिता और उमंग का चरण स्पर्श। वत्सला और पाशा को नेह।

आपका
कर्मेन्दु शिशिर

*

87. ज्ञानरंजन

763, अग्रवाल कॉलोनी, जबलपुर
26/12/90

प्रिय कर्मेन्दु,

एक सप्ताह बाद भाषा वाली किताब की 500 प्रति राजकमल के पते पर पटना आयेगी। सूचनार्थ। 5.00 के हिसाब से 2500.00 की राशि हमें दो महीने में मिल सकेगी यह विश्वास है।

इसके अलावा ग़ालिब की फ़ारसी ग़ज़लें वाली पुस्तिका की कितनी प्रति भेजी जाय जो लगभग साथ-साथ छप रही है। इसका मूल्य भी 5.00 होगा।

पहल का अंक 40 भी छप कर आ रहा है जिसकी 15 प्रति हमेशा के अनुसार राजकमल को भेज रहे हैं। इस प्रकार हमने अपने सारे साधन पहल 40, और दो पुस्तिकाओं में झोंक दिये हैं। इसलिए पैसा जल्दी आये यह ज़रूरी है।

तुम्हारा
ज्ञानरंजन

*

88. ज्ञानरंजन

763, अग्रवाल कॉलोनी, जबलपुर
13/01/91

प्रिय कर्मेन्दु,

12.12.90 का पत्र मिला। विज्ञापन पत्रिका में ही दिया जा रहा है। अंक दो-तीन दिन में आ जायेगा। आते ही बिल और वाउचर प्रतियाँ हम संस्थान को भिजवा देंगे।

पुस्तिका का मूल्य लागत के लगभग रखा जाय और उसके ऊपर 25 प्रतिशत कमीशन और दस प्रतिशत ख़र्चे किये जायें। यह एक आत्मघाती व्यवसाय है। 'पहल' की व्यापकता और उसकी ज़िम्मेदारियों को देखते हुए यह मुमकिन नहीं है कि भाषा पर ही हम केन्द्रित करें। शक्ति और साधन हमारे पास इतने नहीं हैं और कठिनाइयाँ बढ़ती जा रही हैं। बहरहाल, वह प्रयास हम सघन तरीक़े से कर रहे हैं। प्रलेस का नेतृत्व किसी भी योजनाबद्ध और क्रान्तिकारी कार्यक्रम को चलाने में उत्सुक नहीं है। लोग गिरावट की तरफ़ हैं। इसलिए उधर से उम्मीद अन्धकार में बदलती जा रही है।

तुमने लिखा है कि पुस्तिकाओं से ही हम काफ़ी रक़म एकत्र कर सकते हैं। जबकि पहली ही पुस्तिका से कुछ हासिल नहीं होने वाला है। यह एक प्रकार का स्वप्नलोक है। आवेग से कुछ नहीं होता और मैं कतई नहीं मानता कि पुस्तिकाएँ छाप कर 20-25 हज़ार का फन्ड मिल सकता है। हम साल-

साल भर मित्रों की मदद से प्रयास करते हैं तब हज़ार रु. का विज्ञापन मिलता है। पहले के एक अंक को पोस्ट करने में कम से कम डेढ़ रु. का ख़र्च आता है। दो-तीन हज़ार केवल अंक की पोस्टिंग में लगते हैं। 'पहल' के संगठन में लगातार लोग जुड़ रहे हैं। विस्तार हो रहा है। अन्यथा अभी तक अन्य पत्रिकाओं की तरह 'पहल' भी बन्द हो जाती है। भार से मुक्ति फिर भी सम्भव नहीं है। लगातार काम करना पड़ता है।

अगर भाषा सम्बन्धी तुम्हारी पुस्तिका की ख़रीद हो सके तभी कुछ लाभ है अन्यथा नहीं।

पहल भाषा पुस्तिका हम एक सप्ताह बाद भिजवा रहे हैं। 500 प्रति उसके साथ 50 प्रति ग़ालिब पुस्तिका की और 20 लेखकीय प्रतियाँ। इतनी पर्याप्त होती हैं।

500/- भाषा पुस्तिका मूल्य 6.00 ------		3000.00
50/- ग़ालिब पुस्तिका मूल्य 6.00 ------		300.00
	--	3300.00
कमी. 25 प्रति	–	825.00
	Rs.	2475.00

पहल की यह चिन्ता जारी है कि कैसे वृहत एकता की दिशा में हमें काम करना है। हमारे लिए सीपीएम या आईपीएफ कभी त्याज नहीं रहे हैं। पहल पर इस तरह का आरोप भी नहीं है। लेकिन 'पहल' बिहार की राजनीति से संचालित नहीं होगी। तुमसे मेरा विनम्र आग्रह है कि केवल अपनी ही पुस्तिकाओं के छपाने के आग्रह से तुम अपनी कोई संगठित सार्थकता नहीं बना पाओगे। एक 'पहल' ने छाप दी एक 'कथ्य रूप' ने एक सहाय जी ने एक और किसी ने बस यह व्यक्तिवादी सन्तोष और प्रयास है। यह सब बिना आन्दोलन के बह जायेगा और मात्रा छप जाने, बिक जाने के अलावा कुछ न होगा। हमें मशविरे ओर आत्मलोचन दो धराओं पर सतत चलना होता है।

तुम्हारा
ज्ञानरंजन

*

89. ज्ञानरंजन

763, अग्रवाल कॉलोनी, जबलपुर
05/02/91

प्रिय कर्मेन्दु,

अलग डाक से विज्ञापन पत्रक, लिफाफा और टैरिफ भेज दिया है।

राजकमल को हमने 15 प्रति भेजी है। 15 और भेज रहे हैं। राधा रमण जी कल यानी 6.2.91 को पुस्तिकाएँ भेज रहे हैं, राजकमल को सीधे। अनेक अप्रत्याशित दिक़्क़तें आती रहीं।

भारत वैगन का बिल काफ़ी पहले गया हुआ है। पहल 40 की तुम्हारी निजी प्रति मिलने को होगी। कुछ पैकट अब जा रहे हैं।

विज्ञापन और पुस्तिका बिक्री का काम होता रहे। 'पहल' का अगला अंक इससे बेहतर छपेगा।

तुम्हारा
ज्ञानरंजन

*

90. ज्ञानरंजन

763, अग्रवाल कॉलोनी, जबलपुर

प्रिय कर्मेन्दु,

पत्र मिला। अशोक अग्रवाल को लिख दिया है। मैनेजर पांडे और मदन कश्यप को लिख देंगे। तुम भी अधिकृत हो आग्रह करने के लिये।

इन्द्रमणि ने पत्र लिखा है।

तुम्हारा
ज्ञानरंजन

*

91. ज्ञानरंजन

763, अग्रवाल कॉलोनी, जबलपुर
19/03/91

प्रिय भाई कर्मेन्दु,

आपका कार्ड मिला। इस बीच सारा पत्र व्यवहार राधारमण जी ने भेजा वह भी पढ़ा। हमें बहुत दुख है कि आपको राजकमल को बहुत जादा परेशानी उठानी पड़ी। हमारा जो हुआ उसे आपको सोचने की ज़रूरत नहीं है। अभी आपको देश का अंदाज नहीं है। दो-दो महीने पहले साहित्य भवन और अनामिका के भेजे बन्डल आज तक हमें नहीं मिल सके। 20-20 बार स्टेशन के चक्कर लगाने के बाद। आप काफ़ी समय भूमिगत रहे इसलिए अभी देश की हालत नहीं समझ पा रहे हैं और हमें मतलब राधारमण जी को लांछित कर रहे हैं।

बहरहाल, हमारे पास जो प्रतियाँ आ सकी थीं उन्हें हमने जहाँ-तहाँ भेज दिया। सभी साहित्यकारों को पहल के आजीवन सदस्यों को। 10/15 प्रति पड़ी है जिनमें से 10 आपको रजि. डाक से भेज रहा हूँ। हमें अच्छा सबक मिला। काम किया और लाँछन मिला। पैसे अलग डूबे।

कृपया राजकमल को कह दे कि उनका जितना पैसा लगा वह हमारे पहल 40 के बिल से काटकर भेज दे। आपका जो व्यय हो वह भी इसमें से काट ले। जो आपाधापी हुई उसके लिए तो क्षमा ही माँग सकूँगा। अगर रजि. डाक से प्रति आपकी पुस्तिका के, एक प्रति ग़ालिब वाली और एक पहल 40 भेज रहे हैं।

अन्त में इतना ही निवेदन है कि पार्सल न मिलने से और एकाद लोगों की कानाफूसी से किसी व्यक्ति यानी राधारमण जी के बारे में अपना निष्कर्ष न दें। इतना स्वार्थी न बने। दावेदारों से जादा राधारमण जितना पहल के लिए अपना निजी व्यवसायिक नुकसान करके खट रहे हैं उसका ब्यौरा देना अच्छा न होगा।

आपकी पुस्तिका पर विपरीत प्रतिक्रियाएं आ रही है। शशांक का पत्र भेज रहा हूँ।

तुम्हारा
ज्ञानरंजन

*

कर्मेन्दु शिशिर

हनुमान नगर, शास्त्री नगर, पटना
25/03/1991

आदरणीय भैया,

सादर प्रणाम!

लम्बी प्रतीक्षा के बावजूद आपका कोई पत्र नहीं मिला। आज पुस्तिका की 10 प्रतियाँ दुर्लभ ग़ालिब की ग़ज़लें और पत्रिका मिली। जैसा कि आपको मालूम हुआ होगा कि 500 पुस्तिका की बिल्टी रेलवे में गुम हो गयीं। मेरे और सत्येन्द्र जी के लगातार परेशान होने के बावजूद अन्ततः आर.आर. लौटाना पड़ा। इस बार पुस्तिका प्रकाशन 'पहल' की प्रतिष्ठा के अनुरूप रहा। कुल 55 ग़लतियाँ हैं, जिसमें कुछ वाकई भ्रम पैदा करती हैं। सबसे दुर्भाग्य की बात यह कि दो-ढाई पृष्ठ की सामग्री भी छूट गयी है। अगर 500 प्रतियाँ आयीं तो 55 ग़लतियाँ शुद्ध करनी होंगी। इलेक्ट्रानिक टाईप पर छूटे अंश भी कराकर जोड़ूँगा। अगर गुम बिल्टी न मिली तो क्या 500 शुद्ध रूप में फिर छप सकती हैं? बिक्री से 500 प्रतियों का ख़र्च निकल आयेगा। ग़ालिब की ग़ज़लों का प्रकाशन शानदार हुआ है। अन्दर का कागज तो नहीं, लेकिन अगर आवरण दुबारा छपने पर इसी तरह का लगे तो बेहतर! वैसे आपकी जो योजना हो! अगर पुनर्प्रकाशन सम्भव हो तो कम से कम 100 प्रतियाँ अवश्य चाहिए। क्या यह सम्भव है? इससे दुखी और आहत तो अवश्य हुआ मगर इसमें न आपका दोष न मेरा। संयोग ही है। क्या उचित सम्भव है लिखें।

• श्री गिरिराज जी ने भाषा पर काफ़ी लिखा है और उनका सब लिखा मेरे पास है। लगभग 3000 पृष्ठों की सामग्री मेरे पास है और इतना ही से गुज़रा भी हूँ। अगर प्रभावित करने वाली ग़लतियों से भ्रम हुए हैं तो उचित ही है। लेकिन अन्तर्वस्तु पर उनकी आपत्ति है तो जानने की अधीरता अवश्य है। वे समर्थ और महत्त्वपूर्ण हैं, अतः उनसे सीखकर परिमार्जन करना ज़रूरी है। मैं विनम्रतापूर्वक उन्हें पत्र लिख रहा हूँ। मेरे पास जो प्रतिक्रियाएं आयी हैं। वे बेहद प्रशंसात्मक हैं। रथ जी तो 'वसुधा' में इस पर बहस छापने को उत्सुक हैं। मैंने शुद्ध करने के क्रम में फिर पढ़ा। मुझे कहीं अन्तर्वस्तु में कनफ्यूजन

जैसा नहीं लगा। सम्भव है अपनी सामग्री के कारण ऐसा हो। आख़िर हमारी सीमा तो ऐसी है ही। उनके पत्र में संकेत भी नहीं है।

• ग़ालिब की फ़ारसी ग़ज़लों की पुस्तिका असाधारण महत्त्व की है। ऐसा दुर्लभ कार्य ज्ञान भैया और 'पहल' से ही सम्भव है। मुझे पुस्तिका ने बहुत गहरे प्रभावित किया। सुल्तान साहब पटने के हैं। यह सुखद आश्चर्य लगा। आपकी इस तलाश का वाकई जवाब नहीं। मेरी हार्दिक बधाई स्वीकार करें। ग़ालिब क्या चीज़ हैं! इतनी गहन, इतनी सघन तासीर की पोयट्री फिर नहीं लिखी जायेगी।

• आजकल मेरा सारा समय समकालीन विश्व राजनीति के अध्ययन में और सोच-विचार में गुज़र रहा है। भारतीय राजनीतिक ठहराव और दिशा के उलझाव पर लगातार विचार-विमर्श और बातचीत से कुछ टटोलने की स्थिति भले हो, मगर [सबसे कठिन दौर है यह] स्पष्ट कोई लक़ीर नहीं खींची जा सकती। इतना तो तय है कि रास्ते का दावा मौजूदा साम्यवादी दलों और विचारकों के पास नहीं है। मगर कार्य के स्तर पर साम्यवादी या उसके क़रीब के बुद्धिजीवी जो कर रहे हैं–वह बहुत बड़ी राहत है। बड़े राजनीतिक नामों से मुझे कोई आशा नहीं है। यह तय है कि वर्षों पहले यानी मार्क्स के पूर्व जो वैचारिक संकट था–वही तो नहीं, लेकिन उसी की तरह गम्भीर संकट का यह दौर है। जब तक मैं एक आश्वस्त करने वाली वैचारिक समझ नहीं पा लेता–तब तक मेरी अपनी विकलता स्थिर न होगी। लेकिन मानसिक रूप से यह बौद्धिक संलग्नता राहत दे रहीं है। स्वस्थ है।

• विज्ञापन-साम्प्रदायिकता वाले अंक में कम से कम एक जाय–ऐसी कोशिश करूँगा।

• ग़लती क्षमा। शीला का सादर प्रणाम। उदिता और उमंग का चरण स्पर्श। भाभी को चरण स्पर्श। उपाध्याय जी, मलय जी को सादर प्रणाम। राजेन्द्र दानी को नमस्कार। बच्चों को नेह।

आपका

कर्मेन्दु शिशिर

*

92. ज्ञानरंजन

763, अग्रवाल कॉलोनी, जबलपुर
01/04/91

प्रिय श्री कर्मेन्दु जी,

हमारे पास कुछ प्रतियाँ आपकी पुस्तिका की शेष थीं जिन्हें हम रजि. डाक से भेज रहे हैं।

भविष्य में पहल की प्रतियाँ हम राजकमल में नहीं भेज सकेंगे–यह हमारा निर्णय है–सूचनार्थ। हम राजकमल को भी लिख रहे हैं।

तुम्हारा
ज्ञानरंजन

*

कर्मेन्दु शिशिर

हनुमान नगर, शास्त्री नगर, पटना
06/04/1991

मान्यवर,

आपका पत्र!

इसका उत्तर नहीं ही देने को सोचा था, लेकिन यह पत्र 'पहल' सम्पादक की ओर से है। मुझे अपनी सीमा का स्थायी अहसास है। उत्तर सिर्फ़ आपके सम्मान और गरिमा के लिए दे रहा हूँ।

मैं उस पत्र का उत्तर नहीं दे रहा। अगर पत्र की लिखी बातें आपके विश्वास की हैं तो कोई सफ़ाई नहीं दूँगा। आपको या हम सबको विश्वास या निर्णय का हक़ है। मेरी कमजोरियाँ मेरी सीमाएँ हैं। वह मेरी समस्या है। आपके पत्र में जो संकेत हैं–उसके सन्दर्भ से मैं एकदम अपरिचित हूँ। आपके जैसा व्यक्ति जो इतना आदर्श सन्तुलन रखता है–वह ऐसा निर्णय, ज़रूरी समझा होगा–तभी तो लिखा होगा। यह सही है या अतिरेक अथवा भ्रम–इसकी चिन्ता करने वाला मैं नहीं। आप ख़ुद समर्थ हैं। मेरा सिर्फ़ यही दुर्भाग्य रहा कि मैं अपनी विश्वसनीयता तक क़ायम न रख सका। बार–बार सम्बन्धों

मे विश्वसनीयता का डगमगाना–हम दोनों को अपने पिछले सम्पर्कों और व्यवहारों के प्रति शंकालु बनायेगा। शंका में सम्बन्ध होते ही नहीं। मेरे भीतर सच या झूठ जो है–विश्वास ही है–शंका हरगिज़ नहीं। यह विश्वास इतना दृढ़ है कि मैं तब तक आपको पत्र नहीं लिखूँगा–जब तक अपना पत्र वापस नहीं माँगते। मैं आपके मन और महत्त्व को समझता हूँ–समझ का स्तर या उसकी सीमा जो हो। मैं बड़ा कथाकार या साहित्यकार बन कर करूँ–इसमें मेरी कोई दिलचस्पी नहीं। इसमें अवश्य है कि मैं स्वार्थी, विश्वासघाती, अविश्वसनीय और निष्क्रिय रह कर न जीऊँ। आपकी निगाह में मेरे भूमिगत जीवन का जो भी वजन हो–मेरे जीवन में सबसे धवल और शक्तिशाली वही है। विचार के स्तर पर नहीं, भाव के स्तर पर। उसी ने जीवन, साहिल और सम्बन्ध दिये हैं। मैं अपरिचित भी जी लूँगा।

'पहल' ने मेरे प्रति जो किया–उसे कृतज्ञता से वापस नहीं किया जा सकता। आप उसके सम्पादक हैं, आपको औपचारिक कृतज्ञता दें और क्षमा भी तो माँगी ही जा सकती है। क्षमा कर देंगे। क्षमा में ही मेरा सारा किया (जितना भी कम हो) हुआ सध जायेगा। पैसे से नहीं!

आपका
कर्मेन्दु शिशिर

सम्मान में–
श्री ज्ञानरंजन सं. 'पहल'
763, अग्रवाल कॉलोनी,
764, जबलपुर (म.प्र.)

*

93. ज्ञानरंजन

763, अग्रवाल कॉलोनी, जबलपुर
20/07/91

प्रिय कर्मेन्दु,

तुम्हारा पत्र मिला। मेरे मन में कड़वाहट ज़रूर थी और वह तुम्हारे अत्यन्त आत्मकेन्द्रित व्यवहार के कारण थी। पहल ने जितना महत्व और

सम्मान तुमको दिया है उतना किसी को नहीं। तुम्हारी दो पुस्तिकाएँ छापीं, तुम्हारे लेख और कहानी संग्रह पर समीक्षा और तुम्हारे साथ सघन अन्तरंग व्यवहार किया। लेकिन तुमने हमारे ऊपर दोषारोपण किया। सारा शरीर मेरा छीज गया है।

अर्थव्यवस्था गडमड है लेकिन पहल को ईमानदारी के साथ संचालित करने का प्रयास किया और तुमने फटाफट दोषारोपण किया। राधारमण पर भी लाँछन लगाया और अपने लिखे को अभूतपूर्व माना। बहरहाल, तुमसे मेरी यह कल्पना में भी उम्मीद नहीं थी। प्रलेस के कमला जैसा व्यक्ति मेरे ऊपर लांछन लगाता है कि ज्ञानरंजन कायस्थवाद करते हैं पर मैं तुम्हारे समर्पित लेखन का सम्मान करता रहा। इसलिए मुझे बहुत कष्ट हुआ।

बहरहाल, मेरे मन में कुछ रहता नहीं है। अपना जीवन और उसका यह अन्तिम हिस्सा कड़वाहट में नहीं काटना चाहता। इसलिए पिछले को भूलने का प्रयास करूँगा।

पहल की कुछ प्रतियाँ 25 नहीं, राजकमल में भेजी जायेंगी। जादा से जादा 15, हमारे पास बची नहीं हैं।

बच्चों को प्यार और शीला जी को अभिवादन।

तुम्हारा
ज्ञानरंजन

*

94. ज्ञानरंजन

101, रामनगर, आधारताल, जबलपुर
07/08/91

प्रिय कर्मेन्दु,

तुम्हारा पत्र मिल गया। मैं जो व्यतीत हो गया उसे बहुत समय तक मलाल के रूप में या अफ़सोस के रूप में नहीं रखना चाहता। काम करने के दौरान इस तरह का घटित होता है और बहुत कुछ होता है पर अगर हमारी परस्पर नोयत साफ़ है और हमारे लक्ष्य बड़े हैं तो ये बातें घुल जाती हैं। इसलिए

हमें हर संकट के बाद पारदर्शी होकर सबल होकर आगे बढ़ना चाहिए। यह हमारा आत्मलोचन है। यही काम का सही तरीक़ा है। कर्मेन्दु पहल के लिए मैं उस व्यक्ति से भी सहायता ले लेता हूँ जो जीवन में मेरी जड़ें काटते रहे। हमें अन्तत: इसी जीवन में इसी जीवन के लाग लपेट से ऊपर उठना होगा। और कोई जीवन नहीं मिलने वाला है।

मैं बहुत ही कठिन परिस्थितियों में काम कर रहा हूँ। सारी बातें बतायी नहीं जा सकतीं। नामवर जी और उनके साथी चाहते हैं कि पहल मुसाहिब रहे और रामविलास जी नहीं पर उनके भक्त चाहते हैं कि नामवर जी पर निंदापरक लेख जायें। हम सारे दबावों को बरकाने का प्रयास करते हैं। हिम्मत कहाँ से आयेगी। तुम जैसे सच्चे तमाम मित्रों के बल पर। हम छोटी-छोटी बातों पर बिफर जाते हैं। यह कार्यशैली नकारात्मक है।

म.प्र. प्रलेस में अशोक वाजपेयी प्रेम ख़ूब बढ़ा है। हमारे नेता उनके साथ शराबखोरी कर रहे हैं। कमला जी की उनके साथ छन रही है। पहल पर इस कारण मज़ाक़िया आरोप भी लगते हैं। यहाँ घोर कांग्रेसवाद और अर्जुनवाद चल रहा है। इसका कष्ट अलग है। सभी से जूझना है। पुस्तिकाएँ जो बिकी सो बिकी पर अब उसके लिए माथा गरम मत करो। शीला और बच्चों को हमारा अभिवादन।

तुम्हारा
ज्ञानरंजन

*

कर्मेन्दु शिशिर

हनुमान नगर, शास्त्री नगर, पटना
27/08/1991

आदरणीय भैया,

सादर प्रणाम!

आपका पत्र कुछ पहले मिला था। इस बीच हरि भटनागर आया था। जिस दिन वह गया उसी दिन प्रकाश चन्द्रायन आये। प्रकाश जी थे ही कि प्रेमकुमार मणि आये। इसी भीड़-भाड़ में पत्र का उत्तर टलता रहा—क्षमा करेंगे।

• आपने पत्र में प्रलेस और कुछ लोगों की अवसरवादी हरकतों की चर्चा की है। मेरे भीतर किसी संगठन को लेकर लगाव नहीं था। मैं प्रलेस में सिर्फ़ आपके नेह वश आया। बिहार में तो इस संगठन का वजूद तलाना पड़ता है। कहीं कुछ नहीं है। संगठन का सकारात्मक पक्ष जो रहा, नकारात्मक पक्ष प्रबल रहा। कई स्थानीय प्रतिभाएँ निजी स्तर की हो गयीं। उसी में वे भी हैं–जिनकी आपने चर्चा की है। ऐसे लोग सृजनात्मकता से दूर रहकर अपने महत्त्व को रेखांकित करते–कराते हैं। इनकी चिन्ता व्यर्थ है। आप 'पहल' के द्वारा जो कर रहे हैं–वह बड़ा काम है। अब निजी स्तर की सक्रियता का ही अर्थ है। 'पहल'–कैसे बेहतर से बेहतर सक्रिय रहे–यही चिन्ता कीजिए। जो उसके पक्ष में है–उसका उपयोग करें। बस! हम समय और लोगों की ज़्यादा चिन्ता कर कुछ हासिल नहीं कर पायेंगे। अपना ही गँवाना ज़्यादा पड़ता है।

• मैं स्थितियों से काफ़ी हद तक परिचित था। अन्य मित्रों से हुए पत्राचार मेरे स्त्रोत रहे। हरि से भी काफ़ी कुछ जाना। स्वयं 4-5 लोगों ने जो मुझसे लगातार पत्राचार करते थे, काफ़ी कुछ करने को कहते थे–उनमें कोई पत्र नहीं लिखता। मैं साहित्य में राजनीति से आया हूँ। मुझे अपनी सीमा का अन्दाज़ है मगर ऐसे लोगों की वकत भी जानता हूँ। इसलिए उनकी तनिक परवाह नहीं। ऐसे थोड़े से सम्पर्क हैं–जिनमें कहीं कोई अहंकार नहीं। आपके सामने मेरा कभी अहम नहीं उठेगा। इतनी शील शेष...संस्कार मरेगा नहीं। मगर यह किसी लोभ में नहीं–समझ, स्नेह, सम्मान और बोध से।

• मैंने साहित्य–सेवा के अति उत्साह में अपनी कमज़ोर और सीमित पीठ पर ज़रूरत से ज़्यादा बोझ लिया और हमेशा अपने सृजन की क़ीमत पर काफ़ी कुछ ढोता भी रहा। मगर इसके परिणाम एकदम अच्छे नहीं रहे। मेरे तरीक़े भी भावुकता में तय होते रहे। अब मैं गम्भीर पारिवारिक संकट में पड़ गया। क़र्ज़ घसीटते–घसीटते मैं थक गया। शीला और बच्चे मामूली सुविधाओं से वंचित रहे। आपने शीला के एक पत्र में सही लिखा था कि मैं भारतेन्दु युग के आदर्श जीता हूँ। आपका यह भी लिखना आज सच लग रहा है कि–मैं परिवार से अपराध करता रहा। मैंने कठोर ज़िन्दगी जी। अपने मित्रों के लिए जिस उदारता से इस्तेमाल होता रहा और उसका जो प्रतिदान पाया–उसने

अन्दर से विचलित कर दिया। मैं अब भी किसी के प्रति हिंसक नहीं, न ही होने की इच्छा है। बस, अपने प्रति सजग होना चाहता हूँ। मुझे आपकी बातों को काफ़ी पहले समझना चाहिए था।

• अभी मैं मानसिक स्तर पर एकदम प्रसन्न हूँ। मैंने काफ़ी दायित्वों से ख़ुद को सिकोड़ कर ज़रूरी तक सीमित कर लिया है। अनावश्यक सम्पर्क और महत्त्वहीन विवादों से उदासीन हो चुका। सारा समय कथा पढ़ने और लिखने में ही व्यतीत करूँगा। लेख और ऐसी ही दूसरी तरह की चीज़ों से भी सायास परहेज़ कर रहा। सब मिलाकर मेरा सृजनात्मक सुख वापस आ गया है। मैं प्रसन्न चित्त और स्वस्थ हूँ।

• पुस्तिका की चिन्ता आप मत कीजिए। वह मेरा दायित्व है। प्रतिकूल परिस्थितियों के बावजूद मैं समय लेकर उसे पूरा कर लूँगा। काफ़ी कर लिया है। इलाहाबाद आऊँगा तो दे दूँगा। बाक़ी नवम्बर अन्त के पुस्तक मेले में खप जायेंगी।

• शीला जी अस्वस्थ हैं। उदिता की तबियत भी ठीक नहीं लेकिन गम्भीर बीमारी नहीं है। शीला जी, उदिता और उमंग का चरण स्पर्श। भाभी को चरण स्पर्श। वत्सला और पाशा को नेह!

• भाई इन्द्रमणि जी और राजेन्द्र दानी को मेरी याद दिलायेंगे। दोनों को मेरा सादर नमस्कार दें। कभी मौक़ा मिला, तो दोनों को आमंत्रित करूँगा। आपने बेहतर लोगों को पाया–बनाया।

ग़लती क्षमा। पत्र देंगे।

आपका ही
कर्मेन्दु शिशिर

पुनश्च : डॉ. नामवर सिंह सम्मान में आपका नाम आया है। क्या आप जायेंगे? (प्रलेस से) मुझे भी आया है। मैंने कोई उत्तर नहीं दिया है। आपके पत्र की प्रतीक्षा करूँगा।

कर्मेन्दु शिशिर

*

95. ज्ञानरंजन

101, रामनगर, आधारताल, जबलपुर
09/09/91

प्रिय कर्मेन्दु,

पत्र मिला। विस्तार से बाद में लिखूँगा। नामवर जी वाले कार्यक्रम में जाना नहीं होगा। वह बहुत थोथा कार्यक्रम है।

तुम्हारा
ज्ञानरंजन

*

96. ज्ञानरंजन

101, रामनगर, आधारताल, जबलपुर
14/09/91

प्रिय कर्मेन्दु,

तुम्हारा पत्र मिला था। मेरे जीवन का यह सबसे बुरा समय है और मैं हिम्मत से काम ले रहा हूँ! स्वास्थ्य गिरता जा रहा है। और संगठन के साथी मेरे और मेरे सभी शुभेच्छुओं के विरुद्ध घात कर रहे हैं। मूल्यों और तेजस्वी लड़ाईयों के लिए कोई तैयार नहीं है। बड़े साथी अब पूरी तरह अशोक वाजपेयी की झोली में गिर गये हैं। एक साथी ने तो कार्यकारी दल की बैठक में कहा कि ज्ञानरंजन बार-बार बेकार के लिए अशोक वाजपेयी का मसला उठाते हैं और संगठन को अवरुद्ध करते हैं इसलिए उन्हें निकाल दिया जाना चाहिये और पहल को हर तरह से सहयोग बाधित किया जाना चाहिए। अब हँसी आती है और घनघोर दुख होता है। 35 वर्ष जीवन के राजनैतिक प्रतिबद्धता में गुज़र गये। इतना अवसरवादी और बुरा समय नहीं देखा था। अन्तरराष्ट्रीय स्तर पर जो हो रहा है उसका मर्म पर गहरा असर है और पूरी पार्टी और सहित्यिक संगठन एक मिनट में बदल जाने के फिराक में हैं।

बहरहाल, मैंने दृढ़ता का रास्ता चुना है। दूर-दूर मित्रों के सहारे जीवन का यह हिस्सा गुज़ारना है। तुम्हारी आर्थिक दिक़्क़तों के बारे में पता चला है। मैं जानता हूँ कि कितना कष्ट शीला तुम और बच्चे उठा रहे हैं। अब मामूली सा ही सही कुछ ध्यान अपने परिवार पर दो। नहीं तो आगे पीड़ा और बढ़ने वाली है। 16-17 नवम्बर को लखनऊ में कामतानाथ सम्मान है। मैं बार- बार थक रहा हूँ। किसी तरह काम चल रहा है। अब पता नहीं कब सब अवरूद्ध हो जाय। संघर्ष चल रहा है। सभी हितैषी अपनी तरह से सहयोग कर रहे हैं पर कुआँ बहुत बड़ा है बढ़ता ही जा रहा है।

भिलाई नहीं गया। आजकल हमारे नेता नामवर जी को बार- बार म०प्र० में अश्वमेघ के घोड़े की तरह घुमा रहे हैं। लोगों को पदोन्नतियाँ, नियुक्तियाँ, कमेटी, थीसिस और दूसरे लाभ चाहिए।

बहरहाल, अभी इतना ही। तुमसे बहुत आग्रह के साथ कहता हूँ कि आवेग कम करो और बच्चों का ध्यान करो।

तुम्हारा
ज्ञानरंजन

*

कर्मेन्दु शिशिर

हनुमान नगर, शास्त्री नगर, पटना
05/10/1991

आदरणीय भैया,

सादर प्रणाम!

आपको पत्र देर से लिख रहा हूँ–क्षमा करेंगे। शीला, उदिता और उमंग क्रम से बीमार पड़ते रहे। मैं भी रिक्शा से गिर गया था। एक्स–रे कराना पड़ा। दर्द अभी भी है। मगर चिन्ता की बात नहीं। ठीक है। आई.ए. की परीक्षा कॉपी जाँच चल रही है–इसीलिए समय से उत्तर नहीं दे पाया। आप अन्यथा नहीं लेंगे।

म. प्र. प्रलेस से जो लोग मुझसे पत्राचार रखते थे–वे सभी अब जो रुख रखे हैं–उससे पता लगता है कि वो लोग आपसे क्या सलूक करते होंगे, यह

जानना मुश्किल नहीं। मुझे इससे राहत ही है। ऐसे लोगों का कोई मतलब नहीं। आप या मैं या कोई जो रचनात्मक कार्य कर रहे हैं–वही महत्त्वपूर्ण है। शेष तमाम हरक़तें समय के प्रवाह में बह जायेंगी। आपने 'पहल' के द्वारा जो काम किया, जो करते जा रहे हैं–उसका कहीं कोई विकल्प नहीं। हरि ने भी काफ़ी कुछ बताया था। आप भैया इससे तनिक आहत न हों। आप इतने ऊँचे है कि जो भी आप पर गन्दा फेंकेगा–स्वयं गन्दा होगा। आपके साहचर्य ने स्थानीय लोगों को भी हिन्दी जगत में सम्मानित करा दिया। मैं कहने का साहस तो नहीं कर रहा मगर कहूँगा कि 'पहल' के तात्कालिक लाभ को ध्यान रखकर दूरगामी प्रतिकूलता नहीं स्वीकारें। जिन्हें गन्दा मान चुके हैं और जो लाइलाज़ हैं–उनको तरजीह मत दें। पिछले दिनों विनोद शुक्ल ने एक ऐसी हरकत की–जिससे मैं चकित रह गया। ये लोग या ऐसे लोग ज़रूरत से ज़्यादा दुरुपयोग कर लेते हैं। वैसे, मेरे साथ उसने कुछ नहीं किया। मगर परिमल प्रकाशन के आदेश को कटवाने जैसी दूसरी हरकत मुझे आश्चर्यजनक लगी। यह गन्दी बात है। उसे ऐसा नहीं करना चाहिए।

एक बात मैं जानना चाहूँगा, सिर्फ़ जानकारी के लिए। आप इस बात को अन्यथा नहीं लेंगे और तनिक भी नाराज़ न होंगे। मैंने शहर में इस आसंग में बहुतों से चर्चा सुनी तो सोचा आपसे पूछ लूँ। वैसे मैं पिछले पत्रों में चाहकर भी नहीं पूछ पाया। एक बार लिखकर पत्र फाड़ दिया। मगर मैं कोई बात आपसे छिपाकर अन्दर नहीं पालता। अनदेखे भी दुराव पसन्द नहीं। क्या मार्क्सवादी आलोचना का कोई 'पहल' अंक निकल रहा है–जिसके अतिथि सम्पादक सुरेश पांडेय हैं? अगर ऐसा है भी तो निजी रूप से मुझे एतराज़ नहीं। मैं उसे पहले की तरह नापसन्द करता हूँ–मगर वह अयोग्य नहीं है। बावजूद उसके प्रति धारणा यथावत है। उसे कम से कम इस बात को लेकर वह सब नहीं करना चाहिए–जो वह कर रहा है। वह आप पर एक पुस्तिका लिख रहा है–यह प्रसन्नता की बात है। वह लिखे–इससे उसमें पतनशील चीज़ें कमेंगी। मगर इन दोनों बातों की शहर में एक साथ जोड़कर चर्चा है–वह मुझे बहुत नागवार लगती है। लोग ज़रूरत से ज़्यादा गन्दे हैं। वे सृजन और संवेदना को न तो समझ पाते हैं और न ही उसकी गरिमा को बचा पाते हैं। आप इन बातों को लिखने का तनिक भी बुरा न मानेंगे। मेरा आपके प्रति जो सम्बन्ध है–वह किसी स्वार्थ या लोभ में नहीं है। मैं आपसे समझ और

गहरी संवेदना से जुड़ा हूँ। मैं लोगों के किसी प्रवाद की तनिक परवाह भी नहीं करता। आपके बारे में कुछ भी प्रतिकूल सुनना मुझे पसन्द नहीं। मेरी अपनी राय है कि सुरेश अभी दोनों में से एक ही काम पूरा करें। अपने आचरण को ऐसा करें जिससे पुरानी धारणा समाप्त हो। निजी रूप से यह सच है कि त्रिपाठी जी और गोपेश के साथ लगातार निम्नस्तरीय हरकतों के बावजूद उसने मेरे बारे में कोई प्रतिकूल कार्य नहीं किया। मैं सिर्फ़ आपसे जानकारी भर चाहूँगा। आपका निर्णय हर हालत में मुझे पसन्द होगा। क्योंकि मैं आप पर अटूट विश्वास करता हूँ।

• मैंने एक कहानी पूरी की है। **4-5** वर्षों के बाद कहानी लिखना एक पीड़क प्रक्रिया रही। मगर मैं इस वापसी से बेहद प्रसन्न हूँ। यह कहानी अच्छी नहीं है—मगर आगे मैं लिख सकूँगा इसका विश्वास बनता है। यही काफ़ी है। विषय, कथा, भाषा सब अलग है। आधुनिक जीवन को लेकर लगभग नयी शुरुआत ही है मेरे लिए।

• शीला, उदिता और उमंग का चरण स्पर्श। निलय मिला था। उसने आपके और भाभी के स्नेह की आत्मीय चर्चा विभोर होकर की। 'पहल' सम्मेलन कब होगा? पटना से कौन–कौन जायेंगे? पहले लिखेंगे। ग़लती क्षमा। पत्र देंगे।

आपका
कर्मेन्दु शिशिर

*

97. ज्ञानरंजन

101, रामनगर, आधरताल, जबलपुर
13/10/91

प्रिय कर्मेन्दु,

इस बार भोपाल से 10 दिन बाद लौटा। वहाँ बुकफेयर था। उसमें मेरा कार्यक्रम था अपने प्रिय लेखक से मिलिये। फिर रुक गया। कई तरह के चेकअप करवाने थे। इलाज़ अब लगता है कभी बन्द न होगा।

तुम्हारा पत्र मिला। अब काम बढ़ गया है क्योंकि लखनऊ की तैयारी तेज़ करनी है, पहल का अंक अलग आने ही वाला है। एक पुस्तिका पेरिस्त्रोइका

और ग्लासनोस्त पर आने वाली है। लगता है दिसम्बर के बाद ही साँस ले पाऊँगा। लखनऊ में 'पहल–सम्मान' कामतानाथ, 16-17 नवम्बर को है। शनिवार और रविवार को। तारीखें डायरी में नोट कर लो। पटना हमने किसी को लिखा नहीं है। तुमको ही लिख रहे हैं और हम नहीं चाहते कि जिनके पास स्वयंस्फूर्त मन न हो वे आयें। मुझे नहीं लगता कि और कोई आयेगा। ऐन वक्त पर कोई आये तो अलग। पंजाबी के कथाकार गुरदयाल सिंह सम्मान देंगे। श्रीलाल शुक्ल अध्यक्षता करेंगे।

दूसरे दिन 17 को सुबह कथा गोष्ठी है जिसमें बहस का मुद्दा है आज का संकटग्रस्त यथार्थवाद और हिन्दी कहानी। परचा सुरेन्द्र चौधरी का है। इसकी प्रति पहले देंगे ताकि तुम तैयारी कर सको। इसमें अध्यक्षता मार्कण्डेय, मुद्राराक्षस और हृदयेश जी करेंगे। दूधनाथ सिंह संचालन करेंगे। इप्टा कामतानाथ का नाटक कर रही है इस अवसर पर। मोटा कार्यक्रम यह है।

विनोद कुमार शुक्ल 'कवि कथाकार नहीं' एक बहुत ही गन्दा आदमी है। वह सहाय जी के साथ कई बार इस तरह की हरकत कर चुका है। हमने अपने को, 'पहल' को उससे अलग कर लिया है। उससे सतर्क रहना। तुमने जो लिखा है इसके बारे में वैसा मुझे कई लोगों से पता चला है। उससे हम अनासक्त हो गये हैं। वह बार-बार चिपकता है पर वह बहुत ही अविश्वसनीय व्यक्ति है।

प्रलेस के साथ पूरी तरह रहने के बाद भी यहाँ अब एक कार्यक्रमवाद चल रहा है। मूल्य विचार का कोई अर्थ नहीं है। नौकरशाह, राजनीतिज्ञ आदि हावी हो रहे हैं। मार्क्सवादी आलोचना पर हम सुरेश पांडेय के साथ एक अंक तैयार कर रहे हैं। उसकी पूरी रूपरेखा मेरे साथ बहुत बार विचार विमर्श के बाद बनाई गयी है। और वह एक ज़रूरी काम होगा। सुरेश को मैं अच्छी तरह जानता हूँ। मैं किसी व्यक्ति से निजी लाभ कभी नहीं लेता। किसी बड़े काम के लिए सामूहिक काम करने की इच्छा रखता हूँ। उसने मुझे कायस्थवादी कई बार कहा है, यह मैं जानता हूँ। पीछे वह तरह–तरह की बात कहता है पर मैं इस तरह की बातों में उलझता नहीं क्योंकि हमारे मार्ग में बहुत सारी उलझनें हैं। मैं जानता हूँ कि डंक वृत्ति सुरेश से जाने वाली नहीं है। लेकिन अगर वह कुछ अच्छे काम में व्यस्त होता है तो हमें स्वागत करना चाहिए।

दूसरे जहाँ तक पुस्तिका का प्रश्न है मेरे ऊपर इसका सन्दर्भ बहुत बाद का है और उसका सम्बन्ध 'पहल' से नहीं है। प्रलेस में मेरे तनाव को देखते हुए यहाँ की इकाई ने अभी एक कार्यक्रम परसाई पर किया और पुस्तिका निकाली। इसी क्रम में मेरे ऊपर एक कार्यक्रम और एक पुस्तिका। यह संगठन का निर्णय है मेरा नहीं। और पुस्तिका सुरेश पाण्डे नहीं लिख रहा है वह लेख एकत्र कर रहा है। यहाँ परसाई, परिहार, अरुण कुमार आदि यह काम कर रहे हैं। मुझे इसकी इतनी ही जानकारी है। मैंने तो मना कर दिया था कि मैं किसी कार्यक्रम में शामिल नहीं हूँ। और नहीं शामिल हूँगा। भाषा वाली पत्रिका की बिक्री की स्थिति क्या है। शीला, उदिता, उमंग ठीक होंगे।

तुम्हारा
ज्ञानरंजन

*

98. ज्ञानरंजन

101, रामनगर, आधारताल, जबलपुर
19/10/91

प्रिय कर्मेन्दु,

मेरे कार्ड मिले होंगे। 16-17 नवम्बर को कामतानाथ कार्यक्रम अब अन्तिम रूप में आ रहा है। कहानी गोष्ठी में तुम्हें भाग लेना है। यह मैं कह चुका हूँ। इस बारे में तुम्हारी स्वीकृत आनी है। कार्यक्रम संगीत नाटक अकादमी परिसर में 16 की शाम 6 बजे से प्रारम्भ हो जायेंगे।

तुम्हारा
ज्ञानरंजन

*

99. ज्ञानरंजन

763, अग्रवाल कॉलोनी, जबलपुर

08/11/91

प्रिय कर्मेन्दु,

पत्र मिला। मेरा नहीं मिला, अफ़सोस है। उन्हें बार-बार दोहराना कठिन है। लखनऊ पहुंचो। बात करेंगे। 16-17 कार्यक्रम है। कार्ड गया है। 16 की सुबह तक पहुँचना। स्टेशन के सामने रवीन्द्रालय में ऊपर रहने की व्यवस्था है। लखनऊ में मौक़ा लगा तो विस्तार से बात करेंगे।

तुम्हारा

ज्ञानरंजन

कर्मेन्दु शिशिर

हनुमान नगर, शास्त्री नगर, पटना

19/11/1991

आदरणीय भैया!

सादर प्रणाम!

समारोह के बाद मैं और सहाय जी-कमला जी होटल आये। वहीं मेरा सामान था। सामान लेकर मैं और वे स्टेशन आये। उन लोगों के जाने के बाद मैं 5 घंटे रवीन्द्रालय में अकेले रहा और 9.55 में बिना आरक्षण किसी तरह लौटा। आने के पूर्व राकेश (नाटक) जी ने बताया कि भाभी के पिता जी का निधन हो गया है। आपने बताया तक नहीं! हद हो गयी। मैं पूरे रास्ते सोचते हुए आया। भाभी की पीड़ा और आपकी परेशानी मैं समझ सकता हूँ। आप इस सबसे कितनी परेशानी में पड़े होंगे। सब कुछ अकेले मत झेलें।

• रास्ते में कमला जी से बातचीत हुई। उनकी बातचीत में एक ही बात नयी थी कि वे मुझसे दुखी थे। कारण कुछ नहीं। सिर्फ़ यही कि मैंने उन्हें या दूसरे से कभी पत्राचार नहीं किया। मैंने कहा कि कोई कुछ सोचने के

लिए स्वतन्त्र है। मेरी स्थिति चुप रहने की है। मैं संस्कारगत सभी को सम्मान करता हूँ। मैं इसमें कहीं से नहीं आता। मैंने कहा कि आप सीधे बात करें। वे शायद करें भी। मैंने यह भी कहा कि मैं अपना ध्यान अपनी निजी परेशानियों को दूर करने में तथा अपनी पढ़ाई–लिखाई पर केन्द्रित करने में लगा रहा हूँ। सांगठनिक सक्रियता में मेरी रुचि और स्थिति भी नहीं। मैं दुर्दशा में हूँ।

• आपको सिर्फ़ एक बात कहना चाहूँगा कि बिहार में प्रलेस मृतप्राय है। जलेस और जसम के दरवाज़े मेरे लिए लगभग बन्द हैं। निजी स्तर पर राजकमल के सत्येन्द्र जी को छोड़कर बिहार में कोई अन्तरंग नहीं है।

आप मेरे बारे में कभी ऐसा मत सोचें कि मैं मन में कुछ-बाहर कुछ रखता हूँ। आपकी कोई बात, कोई निर्णय नहीं जँचता तो भी मैं चुप रहता हूँ। आपका कोई आदेशाग्रह मानता हूँ। अगर कुछ कहता हूँ तो सिर्फ़ आपसे। आपके न जँचने वाले निर्णय पर भी सार्वजनिक स्तर पर टिप्पणी नहीं करता। सुरेश का किया मैं कभी नहीं भूल सकता। मैं उसको दी ज़िम्मेदारी को अन्तिम रूप से आन्तरिक स्तर पर पचा नहीं पा रहा–मगर 'पहल' और आपके निर्णय को उसी गरिमा में स्वीकार करता हूँ। विश्वास दिलाने के लिए और मैं कुछ नहीं कर सकता। विश्वास अपने प्रति ही दिलाना होता है। मैं कम-से-कम आपके प्रति निर्मल चित्त ही हँू। रहूँगा भी।

लखनऊ में सुरेन्द्र चौधरी ने अत्यन्त प्रभावशाली व्याख्यान दिया। उनके आलेख न होने से कोई दिक़्क़त नहीं रही। दूधनाथ जी ने बहुत बढ़िया संचालन किया। बहस इसके अनुरूप नहीं रही। मैं अपनी बातचीत को सुगठित तरीक़े नहीं रख सका। जो मैं कहना चाहता था नहीं कह पाया। मार्कण्डेय जी ने टोका तो मैं एकदम लड़खड़ा गया। बहुत अपमानजनक भी लगा। अब मैं अपनी बात पर आ रहा था। मैं कहानी की 'भाषा' पर बात करते हुए समकालीन कहानी का यथार्थ विश्लेषण करना चाहता था। एकदम नये कथाकारों को लेकर। बहुत क्षोभ हुआ। अगर वे पहले ही 10 मि. 5 मि. बता देते तो बात दूसरे तरीक़े से रखता। ख़ैर। ऐसा होता है। फ़ालतू बातें ज़्यादा हुईं। ऐसा होता रहता है। शेष अच्छा लगा।

• मैं एक लघु उपन्यास पर काम कर रहा हूँ। एकाग्र नहीं हो पाता। सब कुछ छोड़कर इसी पर लगना है। मन को इधर-उधर हो जाने का परिणाम बहुत बुरा हुआ। परिवेश एकदम प्रतिकूल है।

• 'पहल–42' आधा से अधिक पढ़ गया। जब तक आप 'पहल' को इस तरह निकालते रहेंगे और वह निरन्तर ऐसे ही विकसित होता रहेगा तो बाक़ी निरर्थकता स्वतः अर्थहीन होगी। काम का विकल्प नहीं होता। इसे लोग भी समझते हैं। विरोध का स्तर वैचारिक नहीं तो सुनना भी व्यर्थ है।

• मैं पुस्तक मेला गुज़रने के बाद राजकमल से हिसाब-किताब लूँगा। आप लौटती डाक से सादा 'पहल' विपत्र (बिल) भेज दें। मैं पुस्तिका प्रकरण से ख़ुद भी मुक्त होना चाहता हूँ। ज़िम्मेदारी रहने पर मन में खुरचन होती रहती है। हो जाय तो मन निश्चिन्त हो।

• भाभी को दुख में मेरी ओर से भी गहरी सांत्वना दें। ग़लती क्षमा। मेरे मन पर अटूट विश्वास रखें। मेरी समझ, बाज़दफा मेरा व्यवहार भी विचलन का शिकार हो सकता है–मगर मन नहीं। अन्दर की ईमानदारी के भरोसे ही जी रहा हूँ। वही तो ताक़त है।

क्षमा सहित।

आपका

कर्मेन्दु शिशिर

*

100. ज्ञानरंजन

101, रामनगर, आधारताल, जबलपुर

25/11/91

प्रिय कर्मेन्दु,

तुम्हारा पत्र मिला। इधर भागमभाग, परेशानियाँ जादा रहीं। तुम्हें स्वयं ही लिखना चाहता था पर 'पहल' की बकाया पोस्टिंग और इलाहाबाद मातमपुर्सी के लिए जाने में व्यस्तता थी। बुलबुल यहाँ अकेली थी। और 15 दिन हो रहे हैं घर की व्यवस्था चौपट है। 29 को तेरही है। मैं 1 दिसम्बर तक सुनयना को लेकर वापस आऊँगा। फिर नये सिरे से शुरू करेंगे। पर यह सब अच्छे और उम्मीद भरे समय का लक्षण है। हम इसी तरह जीते चले जाते हैं।

तुमको एक ख़ुशख़बरी दे रहा हूँ। यह इस सम्बन्ध में मेरा पहला पत्र है। पाशा को कोल इंडिया में इंजीनियर के पद पर नियुक्ति मिली है और इसी मार्ग पर जाने का फ़ैसला किया है उसने। राँची में नियुक्ति मिली है। मेरिट के

कारण उसे वहाँ नियुक्ति मिली क्योंकि कोल इंडिया में राँची को महत्त्वपूर्ण स्थान माना जाता है। राँची में अपना कोई ख़ास परिचित नहीं है। पाशा दूर जा रहा है सो मन भी खिन्न है। हम लोग अब उम्र के इस दौर में यह बिलकुल अजीब-सा अनुभव कर रहे हैं। अब कभी उधर आना होगा।

तुम लिखने-पढ़ने में लगो। मैं भी किसी प्रपंच में नहीं पड़ना चाहता। 'पहल' का सकारात्मक काम और भरसक अपने टूटे लेखन को शुरू करना। इतना व्यक्तिवाद पहले कभी न था। तुम्हारा, विजयकुमार, नरेश सक्सेना, हरि, प्रदीप सक्सेना, इन्द्रमणि, जैसे मित्रों के सहारे मैं शक्ति प्राप्त करता हूँ। कभी ग़लत हो तो बेबाक कहना, पर स्वतन्त्र होकर कहना। किसी की भी राय के सहारे नहीं। मैं हमेशा इज़्ज़त करूँगा। बस विचलित होने की ज़रूरत नहीं। हमारा मन पाक है और लक्ष्य मूल्यवान हैं। कहीं कोई ग्लानि का धब्बा नहीं है हमारे पास।

अगले साल सपरिवार इधर आना। इस बीच मुझे भी सँभलना है। एक सादा पृष्ठ भेज रहा हूँ पैड का बिल बना लो। बच्चों की सुध बहुत दिनों से नहीं ली मैंने। उन्हें प्यार।

तुम्हारा
ज्ञानरंजन

*

101. ज्ञानरंजन

763, अग्रवाल कॉलोनी, जबलपुर
07/12/91

प्रिय कर्मेन्दु,

तुम्हारे दोनों कार्ड मिले। तुम अपने को सँभालो। कम-से-कम अपनी रक्षा की व्यावहारिकता तुम्हें सीखनी होगी। यह अनिवार्य है अन्यथा सब कुछ गोरखधन्धा हो जायेगा। फुरसत में लिखना।

तुम्हारा
ज्ञानरंजन

*

102 ज्ञानरंजन

101, रामनगर, आधारताल, जबलपुर
23/01/92

प्रिय कर्मेन्दु,

तुम्हारा पत्र मिला। इस बीच मेरा पत्र मिल गया होगा।

मार्च तक हमको अब किसी तरह की फुरसत नहीं है। जानलेवा व्यस्तता है, इतिहास अंक प्रेस में है। अब 400 पृष्ठ के प्रूफ़ दो-दो बार देखने होंगे। इलाहाबाद, नागपुर की यात्राएँ करनी होंगी।

जैसे ही मुमकिन हो 1000 की व्यवस्था करना है। तुम्हारी कठिनाइयाँ बहुत ही जादा हैं। यह जानते हुए भी अब कोई चारा नहीं है। बच्चों को प्यार, शीला को आशीष।

तुम्हारा
ज्ञानरंजन

*

103. ज्ञानरंजन

101, रामनगर, आधारताल, जबलपुर
27/01/92

प्रिय कर्मेन्दु,

अभी तुम्हारा पत्र मिला। तुम हरि को लिख दो कि वह राशि जितनी बने 'पहल' को भेज दे। मैं भी इस बीच में बात कर लूँगा। इस समय हमें ज़रूरत होगी।

अशोक अग्रवाल की हालत बहुत बदतर है। सम्भावना प्रकाशन बिकने की कगार पर है। उसके बहुत पैसे फँस गये हैं। हाँ, अगर तुम सहाय जी के पास जाकर सारी स्थिति को रूबरू बता सको तो वे सहायता कर सकते हैं। उसके पहले एक पत्र डाल देना। और तत्काल चले जाना। सहाय जी बहुत भले व्यक्ति हैं। सहृदय हैं और मददगार। यह काम तत्परता से करना।

राजकमल को पुस्तिका गयी है और 'पहल' के पैसे भी भिजवाने में मदद करना। शीला जी और बच्चों को हमारा अभिवादन।

तुम्हारा
ज्ञानरंजन

*

104. ज्ञानरंजन

101, रामनगर, आधारताल, जबलपुर
05/02/92

प्रिय कर्मेन्दु,

तुम्हारे दो पत्र मिले। इस बीच मैं भोपाल हो आया। हरि का कहना है कि कुल दो-तीन रुपये के बिल का भुगतान होना है। मतलब इतनी ही किताबें बिकी हैं। मैंने उससे और बात नहीं की।

बहरहाल, मुझे दुख है कि तुम आर्थिक बीहड़ में फँस गये हो। यह एक ऐसा जंजाल है जिससे जल्दी छुटकारा मुमकिन नहीं। मैं स्वयं निजी तौर पर लगभग इसी हालत में हूँ। बस तनख़्वाह ज़रूर देर से नहीं मिलती और उससे क़र्ज़ के पैसे कटते रहते हैं। मुझे अपनी नहीं 'पहल' की ही चिन्ता रहती है और यह न करूँ तो सब धराशायी हो जाय। पर तुम मार्च तक आश्वस्त हो जाओ। सहाय जी को लिख दिया है यह अच्छा किया। अब पता नहीं वे क्या कर पाते हैं। जैसा हो ख़बर करना।

लेकिन तुम्हें अपनी ग़लत आर्थिक शैली को बदलना होगा। बदलोगे तो क्या, हाँ नियन्त्रित करना होगा। तुम्हें अपने ऊपर सही लेकिन सार्वजनिक भरोसा कुछ अतिशयोक्ति पूर्ण है। बदलते समय का कोई अहसास तुम्हें है नहीं। मैं जो हुआ उसके बारे मैं कुछ नहीं कहना चाहता पर आगे के लिए आगाह करना चाहता हूँ। जो जितना क्रान्तिकारी होता है उतना ही उसका जीवन व्यवहार सन्तुलित और ठोस होता है। अति मुग्धता भी बिहार के लेखकों की नस में कुछ जादा ही है। बहरहाल, तुम्हारे लिए अगर कुछ कर सकूँ तभी यह सब कहना चाहिए मुझे।

बच्चों का ध्यान और शान्त रहकर इस कठिन समय को पार करना।

तुम्हारा
ज्ञानरंजन

*

105. ज्ञानरंजन

101, रामनगर, आधारताल, जबलपुर
23/03/92

प्रिय कर्मेन्दु,

तुम्हारा पत्र और 200 का मनीऑर्डर मिला। आभारी हूँ। लेकिन सारी कठिनाइयों के बावजूद मैंने तुम्हें लिखा था कि अप्रैल में भेजना। और वह भी कोई सख़्त सीमा न थी। अन्ततः तुम्हारी भयानक कठिनाइयों के बीच यह राशि पाना कहीं एक वसूलने जैसी हिंसा न हो जाय यह हमें सदा ध्यान रहेगा। हम परस्पर एक-दूसरे की स्थितियों से परिचित हैं–

तुम अपना, शीला जी का, बच्चों का ध्यान रखो।

सहाय जी अब पहले जैसे नहीं रह गये हैं। यह मैं तुमको ही लिख सकता हूँ अन्य किसी को नहीं।

तुम्हारा
ज्ञानरंजन

*

106. ज्ञानरंजन

101, रामनगर, आधारताल, जबलपुर
02/05/92

प्रिय कर्मेन्दु,

तुम्हारा दूसरा धनादेश भी मिला। तुम बेहतर स्थिति में हो यह जान कर सन्तोष हुआ है। तुमसे सम्पर्क टूटा हुआ है। अभी सब कुछ अस्त-व्यस्त हो गया है इन दिनों। 15 दिन में साधने का प्रयास कर रहा हूँ।

कृपया राधाकृष्ण प्रकाशन के श्री अशोक माहेश्वरी को अपनी भाषा पुस्तिका की 9 प्रतियाँ—नौ, रजि. डाक से तत्काल भिजवा दो। ये ख़रीदी जा रही हैं। मैं बिल उन्हें भेज रहा हूँ। शीला और बच्चों को स्नेह।

तुम्हारा
ज्ञानरंजन

*

107. ज्ञानरंजन

101. रामनगर, आधारताल, जबलपुर
14/05/92

प्रिय कर्मेन्दु,

तुम्हारे पैसे लगातार मिल रहे हैं। पत्र भी कल ही मिला। प्रतियाँ भेजना अनिवार्य है। 9 प्रति पुस्तिका की तत्काल भेज दो। तुमको दो-चार प्रतियाँ तो हम ही भेज देंगे बाद में। कहाँ तो पुस्तिकाएँ बकाया बच रही थीं। तुम लोगों से वापस मँगा लो। दिल्ली वाली पुस्तिकाएँ बाज़ार में बिकेंगी। इसलिए भेजना ज़रूरी है।

इन दिनों मैं एक स्थानीय अख़बार में सम्पादकीय लिखता हूँ और एक कालम। क़र्ज़ मकान का बहुत है। समय कम मिलता है।

वत्सला 12 में गयी। पाशा भुरकुंडा में है। अभी आया था। घर में यथायोग्य।

तुम्हारा
ज्ञानरंजन

*

108. ज्ञानरंजन

101, रामनगर, आधारताल, जबलपुर
04/06/92

प्रिय कर्मेन्दु,

तुम्हारे नोट के साथ 200 का धनादेश मिला। तुम्हारा पता बदलते ही हमें सूचित करना। अपना ध्यान रखना और बच्चों का। अगर अब बेहतर स्थिति है तो हमें सन्तोष है।

लेकिन हमसे छिपाना नहीं। रकम के बारे में चिन्ता न करना। अब बुरा समय गुज़र रहा है धीरे-धीरे।

मेरा कार्ड मिला होगा। पुस्तिका की प्रतियाँ राधाकृष्ण को ज़रूर भेजना। घर में सभी को हमारी याद।

तुम्हारा
ज्ञानरंजन

*

109. ज्ञानरंजन

पहल : 16/06/92

प्रिय कर्मेन्दु,

'पहल' के मार्क्सवादी आलोचना वाले प्रस्तावित अंक का विचार हमने त्याग दिया है। अब वह हमारी कठिनाइयों के कारण नहीं निकल सकेगा।

सुरेश पाण्डेय से उसका सम्बन्ध भी न रहेगा। पुस्तिकाएँ भेज दी होंगी।

तुम्हारा
ज्ञानरंजन

*

110. ज्ञानरंजन

101, रामनगर, आधारताल, जबलपुर
20/06/92

प्रिय कर्मेन्दु,

तुम्हारा पत्र मिला। इस बीच मेरा कार्ड भी मिला होगा। तुम्हारा यह 14 का पत्र 25-26 छपवाना कठिन है।

पिछले 6 महीने से अपनी दिक़्क़तों और व्यस्तताओं के कारण मेरा हरि से सम्पर्क है। भोपाल भी नहीं गया। हिचक की बात इसमें कुछ नहीं है तुम उसे सीधे पैसों के लिए लिखो। हिसाब किताब के मामले में संकोच करने की ज़रूरत नहीं है। इस बारे में मेरा लिखना उचित न होगा। समीक्षात्मक लेख के लिए तुम सीधे अब प्रभाकर श्रोत्रिय को लिख सकते हो जो 'साक्षात्कार' के नये सम्पादक हैं। वे तत्काल निर्णय कर देंगे।

पारिश्रमिक वाली किसी पत्रिका को मैं नहीं जानता। इसलिए कहानी वाले लेखों को छपवाना कठिन है। यूँ भी जिन लोगों पर तुमने लिखा है उन पर दिलचस्पी कम ही पत्रिकाओं की होगी। यह हिन्दी की दुर्भाग्यपूर्ण हालत का एक अंश है। मेरे पत्र की कठोर हालत से विचलित न हो, यह हक़ीक़त है। इसमें मेरा हाथ नहीं है। मेरा 'पहल' का पैसा तुम साल भर मत दो मैं उफ़ न करूँगा। तुम आश्वस्त रहो।

पहल का अंक बहुत देर से अब आ सका। उसको भेजने में 2 हज़ार रु. कम-से-कम लगेंगे। 400 पृष्ठ का अंक है। उसमें अब एक महीना पूरा डूबना होगा। सारा जीवन इसी उलझन में कट गया। एक पल आराम नहीं। रक्तचाप की शिकायत भी हो गयी है। बस और कुछ नहीं।

तुम्हारा
ज्ञानरंजन

*

111. ज्ञानरंजन

101, रामनगर, आधारताल, जबलपुर
13/08/92

प्रिय कर्मेन्दु,

कार्ड मिला। भोपाल गया था और हरि से बहुत चर्चा हुई। उसे फटकारा और दुलार भी दिया। उसने तुम्हें पैसे भी भेजे होंगे। मन साफ़ है।

इतिहास अंक की प्रतियाँ समाप्त हैं। राजकमल के पैसे भी अभी नहीं आये हैं। हम प्रयास करेंगे कि 5-10 प्रति तो और भेज ही दें।

कल इलाहाबाद जा रहा हूँ। आगे के बारे में सोचना है। कई निर्णय लेने हैं। अंक का क़र्ज़ा निपटाना है। 'पहल' सम्मान का निर्णय लेना है। अगस्त क्रान्ति और कम्यूनिस्टों पर लगाये गये आरोपों के जवाब पर एक सेमिनार करना है। आलेख तैयार करने हैं। तुम इस बारे में अपना सुझाव विस्तार से लिखो।

शीला ठीक होंगी। उमंग और उदिता को हमारा प्यार।

तुम्हारा
ज्ञानरंजन

*

112. ज्ञानरंजन

101, रामनगर, आधारताल, जबलपुर
15/09/92

प्रिय कर्मेन्दु,

तुम्हारा पत्र मिला। मैं कलकत्ते गया था तुमसे भी मिलने की उम्मीद थी। मैं तो कहीं जाता नहीं लेकिन चूँकि पत्रिकाओं का मामला था और न जाने पर अनर्थ होता बहकी-बहकी बातें होतीं यह सोच कर गया था। कार्यक्रम सघन, गम्भीर, सोद्‌देश्य हुआ। बहुत लोग आये। एक परस्परता बनी। व्यावहारिक निर्णय लिए गये और एक समिति का गठन हुआ। बुलेटिन निकलेगा और संयोजक मुझे बना दिया गया है। काफ़ी भार पड़ गया है। पर करूँगा क्योंकि करते-करते ही मर जाना है। इससे जादा कर्मेन्दु हम और कुछ उम्मीद भी नहीं करते।

मेरा तुम्हारा ताल, गणित, संगति, सुर केवल इसलिए मिलता है कि हम कहीं अन्दर-अन्दर एक जैसे हैं। आत्मिक स्वरूप एक जैसा है। मैंने हार जीत का खेल नहीं खेला। मैं निरर्थक और सार्थक के सवाल पर सार्थक की तरफ़ चला हूँ। तुमसे इसी राह पर मुलाक़ात हुई। कुछ देर से हुई पर अपने पास शार्ट कट नहीं है इसलिए देर होना स्वाभाविक थी। हमारे अन्दर आपस में मतभेद पैदा हुए लेकिन वैचारिक प्रतिबद्धता और समर्पण में कभी गफ़लत नही हुई। चूँकि हम चुस्त चालाक नहीं हैं इसलिए कभी-कभी गड़बड़ा जाते हैं।

नामवर जी ने दिल्ली में फ़तवा जारी कर दिया है कि ज्ञानरंजन को काटपीट दो। यही अड़ंगा है। पर हम जब उनकी राह जाते ही नहीं तो अड़ंगा कैसा। म.प्र. प्रगतिशील लेखक संघ की एक ही झोली है इस समय, मायाराम सुरजन और उनके रास्ते अर्जुन सिंह। मानव संसाधन मन्त्रालय के मार्फ़त पीठ, विश्वविद्यालय, उच्च शिक्षा अनुदान आयोग और फेलोशिप आदि नामवर जी के हाथ है। बस नामवर नामवर हो रहा है। उनसे बार-बार मशविरा लेने जाते हैं। अब तो हमसे कोई पूछता ही नहीं। घोर कांग्रेसवाद चल रहा है। कलकत्ते में खगेन्द्र जी मुझसे कहने लगे कि यह कर्मेन्दु क्या करता रहता है। इसे अपने तक रखना। इसका मतलब बिहार प्रलेस में तुम्हारी वही स्थिति है जो मेरी म.प्र. में। पर कर्मेन्दु मैं निराश होने वाला मार्गी नहीं हूँ। मेरे पास अपनी विचारधारा में अभी भी प्रबल विश्वास है उसी से प्रेरक ताक़त है। हमारे पास चारों तरफ़ अच्छे लोग हैं। हमारा सहारा वही हैं। तुमको भी मैं यही राय दूँगा कि तुम दुख मत पालो। इतिहास हमको प्यार करेगा। हम कारुणिक मौत नहीं मरेंगे। हम ईमानदार संस्कृतिकर्मी के रूप में जीवित रहना चाहते हैं।

भोपाल में जाने से तुम्हें कुछ हासिल न होगा। यूँ मिलने-मिलाने का मन हो तो ठीक। जबलपुर जब भी आओ नवम्बर के बाद या नवम्बर में आओ। अभी पानी ने तबाही की है इसलिए भेड़ाघाट नहीं जा सकते।

कलकत्ते में इस बार मदन कश्यप और रविभूषण से मिल कर बहुत ताक़त मिली। ये लोग पवित्र और साफ़ हैं। मेरी समझ यही है।

विश्वास है तुम हिम्मतवर बने रहोगे। शीला जी को, उदिता को, उमंग को हमारा स्नेह।

तुम्हारा
ज्ञानरंजन

*

113. ज्ञानरंजन

101, रामनगर, आधारताल, जबलपुर
21/09/92

प्रिय कर्मेन्दु,

चूँकि पत्रिकाओं का मामला था और न जाने पर अनर्थ होता बहकी-बहकी बातें होतीं यह सोच कर गया था। कार्यक्रम सघन, गम्भीर, सोद्देश्य हुआ। बहुत लोग आये। एक परस्परता बनी। व्यावहारिक निर्णय लिए गये और एक समिति का गठन हुआ। बुलेटिन निकलेगा...

तुम्हारा
ज्ञानरंजन

*

कर्मेन्दु शिशिर

हनुमान नगर, शास्त्री नगर, पटना
30/09/92

आदरणीय भैया,

सादर प्रणाम!

आपके पत्र का उत्तर देना मेरे लिए आसान नहीं है। सच मानिये तो मेरी निजी इच्छा यही है कि सारे संगठनों को 5 वर्षों के लिए भंग कर देना चाहिए। तमाम संगठन सिर्फ़ प्रपंच रच रहे हैं और राजीतिक दलों की पैरोडी बन गये हैं। मेरा जाना तय था तो सिर्फ़ भगवत रावत जी के निजी आग्रहों पर। वे ख़र्च भी उठा रहे थे। मैंने भोपाल, गुना, ग्वालियर सब जगह पत्र दे दिया था। सहाय जी का आग्रह और पत्र। अनिल का पत्र और आग्रह। तब आपका पत्र

आया। ख़ैर! मैं तीन को, नरेश जी यहाँ लखनऊ और 4 को चलकर 5 को हापुड़। वैसे मैंने 5 वर्षों तक किसी भी समारोह में न जाने का संकल्प किया था। मैं अपने काम में तीन वर्षों बाद लगा हूँ। मुझे काफ़ी काम करने हैं—जो आधे-अधूरे पड़े हैं।

• आपके प्रति मेरा भाव स्थायी सम्मान का है। आप लगातार काम करने वाले हैं और आपका काम तमाम आलोचनाओं से परे है। रही बात गड़बड़ होने की तो यह स्वाभाविक है। आपको मैं क्या कहूँ? मगर लगता है आप भी परम उदारता और तात्कालिक भावुकता में चले जाते हैं। लोगों की चतुर बातचीत से आप भी संभ्रम में पड़ जाते हैं। सुरेश के पास क्या है? आपका दिया गया नाम—पुस्तिका में! अब वह आपकी निन्दा में रमा रहता है। उससे तो कोई मिलता नहीं—एक दिन किसी से बक रहा था। मदन कश्यप या निलय उपाध्याय के बारे में, मैं क्या लिखूँ? इनके अलावे एक विमल कुमार जी भी हैं। ये सभी नये कवि मुक्तिबोध के बाप हैं। यश की ऐसी आतुरता और इसके लिए ये सब जो कुछ करते हैं, कर रहे हैं—वह जानकर शर्म से माथा झुक जाता है। पत्र में लिखकर काग़ज़ क़लम क्या गन्दा करूँ? गेहुँअन पर यक़ीन कर लूँगा—इन सबों पर नहीं। इनके पास जो चतुरता है—वह मुझे—आपको क्या; ये नामवर जी के पुंगव को साध लेंगे। देवीप्रसाद मिश्र इनमें सबसे बढ़िया कवि हैं। थोड़ा-बहुत कुमार अंबुज और बद्री में है—बाक़ी अभी तक कोई प्रभाव नहीं डाल पाये हैं। एकान्त प्रारम्भ में लगा तो था, मगर सिवाय दुहराव के ख़ुद को बदल ही नहीं पाता। इन सबों को 10 वर्ष के लिए छोड़ देना, एकदम उपेक्षित कर देना ही इनके हित में है। ऐसी महत्त्वाकांक्षा से पीड़ित, यश को आतुर, तिकड़मी, धूर्त और अनपढ़ पीढ़ी हिन्दी में कभी नहीं आयी थी। असद, मंगलेश और हमारे राजेश जोशी इनके बीच पता नहीं क्यों राजनीति करते हैं? ये कवि भी चुक रहे हैं और अपने को दुहरा रहे हैं—इसी कारण पुरस्कार दिलाकर, पुस्तक छपाकर और चेला बनाकर अपने प्रभाव को बढ़ा रहे हैं। सफ़रिंग हिन्दी की युवा कविता से ग़ायब है। ऐसे पनछूछूर कवियों का दिमाग़ शिखर पर अकारण नहीं है। इनका व्यक्तित्व या तो है ही नहीं या है तो ओछा। आत्ममुग्धता ऐसी—क्या करेंगे आलोक धन्वा! वे तो तुरन्त दिख जाते हैं। इनकी आत्ममुग्धता तो बमुश्किल खुलेगी। इन सभी की प्रत्येक हरकत

मेरी देखी-सुनी है। जो जितना चतुर है—वह उतना ही जुगाड़ बैठा लेता है और प्रसिद्ध कवि बन जाता है। इस असह्य स्थिति पर ज़ोरदार हस्तक्षेप ज़रूरी है। अगर मैं कर सका तो एक लम्बा लेख ज़रूर लिखना चाहूँगा। वैसे जो कर रहा हूँ—उसमें तत्काल सम्भव नहीं लगता है।

• डॉ. नवल अक्सर ही आप की निन्दा करते हैं। कोई गम्भीर व्यक्ति उनको तरजीह नहीं देता, मगर उनकी प्रशंसा के लिए मदन कश्यप और निलय क्या नहीं कर रहे? अपने राजेश जोशी से दो कौड़ी का साक्षात्कार छापा। जाति से संगठन—येन-केन-प्रकारेण इनको यश चाहिए। रविभूषण जी सज्जन, विनम्र और विश्वसनीय आदमी हैं। उन पर आप यक़ीन कर सकते हैं। बिहार की स्थिति विषम है। यहाँ सावधानी ज़रूरी है।

• मैं आपको आपकी रचनात्मकता, कार्य और व्यवहार से जानता हूँ। आपके प्रति ऊँचा सम्मान रखता हूँ। मैं आपसे प्रलेस से या किसी से कभी यश की अपेक्षा नहीं करता। जो मुझे मिला—मैं ख़ुद को उसी के क़ाबिल नहीं समझता। यह विनम्रता नहीं है—मैं पढ़ता-लिखता बराबर इसे महसूस करता हूँ। अब मेरा जीवन भी सन्तोष में है। थोड़ा-सा क़र्ज़ है—उतर जायेगा। इधर संस्कृत के आर्ष ग्रन्थों को पढ़ा। कुछ लिखा भी। आत्मसम्मान बचाकर जो विश्वसनीय रिश्ते हैं, उनके साथ शेष भी गुज़र ही जायेगा। आपके पास पत्रिका, प्रकाशन, मंच, पुरस्कार हैं और विपुल सम्बन्ध। आपके पास समझ और कलाकार का मन है। आपने बहुतों को बनाया है। आपके पास ऐसी क्या चिन्ता? आपका हिन्दी में कोई विकल्प नहीं। नामवर जी बड़े हैं—उनको करने दीजिए। वे क्या काटेंगे-पीटेंगे आपको। वे समझ नहीं पा रहे हैं—वे अपनी ही फ़ज़ीअत कर-करा रहे हैं। सचमुच उनका पलस्तर झड़ गया है। लालच से सटे लोगों की भीड़ में कोई दम नहीं। कोई भी ईमानदार और गम्भीर आदमी के भीतर उनके लिए सच्चा राग नहीं।

• मेरे बारे में खगेन्द्र जी ने कुछ कहा तो यह व्यर्थ है। मैं तो प्रलेस का सदस्य बना ही नहीं। मुझे सदस्यता मिली ही नहीं। उनको जो मन में आये

करें। मैं या त्रिपाठी जी ने आपके कारण आवेदन किया। सदस्यता न मिली तो सन्तोष ही हुआ। इज़्ज़त बची। मैं अब एकदम दुखी नहीं हूँ। मैं प्रसन्न हूँ और लिख-पढ़ रहा हूँ।

• शीला को भेड़ाघाट देखना है। एक-दो दिन के लिए कभी आना है। आप अन्यथा नहीं लेंगे। हम लोग एक होटल में टिक जायेंगे। आप कोई व्यवस्था करा देंगे–घूम आयेगी। आप जानते ही हैं मैं यात्रा भीरु हूँ। घुमा नहीं पाऊँगा। मैं सुविधा से आपको लिखूँगा। 18 के बाद देथा आने वाले हैं।

• 200/– यथा समय भेजूँगा। भाभी को चरण स्पर्श। वत्सला, पाशा को नेह। शीला का सादर प्रणाम। उदिता/उमंग का चरण स्पर्श। ग़लती क्षमा! पत्र दें।

आपका

कर्मेन्दु शिशिर

पुनश्च : भैया! आप नाराज़ मत हों। आप बड़े हैं और आपका स्वभाव कलाकारोचित निजता का है। इसे सभी समझ नहीं पाते, सह नहीं पाते। अंबुज आपका ही है और आपका परम प्रशंसक! उसे समझा दीजिए, क्षमा कीजिए और अपने विश्वास में रखकर सही रास्ते पर लाइए। वह विमल से हज़ार गुना बेहतर है। आप अपनों को जो आपको सचमुच चाहते हैं–इस तरह ग़ुस्से छोड़ मत दीजिए। मेरे पास पत्र आया तो मैंने उसे तत्काल ज़रूरी हिदायतें दीं। अगर ज़रूरी समझें तो उसे बुला लें–मैं भी आ जाऊँगा। आप अपनी बात, अपने रास्ते को स्पष्ट कहिये। सभी में समान परिपक्वता नहीं होती। मगर वह कभी आपके विपरीत नहीं जा सकता। उससे ग़लती होगी। आप बड़े हैं, क्षमा करें।

कर्मेन्दु शिशिर

*

114. ज्ञानरंजन

101, रामनगर, आधारताल, जबलपुर
17/10/92

प्रिय कर्मेन्दु,

मैं भोपाल से नागपुर होता हुआ 14 को लौटा। तुम्हारा पत्र मिला। बातें तो तुमसे भोपाल में हो गयी थीं। अब मैंने निश्चय किया है कि अपने काम के अलावा सांगठनिक मसलों में नहीं पड़ूँगा। किसी की या मुद्दों को लेकर आलोचना नहीं करूँगा। जो जैसा करे। इसमें लेना-देना नहीं। अगर संगठन सत्ता की गोद में जाता है तो जाय उसकी वजह से कलह और कीचड़ में नहीं पड़ना।

तुम्हारे पत्र में एक ही बात अब मेरे लिए महत्त्वपूर्ण है। सपरिवार तुम्हारी जबलपुर यात्रा। इसे तुम कभी भी जनवरी में रख सकते हो। दिसम्बर तक बाहर आना जाना बहुत है। 26 दिसम्बर को चंडीगढ़ में पहल सम्मान कुमार विकल में तो तुम आओगे ही। तुमने होटल की बात लिख कर मन को दुखाया है। यह बहुत ही तकलीफ़देह आग्रह है। मेरा घर तो सबके लिए खुला है और फिर तुम्हारे जैसे आत्मीय के लिए तो वह एकमात्र जगह है जबलपुर में। अब कार्यक्रम बना लो। बस। और अब हम नए सिरे से जीवन जीने का प्रयास करेंगे। शीला को हमारा आशीष और बच्चों को प्यार।

तुम्हारा
ज्ञानरंजन

*

115. ज्ञानरंजन

101, रामनगर, आधारताल, जबलपुर
14/11/92

प्रिय कर्मेन्दु,

तुम्हारा पत्र मिला। तुमने अपना काम पूरा करने की सही दिशा ले ली है, इससे बहुत प्रसन्नता हुई। अब इससे मेरे लिए भी प्रेरणा उत्पन्न होती है।

मैं नये साल में बैठकर अपने लिखने की शुरुआत करूँगा। अब संकल्प कर लिया है। अभी एक अंक 'पहल' का निकला है छोटा और एक दिसम्बर 26 को चंडीगढ़ में रिलीज होगा।

कहानी पर एक अंक मध्य 1993 में निकालना है। यह नये कथाकारों पर केन्द्रित होगा। अगर कोई आलेख नये रचनाकारों की कहानियों पर सोच सको तो लिखना। विचार करके बताना। चंडीगढ़ आ सकोगे क्या। तुम्हारा संकट भयावह है। तुम विकट संघर्ष करते हो। इसलिए जादा आग्रह नहीं करूँगा। पर अगर सुभीता बने तो आना। 06 दिसम्बर का।

तुम अब अपना महत्त्वपूर्ण पूरा करो यह कामना है। जनवरी, फ़रवरी में सपरिवार हमारे यहाँ आना।

पत्रिकाओं की सकारात्मक भूमिका पर तुमने काफ़ी काम किया है। मेरे वक्तव्य में उस तरफ़ बिलकुल भी नहीं कुछ लिखा गया था।

तुम्हारा
ज्ञानरंजन

*

116. ज्ञानरंजन

101, रामनगर, आधारताल, जबलपुर
04/12/92

प्रिय कर्मेन्दु,

तुम्हारे 17.12 के दो पत्र मुझे कुछ देर से मिल सके। मैं भोपाल में पहल गोष्ठी के बाद वीरेन डंगवाल और विमल कुमार के साथ ही दिल्ली चला गया था। मंगलेश आयोवा से लौटा था, दो साल से उससे मिलना नहीं हुआ था। वहाँ से लौट कर आने पर काफ़ी पेन्डिंग काम थे। अब जाकर कुछ फुरसत मिली है।

समझता हूँ कि तुमको स्थानीयता के चक्कर से कतई बचे रहना चाहिए। लोगों के साथ समझ बनाने और सम्बन्धों के बारे में तुम असन्तुलित हो और

बिहार की स्थिति ब्रहुत ही विषम है। इसलिए अपने काम में लगे रहना और अगर गैरसाहित्यिक मित्र हैं तो उनके साथ वक़्त गुज़ारने के अलावा अब लिखने-पढ़ने में ध्यान देना चाहिए। दूसरे यह बात मैं काफ़ी शिद्दत से कह रहा हूँ कि तुमको अपनी तरफ़ अपने गुण और कमज़ोरियों की तरफ़ ध्यान देना चाहिए। इससे काफ़ी वक़्त अपने निर्माण में लग जायेगा। पिछले समय में तुम्हारी काफ़ी चीज़ें प्रकाशित हुईं और यह आज की हालत में सन्तोषजनक है। इससे निकट मित्र समाज को लगता है कि वे उपेक्षित हैं। और फिर एक ग़लत सिलसिला चलता है। अपने अन्यतम मित्रों के लिए जो कुछ बन पड़े करना चाहिये।

हरि से मैं चर्चा करूँगा कि क्या बात है। विश्वास है वह सब ठीक हो जायेगा।

सुबोध् को मैंने कटनी लिखा था कुछ जवाब नहीं आया। तुम सुबोध् को सीधे लिखो। अशोक कालोनी, कटनी। वह मदद करेगा। हमें इस समय पैसों की सख़्त ज़रूरत है। अगले अंक में बहुत पैसा लगना है और अभी अंक प्रेस में नहीं दिया। पिफर एक पुस्तिका भी निकालनी है। लखनऊ में हमारा 3 हजार का कर्ज है। पर मैं तुम्हारी कठिन हालत से अवगत हूँ। तुम लोगों का जीवन संघर्ष भयानक है।

मेरे लिखने के बारे में तुमने लिखा है। मैं जरूर लिखूंगा। मेरा मन बन रहा है। दो साल तो मैंने मृत्यु भय में गुजारे। अब कुछ ठीक है सेहत और मन भी लग रहा है। काम का दैत्य सर से उतार कर लिखना होगा।

शीला और बच्चों को हमारा बहुत-बहुत अभिवादन।

तुम्हारा

ज्ञानरंजन

*

117. ज्ञानरंजन

21/12/92

प्रिय कर्मेन्दु,

तुम्हारा पत्र मिला। हम 14 दिन घर में बन्द रहे। बहुत ही बुरा समय है। आगे हत्यारा फ़ासिज़्म सर पर मँडरा रहा है। अब सोचकर मिलकर बैठकर सब कुछ आगामी तय करना है।

मैं 23 को निकल रहा हूँ। बहुत ही कठिन समय में हम यह काम कर रहे हैं। बड़ी परेशानी है। विश्वास है तुम पहुँचोगे। तुम्हारी कठिनाइयाँ अवगत हैं। नहीं आ सकोगे तो मैं उसका बुरा नहीं मानूँगा। हिमाचल और पंजाब के लोग जायेंगे। एक नया समाज होगा जो हमें मानता है और जो हमारा है। उससे निकटता बनेगी। बाद में लिखेंगे।

तुम्हारा
ज्ञानरंजन

*

118. ज्ञानरंजन

06/01/93

प्रिय कर्मेन्दु,

तुम्हारा पत्र और भेजी कटिंग मिली। मैं हार्दिक रूप से कृतज्ञ हूँ। आलोक धन्वा से भी कहना। मैं उसको भी पत्र लिखूँगा। ओम भारती से बता दूँगा।

चंडीगढ़ में पठानकोट, जम्मू, शिमला, मण्डी, जलंधर, अमृतसर, लुधियाना, अम्बाला, देहरादून तक से लोग आये थे। और भी जगहों से। और कर्मेन्दु भाई सबसे ख़ुशी की बात है कि पाश के कुछ अभिन्न साथी भी वहाँ पहुँचे थे। मंगलेश, प्रयाग, विमलकुमार, वीरेन डंगवाल, मैनेजर पाण्डे, चमनलाल, महाराजकृष्ण सन्तोषी, तुलसी रमण भी थे। कार्यक्रम लखनऊ से भी जादा गरिमायुक्त और प्रभावी था। वास्तविक कठिनाइयों की वजह से

कुछ अभिन्न साथी नहीं आ सके। पहल-45 के लिए एक पत्र विजयकुमार को ज़रूर लिखना।

तुम्हारा
ज्ञानरंजन

*

119. ज्ञानरंजन

01/02/93

प्रिय कर्मेन्दु,

10 दिन बाद घर लौटा रात को। खण्डवा, इन्दौर, भोपाल, बिलासपुर होकर इन्दौर में PWA का कार्यक्रम था। 'पहल' भेजने में देर हुई। जल्दी जायेगी। या मदन कश्यप के मार्फत मिल जायेगी। राजकमल में भी भेजूँगा।

मैं एक ही बात लिखना चाहता था कि तुमने अपनी अस्वस्थता की बात, आघात की बात क्यों छिपाई। मुझे चिन्ता है, मन विकल है। भोपाल में जैसे ही हरि ने बताया तभी से लगातार यात्रा में ही रहा। आते ही तुम्हारा पत्र मिला। मुझे अपनी तबीयत का स्पष्ट हाल तत्काल लिखो।

तुम्हारा
ज्ञानरंजन

*

120. ज्ञानरंजन

101, रामनगर, आधारताल, जबलपुर
18/02/93

प्रिय कर्मेन्दु,

तुम्हारा पत्र मिला। मित्रों के पास भी तुम्हारे पत्र आये हैं। तुम बेहतर हो यह अच्छा लग रहा है। बहरहाल, मेरी यह राय है कि स्थानीय मामलों में

तटस्थ और गुमनाम भले हो जाओ पर एक प्रतिहिंसात्मक प्रतिक्रिया बचाये रखने की जगह ठण्डापन रखना चाहिए और अपना काम करते रहना चाहिए। उग्रता पूरे शरीर पर असर डालती है। बार-बार बनते-बिगड़ते रिश्तों का सिलसिला कुल मिलाकर मेरी समझ से परे है। क्या आजीवन ही यह चलेगा। हम जो लोग मार्क्सवाद में विश्वास करते हैं क्या उन्हें मनुष्य पहचान की एक दृष्टि नहीं मिलती या मिलती है तो वह विकसित नहीं होती। मैं यह महसूस करता हूँ कि तुम बार-बार रिश्तों के प्रसंग में धारणाएँ बदलते हो। इससे बहुत नुक़सान होता है और हम आपत्तियों को बुलाते है। हमें रिश्ते और उनके अनुपात बहुत सोच-समझ कर बनाने विकसित करने चाहिए। रिश्ते अगर... की तरह रहे तो यह हमारी कमज़ोरी है कहीं।

एक न्यूनतम सोच-विचार परिवार के लिए रखना चाहिए और अपनी सेहत के बारे में बहुत नियमित हो जाना चाहिए। अब उम्र के हिसाब से एक सन्तुलित दिनचर्या होनी चाहिए। अपने लेखन के लिए जान पर नहीं खेलो लापरवाह रहो उससे भी मूल्य महत्त्व मिलेगा। भयानक जागरण और शरीर के लिए ज़रूरी तत्त्वों की कमी उचित नहीं है।

बहरहाल, सबकुछ जल्दी ही ठीक कर लो। बच्चों को प्यार।

तुम्हारा
ज्ञानरंजन

*

121. ज्ञानरंजन

प्रिय कर्मेन्दु,

टेलीफ़ोन के लिए बधाई। नम्बर नोट कर लिया है। कभी बात करेंगे।

तुम्हारा
ज्ञानरंजन

*

122. ज्ञानरंजन

101, रामनगर, आधारताल, जबलपुर
30/06/93

प्रिय कर्मेन्दु,

'पहल' के सम्बन्ध में तुमने याद किया और बधाई भेजी। 'पहल' का निर्माण तुम सबने किया है, इसलिए सन्तोष होना स्वाभाविक है। 'पहल' का संसार और व्यापक बने यह प्रयास रहेगा। विजयकान्त ने शुभ समाचार दिया था। पाशा का विवाह भोपाल में तै हुआ है, दिसम्बर में विवाह करेंगे। शीला जी कैसी हैं? उदिता, उमंग को प्यार।

तुम्हारा
ज्ञानरंजन

*

123. ज्ञानरंजन

101, रामनगर, आधारताल, जबलपुर
14/08/93

गोपनीय

प्रिय भाई कर्मेन्दु जी,

यह पत्र हम आपको दो सूचनाओं और मशविरे के लिए लिख रहे हैं। कृपया इसे अपने तक रखें।

पहली सूचना यह है कि 1993 से पहल सम्मान स्वतन्त्र रूप से पहल सम्मान रहेगा और उसके साथ रामकृष्ण माहेश्वरी नाम हटा दिया गया है।

1993 में पहल सम्मान गद्य की विधाओं पर दिया जाना है। अभी तक यह सम्मान विजेन्द्र, कामतानाथ और कुमार विकल को दिया जा चुका है। इस साल इसे किसी कथाकार के लिए समर्पित होना है।

हमारे पास परामर्श, मशविरे और प्रस्ताव के रूप में जो महत्त्वपूर्ण नाम उभरे हैं, वे निम्नलिखित हैं :–सर्व श्री हृदयेश, काशीनाथ सिंह और स्वयंप्रकाश।

अब इसे 10 व्यक्तियों की अन्तिम जूरी में तै होना है। आपका नाम हमने इस सूची में रखा है। आप समकालीन हिन्दी साहित्य के एक प्रमुख हस्ताक्षर हैं। आप हमें सही निर्णय तक पहुँचने में सहायता करें। आप किसी एक व्यक्ति की संस्तुति करें और अपना मन्तव्य बतायें। हमारा भावी निर्णय इसी पर आधारित होगा।

विश्वास है अति शीघ्र आप हमें अपने मत से अवगत कराएँगे। अभिवादन सहित।

आपका

ज्ञानरंजन

सम्पादक/पहल

*

124. ज्ञानरंजन

भाऊ समर्थ स्मृति पहल व्याख्यानमाला

17/08/93

प्रिय कर्मेन्दु,

आज तुम्हारा पत्र मिला। मैं अपने निर्णयों के बारे में आत्मलोचन को कभी भी समाप्त नहीं करना चाहता। मैं अतिवादी शैली की जगह धीमी शैली से काम करने में विश्वास करता हूँ। पर क़दम ठोस रखना ज़रूरी है। पहल निधि के लिए लोग धीरे-धीरे मदद कर रहे हैं। विश्वास है कि एक साल में हम 5 साल के लिए अपनी व्यवस्था कर लेंगे।

तुमसे आशा करना मेरा अपराध होगा। मैं जानता हूँ कि तुम किन कठोरताओं का सामना करते हुए अपना जीवन और साहित्य संचालित कर रहे हो। तुम हमारे गिरते वक़्त में हम सबके लिए एक उदाहरण हो। निजी जीवन और सार्वजनिक जीवन में मेरे लिए आज भी तुम्हारा सम्बल बड़ा है।

तुमने पीस वर्क करके जो साधन जुटाने का काम अपने लिए किया है इसका मैं स्वागत स्वागत करता हूँ। यह ज़रूरी था। परिवार ने बहुत लकलीपफ उठाई और इसको कमतर करना ज़रूरी है। तुम्हारे प्रकाशन सम्बन्धी समाचार बहुत शुभ हैं बहुत सुखद है।

जैक लन्दन को मैं पढ़ना चाहता हूँ। सोवियत यूनियन में लोग मुझसे जैक लन्दन के बारे में बार-बार उत्साह से पूछते थे। मैं प्राप्त करता हूँ। दिसम्बर के बाद मैं जम कर पढ़ने का काम करूँगा। शीला को हमारा स्नेह और बच्चों को प्यार।

तुम्हारा
ज्ञानरंजन

*

125. ज्ञानरंजन

सम्पर्क : राजेश जोशी, एम.आई.जी. 99, सरस्वती नगर, भोपाल
08/10/93

प्रिय कर्मेन्दु,

तुम्हारा पत्र मिला। इस बीच मेरा पत्र और सम्मान की विज्ञप्ति मिल गयी होगी। जबलपुर पहुँचने की स्पष्ट तारीख़ लिखो। 30-31 को भोपाल में सघन कार्यक्रम है। मुझे 28 को पहुँचना है। विश्वास है तुम इसके पहले ज़रूर आओगे। हम उत्सुक हैं।

सहाय जी के कार्यक्रम में मैं नहीं गया। जिनकी किताबें उन्होंने छापी हैं वे गये। सामन्ती व्यवहार वाले प्रकाशक का लेखक स्वागत करे यह मैं समझ नहीं सकता। म.प्र. में रामविलास मर गये, प्रमोद वर्मा जीवित हैं–65 साल के, मुक्तिबोध के अभिन्नतम जीवित साथी, मलय 63 के हुए, भाऊ म.प्र. प्रलेस के हर कार्यक्रम में आये, उनका पूरा दोहन किया गया और आज इनमें से किसी की याद करने की ज़रूरत नहीं है। नामवर जी ने मायाराम सुरजन को अपने एक व्याख्यान में जीवित अमीर खुसरो कहा। हमें शर्म भी नहीं आती

और सम्मान करते हैं। आज तक किसी लेखक को अपवाद छोड़कर जो प्रकाशक रायल्टी नहीं देता, किसी से कन्ट्रैक्ट साइन नहीं करवाता, किसी की किताब हिन्दुस्तान के शो रूम में नहीं भेजता उसका सम्मान होता है। सरकारी ख़रीद घूसखोरी के दम पर करवाना जिसका पेशा है उसका सम्मान होता है। भाऊ समर्थ की किताब मेरे प्रयास से चित्रकला और समाज छापी थी जब भाऊ पर हमने केन्द्रित कार्यक्रम इन्दौर में किया था। उसकी 100 प्रतियाँ मैंने और 100 प्रतियाँ नागपुर में साथियों ने बेच कर पैसा सहाय जी को भेजा। किताबें और भी पर्याप्त बिक गयीं पर उनके मर जाने के बाद भी मेरे बार-बार यदि दिलाने के बावजूद उनके टूटे बिखरे ग़रीब परिवार को नहीं दीं भाऊ के जीते जी तो नहीं ही दीं। मेरे मन में सार्वजनिक सम्मान उनका नहीं है। हाँ, निजी तौर पर उन्होंने मुझे सहयोग कभी-कभी दिया जिसकी कृतज्ञता लिखित मैंने उन्हें भिजवाई। उसे मैं याद करता हूँ। लेकिन हिन्दी के लेखकों को अगर थोड़ा-सा निजी उपकार मिल जाये तो बिछ जाते हैं।

मैं जानता हूँ कि मेरे पीछे कौन कितना वमन करता है पर मेरी यात्रा अबाध् है। मुझे इस तरह के अध्कचरों से अच्छे शब्द नहीं चाहिए। मैंने अशोक त्रिपाठी को यह स्पष्ट लिख दिया था कि सहाय जी केदारनाथ अग्रवाल की उपेक्षा के कारण नामवर जी से हमेशा नाराज रहे। व्यक्त किया और राजाराममोहन लायब्रेरी के अध्किारी होने के बाद तलुए चाटने लगे। म॰प्र॰ में 2 साल के कुछ 8 कार्यक्रम में 7 जगह नामवर जी को बुलाया गया और उसमें से कई जगह सहाय जी भी आए। क्योंकि नामवर जी कमला प्रसाद को सागर में प्रोपफेसर बनवाने में कारगार हैं इसलिए सब कुछ नामवर को काशीनाथ को समर्पित है।

मेरा निवेदन है कि मुझे मेरे बारे में कौन क्या कहता है इसकी सूचना मत दिया करो। तुम जो अपना लिखोगे कहोगे उससे ही मेरा सरोकार है बाकी से नहीं। सौजन्य से भी मैं इस तरह के लोकोत्सव में शामिल नहीं हो सकता। मैं

सार्वजनिक शुचिता को निजी शुचिता से जादा महत्व देता हूं। विश्वास है मेरा मंतव्य सापफ हो गया होगा।

शीला, उदिता, उमंग को हमारा स्नेह।

तुम्हारा
ज्ञानरंजन

*

126. ज्ञानरंजन

16/11/93

प्रिय कर्मेन्दु,

तुम्हारा पत्र मिला। तुमको इससे पहले नहीं लिख सका। आज ही लखनऊ के लिए निकल रहा हूँ। 3-4 दिन बाद लौट कर राजकमल को बिल पत्र किताबें भेज दूँगा। तुम्हारी मदद के लिए बहुत आभारी हूँ। पहल 46 और 47 के पैसे भी राजकमल को भेजने हैं। याद दिला देना। दोनों के बिल भेज दिये थे।

इस बीच बहुत दुखद ख़बरें हैं। कुमार सम्भव ने आत्महत्या कर ली। सुधीर विद्यार्थी की पत्नी ने आत्महत्या की और कानपुर में सुमति अय्यर की हत्या कर दी गयी।

तुम लोगों के आने से हमारे घर में भी रौनक रही। अपना ध्यान रखना। शीला जी को हमारा अभिवादन और दोनों बच्चों को प्यार।

तुम्हारा
ज्ञानरंजन

*

127. ज्ञानरंजन

08/01/94

प्रिय कर्मेन्दु,

तुम्हारा पत्र मिला। तुम सब एक कठिन दौर से गुज़र रहे हो। मुझको लगता है यह अर्थ व्यवस्था हमें उठने नहीं देना चाहती। तुम्हारी कठिनाइयाँ तो भीषण हैं। तुम किस तरह सब व्यवहार कर लेते हो मुझे आश्चर्य होता है।

हमारी प्रार्थना है कि यह साल तुम्हारे पूरे परिवार को स्वस्थ रखे और तुम्हारी रचनात्मक आर्थिक समृद्धि हो। हम हर बार सपने देखते हैं और इसके अलावा और कर भी क्या सकते हैं। तुम्हारी किताबें राजकमल से आ रही हैं यह प्रसन्नता की बात है। आज श्रीमती जी मायके से 14 दिन बाद वापस आयी हैं। शाहजहाँपुर का कार्यक्रम बहुत ही प्रभावी हुआ। कुछ लोग जैसे तुम भी पहल परिवार के अभिन्न साथी याद आते रहे। पर मैं कठिनाइयों से अवगत हूँ इसलिए मन मसोस के रह जाता हूँ।

तुम्हारा
ज्ञानरंजन

*

128. ज्ञानरंजन

14/03/94

प्रिय कर्मेन्दु,

तुमसे टेलीफ़ोन पर चर्चा हुई। तुम कविताएँ भेज दो हम उसको पढ़ कर लिखेंगे और प्रकाशन सम्बन्धी व्यय आदि का विवरण भेज देंगे।

पाशा का विवाह समारोह 18 अप्रैल को जबलपुर में होगा। तुम लोग सादर आमंत्रित हो। आना। बाक़ी विवरण बाद में जायेगा। घर में सबको यथायोग्य।

तुम्हारा
ज्ञानरंजन

*

129. ज्ञानरंजन

प्रिय कर्मेन्दु,

तुम्हारा पत्र। मेरा यह छोटा-सा पत्र। मैं 16 को निकला था। भोपाल, दिल्ली, बीकानेर, जयपुर, दिल्ली होते वापस कल आया। पहल के लिए यह यात्रा थी। पहल सम्मान को हमने रामकृष्ण माहेश्वरी से स्वतन्त्र कर लिया है इसलिए एक अलग निधि बना रहे हैं। उसमें बूँद-बूँद एकत्र कर रहे हैं।

सफलता मिली। यात्रा जारी है। अंक 47 छप गया है। शीघ्र जायेगा। राजकमल से इस बार बिक्री के पैसे अंक 46 के नहीं आये। देखना।

शीला जी बार-बार अस्वस्थ होती हैं। बच्चों और उनका ध्यान रखो। तुम्हारा जीवन संघर्ष हमारे लिए आदर्श की तरह सामने रहता है पर हम वहाँ तक नहीं पहुँच पायेंगे।

जैक लंडन का कोई उपन्यास मैं भी पढ़ना चाहता हूँ। उदिता और उमंग को हमारा प्यार।

तुम्हारा
ज्ञानरंजन

*

130. ज्ञानरंजन

28/04/94

प्रिय कर्मेन्दु,

15 दिन बाद पहला पत्र लिख रहा हूँ। पाशा का विवाह सानन्द सम्पन्न हुआ और तुम सबकी कमी बहुत अखरी। पर विवशताएँ अपनी जगह काम करती ही हैं। पाशा के विवाह के एक सप्ताह पहले 4 दिन अस्पताल में रहा। तीव्र ज्वर 104-105 तक गया। कई बोतलें चढ़ीं। फिर स्वस्थ हो गया। इधर विवाह के बाद बहुत कमज़ोरी है। काम का मन नहीं कर रहा है। आज हिम्मत की है।

तुम्हारे सहयोग के लिए क्या कहूँ। बहुत कठिन समय में यह सहायता आयी है। इसके लिए मुखर होकर क्या लिखूँ। कृपया सहयोग का पता नाम तो लिखो ताकि किताबें आदि भेज सकें।

राजकमल में किताबों और पहल का बिल पड़ा है। उसे जल्दी भिजवा दो तो बहुत काम बनेगा। अब पाई-पाई जोड़ रहा हूँ। अभी इतना ही लिख रहा हूँ। जादा की हिम्मत नहीं है। 12 को जमशेदपुर के लिए निकलना है।

बच्चों को प्यार। शीला जी को हमारा अभिवादन।

तुम्हारा
ज्ञानरंजन

*

131. ज्ञानरंजन

26/05/94

प्रिय कर्मेन्दु,

तुम्हारा पत्र मिला। तुमको अपने जीवन प्रवाह के लिए बहुत जद्दोजहद करनी पड़ रही है। मैं इसकी भयानक मुश्किलों की कल्पना करता हूँ तो दहशत होती है। वेतन आदि की बाधा समाप्त हो निरन्तरता बने यही कामना करता हूँ। सेहत अब कुछ बेहतर है। इसी के कारण जमशेदपुर नहीं पहुँच सका। काम बहुत है और अब इस बरस गर्मी भी असहनीय है। समय नष्ट होता रहता है। फिर भी अन्दर ही अन्दर कोशिश में हूँ कि गद्य लेखन कुछ हो सके।

विद्यानन्द जी को कुछ किताबें भेज रहा हूँ रजि. डाक से। पहल 48 से उन्हें अंक भी मिलेगा लगातार।

सत्येन्द्र जी और राजकमल के सम्बन्धों को लेकर मुझे दिल्ली में भनक मिली थी। हम तो चाहते हैं कि जो हुआ अब सत्येन्द्र जी अच्छे मार्ग पर चलें और ख़ूब सफलता प्राप्त करें। राजकमल से तुम यह पता लगा कर भेजो कि आगे पहल की व्यवस्था क्या रहेगी। हम भेजें या न भेजें। पहल 48 और किताबों के बिल का भुगतान करवाने में सहायता देना और वास्तविक हालत से अवगत कराना।

शीला जी को बच्चों को हमारा यथायोग्य। अपना समाचार देते रहना।

तुम्हारा
ज्ञानरंजन

*

132. ज्ञानरंजन

15/06/94

प्रिय कर्मेन्दु,

साथ में पत्र भेज रहा हूँ। इसमें एक लाँछन मेरे ऊपर है। मैं किशन कालजयी को भी लिख रहा हूँ। इसके पहले भी कई बार इस तरह की बातें

आती रही हैं और तुम्हारा नाम जोड़ा जाता रहा है। मैंने ध्यान नहीं दिया और विश्वास नहीं किया। पर अब बात कुछ जादा बढ़ गयी है। इसलिए इसका सार्वजनिक रूप से स्पष्टीकरण होना ज़रूरी है। किशन कालजयी की पत्रिका में ही यह आना चाहिए अन्यथा मुझे पहल में सब कुछ लिखना पड़ेगा और मैं यह नहीं चाहता कि इस तरह की भाजपाई शैली को कुछ जादा अहमियत दी जाय।

विश्वास है सपरिवार स्वस्थ प्रसन्न होगे।

तुम्हारा
ज्ञानरंजन

*

कर्मेन्दु शिशिर

हनुमान नगर, शास्त्री नगर, पटना
22/06/94

आदरणीय भाई!

सादर नमस्कार।

आपका पत्र और संलग्न फोटोप्रति अवाक् कर देने वाला था। ईश्वर के लिए आप या तो मुझ पर यक़ीन करें या मत करें। ऐसी अप्रत्याशित और ओछी बातों से आजिज़ आकर ही मैंने लगभग मिलना-जुलना, लिखना, छपना और यात्रा (साहित्यिक) छोड़ दिया है। सहाय जी हों या कमला जी–सभी आपके प्रति मेरे सम्बन्ध की आत्मीयता को जानते हैं। मणि जी ने अन्य कारणों के अलावे इस कारण भी मेरी जो गति की–वह मैं ही जानता हूँ। उस पर कोई सवाल उठे, कुछ भी कह दे, लिख दे–और आप तुरन्त झटकार कर प्रतिवाद न करें–ये बातें मुझे निराश करती हैं। मैं क्रिकेट खिलाड़ी की तरह घोषणा तो नहीं कर सकता कि मैंने साहित्यिक संसार छोड़ दिया है–मगर कर ऐसा ही रहा हूँ।

• जिस प्रसंग का न मैं सिर जानता हूँ, न पैर! उस पर क्या सफ़ाई दूँ? कुछ मेरी समझ में नहीं आता। नये प्रपंच, नये घर की दिक़्क़तों में कहाँ आपसे और आप जैसे लोगों से राहत मिलती–वहाँ एक नया, अपरिचित और

अप्रत्याशित प्रपंच! आप ख़ुद विचार करें और जो यक़ीन मन में आये–उसे ही मानें। ज़्यादा मैं नहीं कहूँगा। मैंने श्री विजयकान्त जी और किशन कालजयी को जो पत्र भेजा है–उसकी प्रति भेज रहा हूँ। मेरी दिक़्क़त, मेरी नैतिकता और स्वाभिमान है। कृपया आप ऐसे व्यर्थ प्रपंचकों को आँख मूँद कर झटकार दें–या मुझे ही। अब तक हमारे-आपके बीच स्थायित्व, समझ, स्वभाव तो स्थिर हो ही जाना चाहिए था। आप व्यवहार और कर्म से ही मन का अन्दाज़ करें। बहुत दुखी और आहत हुआ हूँ। क्षमा करें।

आपका
कर्मेन्दु शिशिर

• विजयकान्त जी मुझ जैसे अप्रासंगिक, अकेले और अहिंसक व्यक्ति पर क्यों पड़े हैं? जिस व्यक्ति ने राजेन्द्र यादव की आलोचना के लिए खुलेआम पत्र भेजकर भर्त्सना की–उससे टकराकर देखें। बदला तुरन्त मिलेगा।

*

श्री विजयकान्त और किशन कालजयी को भेजे पत्र की प्रतिलिपियाँ उपर्युक्त पत्र के साथ संलग्न हैं...

*

कर्मेन्दु शिशिर

हनुमान नगर, शास्त्री नगर, पटना
22/06/1994

आदरणीय भाई! (किशन कालजयी)

नमस्कार।

आज ज्ञान जी का एक पत्र आया। उसमें आपने मेरे बारे में जो एक पैराग्राफ़ लिखा था–उसे पढ़ कर हतप्रभ हो गया। आपसे एक ही अनुरोध करूँगा कि मित्रता और विरोध दोनों को वयस्क और गरिमावान रखना चाहिए। आपने खगेन्द्र जी के यहाँ विवाह में मुझसे जो बातें कहीं–वह आपकी असामान्य स्थिति के बावजूद आपत्तिजनक थीं। मैंने आपके ग्राहक रुकवाये–यह ग़लत

आरोप था। मैंने खगेन्द्र जी को भी कह दिया था। बहरहाल! मैंने अपना विरोध आपको लिखकर भेजा। उसके बाद मैंने न तो ज्ञान जी से, न ही किसी और से आपकी चर्चा की। मैंने आपकी चर्चा एकबारगी छोड़ दी। आपके प्रति मेरे मन में दुराव भी नहीं। लेकिन, आप 'कुक्करों' और ऐसी ही बातों से अनावश्यक अपनी गरिमा गिरा रहे हैं। मेरा किशन कालजयी या ऐसे अन्य साहित्यकारों से कोई रिश्ता नहीं। उनके नाम के पत्र की फोटो प्रति यक़ीन के लिए भेज रहा हूँ–वैसे आप वही करें जो आपके मन में है। मनोगत आशंकाओं, आरोपों का कोई इलाज नहीं। मैं तो पिछले एक वर्ष से वेतन कटौती का मुक़दमा लड़ रहा था और फिर मकान बदलना, क़र्ज़ वगैरह। मेरे पास न तो वक़्त है और न ही ऐसा मन जो इस तरह के प्रपंचों में पड़े। ज्ञान जी या आपके प्रति मेरी धारणा रचनात्मक आधार पर बनती है–जो ख़ुद आपके या ज्ञान जी के कारण भी नहीं बदलती। जो विशेषण आपने मेरे लिए लिखा है–वे संज्ञाएँ आपके आसपास भी रहती होंगी। कृपया अपनी धारणा उनके कहने पर नहीं, वस्तुगत आधार पर ही क़ायम करें। मेरे लिए साहित्य में सम्पर्क न पहले ज़रूरी था, न अब। यह भ्रम ज्ञान जी से मिलकर दुरुस्त कर लें–मैंने उनसे आपके किसी बर्ताव या व्यवहार की चर्चा नहीं की है। बाक़ी आप जानें।

शुभकामना सहित।

आपका

कर्मेन्दु शिशिर

श्री विजयकान्त जी को भेजे पत्र की प्रतिलिपि

*

कर्मेन्दु शिशिर

हनुमान नगर, शास्त्री नगर, पटना

22/06/94

प्रिय भाई! (किशन कालजयी)

मेरा आपसे न नियमित पत्राचार है और न मिलना। आपने लघु पत्रिका पर लेख के आसंग में जो दो-चार पत्र भेजा है–मैंने प्रश्नावली मँगाकर उत्तर दिया। उसे ही आपने लेख की शक्ल में छापा। उसके बाद आपने 'ग़ैट' या

'डंकल' पर लेख माँगा और मैंने असमर्थता व्यक्त की। इसके अलावे मेरा आपसे कोई संवाद नहीं रहा।

• मेरे पास ज्ञान जी का पत्र आया। उसके साथ बिहार के एक सम्पादक और वरिष्ठ पत्रकार के पत्र की फोटो प्रति भी है। उसमें आपके हवाले से यह कहा गया है कि मैं आपके द्वारा यह प्रचारित कर रहा हूँ कि ज्ञान जी को अफ्रीका से धन मिलता है। ऐसी बेहूदी, ऊटपटाँग और अति अगम्भीर, ओछी बातें आप ख़ुद कर रहे हैं, तो भी ग़लत हैं। इसमें मेरे नाम का इस्तेमाल तो शत-प्रतिशत ग़लत है। आपको जो अब करना है करें, मगर ऐसे व्यर्थ प्रसंगों में मुझे न घसीटें। मैं ऐसे विरोध से घृणा करता हूँ। इसी कारण तमाम सम्पर्कों से अलग-थलग रहने की कोशिश करता हूँ। मेरा विरोध सैद्धान्तिक, वैचारिक, मूल्य आधारित और नैतिक आग्रहों पर खुले आम लिखित होता है। आगे से आप किसी भी आग्रह-दुराग्रह में बेमतलब मेरा नाम न लावें। विश्वास है आप इसका ध्यान रखेंगे। अगर आप ऐसा नहीं करेंगे तो मुझे लिखित रूप से स्थिति स्पष्ट करनी होगी–इससे आपकी बहुत क्षति होगी। ज्ञानजी से मेरे सम्बन्ध निजी हैं।

शुभकामना सहित।

आपका
कर्मेन्दु शिशिर

किशन कालजयी को भेजे पत्र की प्रतिलिपि

*

133. ज्ञानरंजन

06/07/94

प्रिय कर्मेन्दु,

तुम्हारा पत्र मिला। तुमको अगर यह न पता हो तो जानना चाहिए कि मैंने आज तक कभी भी अपने ऊपर होने वाले साहित्यिक, राजनैतिक या गलचोर के माध्यम से किये जाने वाले आक्रमणों और फुसफुसाहटों का कभी कोई जवाब नहीं दिया और मैं इस तरह की बात अपने दिमाग़ी रेकार्ड से ख़ारिज करता रहा हूँ। आपातकाल तक में जब धुँआँधार आक्रमण हुए मैंने अपना काम सतत जारी रखा। लोग अक्सर यह चाहते रहे कि पहल उनके क़ब्ज़े में रहे उनका वर्चस्व रहे। इसे मैंने कभी एलाउ नहीं किया और इस वजह से

लोग या तो नाराज़ होते हैं या शीत युद्ध चलाते हैं। इसीलिए मैंने बहुत से लोगों को अपना विरोधी बनाया है पर मेरे मित्र समाज में भी अपार लोग हैं जो मेरे आत्मबल में वृद्धि करते हैं।

जब ये सारी बातें बहुत बढ़ रही थीं तब मैंने तुमको यह पत्र भेजा कि इसका निराकरण हो जाय तो ठीक। आज से नहीं अर्से से ये ख़बरें तरह-तरह से अलग-अलग आती रहीं लेकिन अगर मैं उसकी जानकारी भी न दूँ तो उचित नहीं होगा। मैं अपना मित्र जिसे बनाता हूँ उसका निर्वाह भरसक आजीवन करता हूँ। कमज़ोरियों के बावजूद जो मुझमें और सबमें किसी हद तक होती है लेकिन एक अनुभव मेरे पास तुम्हारे बारे में सीधा यह है कि यह पता लगाना बहुत कठिन है कि तुम्हारे लिए कब कोई प्रिय होगा कब अप्रिय। यह डाँवाडोल बहुत तेज है। ताज़ा उदाहरण सत्येन्द्र जी का है जो तुम्हारे परमप्रिय थे। उनके बारे में मैंने तुमको बताया था पर अब जब वे अलग हुए तुम उनके लिए अन्यथा लिख रहे हो। उनकी ग़लतियाँ बहुत हैं पर तुम्हारा उनके साथ एक बहुत शानदार अतीत है। यही तुम प्रकट भी करते रहे। यह उदाहरण है। उदाहरण अनेक हैं। यह मित्रा शत्राु का रोज-रोज का बदलाव तुम्हारे साथ क्यों है मैं समझ नहीं पाता बिहार में तो है वह अलग बात है। तुम तरह तरह के विशाल तर्कों और विवरण से इस सबका जवाब दे देगो पर मन है कि मानता नहीं। बहरहाल, इन विवादों और संवादों के बावजूद तुम्हारे, अरुणकमल, त्रिपाठी जी, आलोकधन्वा, मदन कश्यप, विजयकांत सबके प्रति मेरी अलग-अलग परख है। कमियों के अनंत उदाहरणों के बावजूद मेरे पास इन सभी को प्यार करने मैत्राी रखने के अलावा कुछ नहीं है। बच्चों को प्यार, शीला ठीक होंगी।

*

कर्मेन्दु शिशिर

न्यू पुनाई चक शास्त्री नगर, पटना
17/07/94

आदरणीय,

सादर नमस्कार!

आपका पत्र मिला। इसके उत्तर में मुझे तर्क या विवरण कुछ नहीं भेजना है। आपके मन को मनाना मेरे वश में नहीं। मैं एक मामूली आदमी हूँ–मेरे पास सिवाय नैतिक बल और आत्म-सम्मान के और कुछ नहीं है।

• मुझे कहना तो नहीं चाहिए लेकिन साहित्यकारों में मैंने आपसे ज़्यादा किसी दूसरे को सम्मान नहीं दिया। तमाम लोग मुझे आपका हाथ मानते हैं। प्रतिकूल शर्तों, कोशिशों में भी 'पहल' के लिए जितना कर सकता था–किया। कई जगहों पर, कई लोगों से आपके लिए तिक्त लड़ाई भी लड़ी फिर भी आप प्रतिदान ऐसा दे रहे हैं। तब भी मैं शिकायत नहीं कर रहा लेकिन यह सब असह्य है।

• सत्येन्द्र जी! मेरे शत्रु नहीं हैं। आज की तारीख़ तक उनका भला ही किया। लेकिन उनके ग़लत आचरण और व्यवहार को पसन्द नहीं किया। उनसे मित्रता का दर्ज़ा वापस कर लिया–बस! आपने उनके बारे में जो लिखा–वही यहाँ पुष्ट हुआ, वही लिखा–बस! गो कि यह नहीं लिखना चाहिए। न लिखता अगर त्रिपाठी जी न कहते। सत्येन्द्र जी, मणि जी, मदन जी ये सभी मेरी दुनिया के बाहर के हैं।

• जो व्यक्ति मुझे 'कुक्कर' कहता है–उसके बारे में मेरी धारणा यही है कि उसके नाम पर अगर थूकता हूँ तो मेरे थूक का असम्मान होता है। मुझे नहीं होना है साहित्यकार और न ही प्रसिद्ध होना है। साहित्य में मुझ पर किसी का कोई अहसान नहीं है, जिसका रहा–उसका ज़्यादा चुकाया है। जो बाक़ी है–उसे चुका देना है। अपने आत्म-सम्मान की कोई भी क़ीमत चुकाने को तैयार हूँ। यही मेरी पूँजी है–इसी रक्षा में जीता हूँ–इसी की रक्षा में मर जाऊँ...। ...अपमान मैं बाप से भी नहीं सह सकता। मेरे लिए आपके मन में थोड़ा भी प्यार होता तो इसका आप प्रतिकार करते। ख़ैर!

• मैं पहल का आजीवन सदस्य हूँ। अंक 48 मिला नहीं। अगर नहीं भेज पाये हों तो कृपया भेज दें। मैं अपने निजी और पारिवारिक प्रतिकूलताओं से संघर्ष करता हूँ और इसी में सन्तुष्ट हूँ। ईश्वर की क़सम! मैं किसी भी प्रपंच से मीलों दूर बसा हूँ। आप स्वतन्त्र हैं मेरे बारे में कुछ भी सोचने के लिए। मैं पतित हूँ, कमज़ोरियों का ज़खीरा है मुझमें। अवसरवादी हूँ–चापलूस हूँ, मक्कार और बेईमान हूँ। तमाम दूध धुले लोगों के बीच मैं अकेला निन्दक हूँ।

ख़ैर! मुझे मेरे हाल पर ही छोड़ दीजिए। मैं अब तनाव एकदम नहीं झेल पाता हूँ। क्षमा कीजिए–मेरी तबीयत ठीक नहीं रह रही।

क्षमा सहित।

कर्मेन्दु शिशिर

*

134. ज्ञानरंजन

19/07/94

प्रिय कर्मेन्दु,

तुम्हारा पत्र और किशन कालजयी के पत्र की प्रति मिली। इस बीच किशन जी का पत्र मुझे भी मिला। मैंने अपने मन से किसी कपोल कल्पना के आधार पर नहीं लिखा था। जब कई पत्र आते गये तो यह ज़रूरी समझा कि वास्तविकता से अवगत करा दूँ। मेरा बोझ हल्का हो गया। मैंने यह बात केवल तुम्हें और किशन जी को लिखी अन्य किसी को नहीं। अब मैं विजयकान्त को इस सच्चाई से अवगत कराऊँगा कि उनका आरोप असत्य निकला। मेरी तरफ़ से यह प्रसंग समाप्त है। यह वेदनामय प्रसंग ज़रूर था लेकिन इसका पटाक्षेप इसी तरह से होना चाहिए था अन्यथा लूज टाक चलती रहती और संदिग्धता बनी रहती। बच्चों को प्यार। अभिवादन सहित।

तुम्हारा
ज्ञानरंजन

*

135. ज्ञानरंजन

101, रामनगर, आधारताल, जबलपुर
28/07/94

प्रिय कर्मेन्दु,

तुम्हारा पत्र मिला। मुझे बहुत दुख है कि तुमने पत्र में गहरा व्यंग्य किया है। तुम लिखते हो कि मेरे पास सिवाय नैतिक बल और आत्मसम्मान के और

कुछ नहीं है। गोया मेरे पास और मेरे लिए इसे नैतिक बल और सम्मान का अपने तईं कोई मतलब नहीं है।

तुम फिर यह लिखते हो कि साहित्यकारों में मैंने आपको सबसे जादा सम्मान दिया। लेकिन क्या मैंने पहल की भूमिका में और निजी जीवन में सार्वजनिक रूप से तुमको अपना और अपना नहीं माना। क्या तुम नहीं जानते कि मुझ पर कायस्थवादी होने का लांछन क्यों लगा। क्या तुमने मेरे लिए जो तिक्त लड़ाई लड़ी वह ग़लती थी, क्या वह कोई आदान-प्रदान थी।

मेरा तुमसे सदा एक कहना रहा है कि लोगों के बारे में अपनी पारदर्शी समझ का परिचय दो। अतिवाद का नहीं। इसमें कभी कोई चूक हो सकती है पर निरन्तर नहीं होनी चाहिए। मनुष्य को समझना उसके साथ बड़े होना–यह कोई दया कृपा नहीं है हमारे जीवन की चाल का हिस्सा है।

दुख है कि पूरे प्रसंग को तुम ग़लत ले रहे हो। विजयकान्त का पत्र भेज कर या उसकी राय बताकर मैं उसका साथ नहीं दे रहा हूँ। केवल उससे अवगत करा रहा हूँ। इतना उफान नहीं होना चाहिए तुममें कि अवगत मात्र कराने से भड़क उठे भावुक हो गये, आवेश में आ गये। क्या मैंने तुमसे लड़ाई लड़ने के लिए ऐसा किया। यह ग़लत समझ है। जब हमारे पास बड़ी जटिल लड़ाइयाँ हैं और हम उसमें डूबे हैं तब मुझे एक-एक व्यक्ति का संघर्ष नहीं करना है न मेरा यह मार्ग है। इस पत्राचार प्रसंग से हमारा अतीत हमारा अन्तरंग हमारी साझा लड़ाई हमारी यात्रा क्या समाप्त होती है। यह आत्मकेन्द्रित दुख और अहं हमारे किसी काम का नहीं है वह हमें बड़ा बनाये हमें ताक़त दे तब उसका मतलब है।

'पहल' के प्रति गहरे सहयोग की लम्बी श्रृंखला में तुम्हारा स्थान अविस्मरणीय है। मैं यह दावा नहीं करूँगा कि मैं ऐसा हूँ मैं यह हूँ। जो मैं नहीं हूँ और जहाँ तक मुझे जाना चाहिए यह मेरा लक्ष्य है। इसलिए किसी भी गर्व में मैं फ़िलहाल गर्क नहीं होना चाहता। अगर तुम आत्मीय न होते तो शायद यह सन्दर्भ मैं उठाता भी नहीं। तुम पीड़ा मुक्त हो। तुम स्वस्थ प्रसन्न रहो। तुम अपने पर नाज करो मैं तुमको कष्ट नहीं देना चाहता पर जो चीज़ें सार्वजनिक

जीवन में विष घोलती हैं उनको परस्पर डील करना ज़रूरी है। उनसे भाग कर कोई राह नहीं।

शीला जी को, बच्चों को स्नेह।

तुम्हारा
ज्ञानरंजन

*

136. ज्ञानरंजन

18/08/94

प्रिय कर्मेन्दु,

तुम्हारा पत्र मिला। इस बीच मैंने पुस्तिका तुम्हें भेजी है। वीरेन डंगवाल के अनुवादों की नाज़िम हिकमत की कविताओं की। यह हमारा संवाद ही था जिसने गुत्थी को सुलझा दिया, हमारे रिश्तों को निर्मल रहने दिया। तुम काम में लगे रहे यह प्रसन्नता की बात है।

इस बार पहल सम्मान के अवसर पर उत्तर-औपनिवेशिक साहित्यिक-सांस्कृतिक चिन्तन को लेकर हम सेमिनार करेंगे। अपने सुझाव देना। अंक 50 भी उसी समय रिलीज होगा। बच्चों को प्यार, शीला जी को नमस्कार।

तुम्हारा
ज्ञानरंजन

*

137. ज्ञानरंजन

18/08/94

प्रिय कर्मेन्दु,

सपरिवार हार्दिक अभिवादन। आने वाले समय में अगर तुम कोई कहानी लिख रहे हो या रचनात्मक प्रस्तावना कहानी की बनी हो तो हमें एक-दो महीने

के भीतर भिजवाने की कृपा करो। हम हर अंक में आगे से 5-6 कहानी देश के विविध इलाक़ों से महत्त्वपूर्ण रचनाकारों की देने की तैयारी कर रहे हैं। 'पहल' का अगला अंक 52 प्रेस में है इसमें 6 कहानियाँ जा रही हैं। सस्नेह। बच्चों को प्यार शीला को आशीष।

तुम्हारा
ज्ञानरंजन

*

138. ज्ञानरंजन

10/09/94

प्रिय कर्मेन्दु,

तुम्हारा कार्ड मिला। मतवाला के चौथे खंड के लिए हमारा अभिवादन। तुमने अथक श्रम किया है। तुम इस मसले में इस दुनिया यानी नयी पीढ़ी से बिलकुल अलग हो। आज किसी में यह बूता नहीं है। मैं तुम्हारी प्रति का इन्तज़ार करूँगा। राजकमल से तो आज दिन तक प्रति नहीं आयी विज्ञापन देखा था इस खंड का।

तुम्हारे प्रेम और पारिवारिक भाव का पात्र बना रहूँ। यही इच्छा है।

तुम्हारा
ज्ञानरंजन

*

139. ज्ञानरंजन

06/10/94

प्रिय कर्मेन्दु,

पिछले दो-तीन दिन में मतवाले का मत के कई अग्रलेख पढ़ने के बाद लगभग अभिभूत होकर यह पत्र लिख रहा हूँ। तुमने एक असाधारण काम कर

दिया है। अन्यथा अनगिनत लोग इससे अपरिचित रह जाते। निजी तौर पर मेरी प्रतिक्रिया यह है कि यह किताब मुझे अधिक विनम्र बनाती है और कृतज्ञता से भर देती है। हमारे पूर्वजों ने साहित्यिक पत्रकारिता कितने दायित्व, कितने साहस और कितनी अग्रगामिता के साथ की थी। मैं अपने को एक पतंग से जादा नहीं मान सकता। हमारे साहित्यिक मित्रों को इतना कुछ सीखना चाहिए इससे जिसकी ज़रूरी तैयारी उनके मन में नहीं है। 'पहल' के अंक 50 में कुछ अंश बीच-बीच में मैं इस किताब से लेकर दूँगा। इस किताब को मुझे समर्पित करके तुमने मेरे सामने एक पहाड़ रख दिया है।

विश्वास है तुम स्वस्थ प्रसन्न होगे। शीला जी, बच्चे सब मज़े में होंगे। एक काम तुम्हारे लिए सौंप रहा हूँ। अगर किसी के पास पटना के स्थानीय साहित्यकारों, पत्रकारों और साहित्य प्रेमियों के पते मिल सकें या अगर कोई तैयार कर दे तो हमें ज़रूरत है। हम हिन्दी राज्यों की राजधानी के लोगों की एक सूची तैयार करना चाहते हैं। तुम अगर मदद कर सको तो कृपा होगी। एक महीने का समय भी लग जाय तो कोई बात नहीं। अभिवादन सहित–

तुम्हारा
ज्ञानरंजन

*

140. ज्ञानरंजन

16/10/94

प्रिय कर्मेन्दु,

तुम्हारा पत्र मिला। मेरा एक और पत्र इस बीच मिल गया होगा। तुमने अपना मतवाला सम्बन्धी सारा काम सम्पन्न कर लिया यह सन्तोष की बात है। अब तुम कुछ विश्राम करके अपनी आगामी सृजन यात्रा की योजना बनाओ। स्वास्थ्य पर ध्यान रखो। परिवार के साथ रिलैक्स करो। हमारा बाहरी समाज बहुत सिकुड़ता जा रहा है। हमें पारम्परिक लेखक समाज के बाहर आ जाना चाहिए। हमें जीवित रहना है और म्लान नहीं होना है।

तुमने भृगुनन्दन जी के बारे में पहले भी मुझे लिखा था। तुम जानते हो कि मैंने लिखने के लिए उन्हें कितनी-कितनी बार नहीं लिखा पर हार गया। त्रिपाठी

जी का लिखना उनके लिए नहीं हिन्दी के लिए एक ज़रूरत है। उनका हमारे मन में बहुत आदर है। उनको एक पत्र आग्रह के साथ लिख रहा हूँ जो साथ संलग्न है। उनका पता सुनिश्चित होते ही सीधे सम्पर्क कर लूँगा। तुम भी मेरी तरफ़ से आग्रह करना कि वे कहानी पर ज़रूर ही लिखें।

पटना के पते ज़रूर एकत्र करके भिजवाना। शीला और बच्चों को हमारा स्नेह।

तुम्हारा
ज्ञानरंजन

*

141. ज्ञानरंजन

14/11/94

प्रिय कर्मेन्दु,

तुम्हारी पतों की भेजी पहली किस्त मिली।

ऐन दीपावली के दिन ग्वालियर में मेरे बड़े भाई श्रीरंजन जी (63 वर्ष) अकस्मात नहीं रहे। आज ही वापस आया हूँ।

परिवार में बहुत पीड़ा है। काम पिछड़ गया—पहल सम्मान का। अब शुरू करेंगे। पत्र मिला होगा। नवभारत टाइम्स आदि में समाचार देना।

तुम्हारा
ज्ञानरंजन

*

142. ज्ञानरंजन

101, रामनगर, आधारताल, जबलपुर
18/11/94

प्रिय कर्मेन्दु,

हार्दिक अभिवादन। आपको ख़बर मिली होगी कि इस वर्ष का पहल सम्मान कवि ऋतुराज को समर्पित किया गया है। पहल सम्मान की एक निश्चित तारीख़ है जो 24 दिसम्बर है। इस दिन जयपुर में शाम उन्हें यह

सम्मान दिया जायगा। 24 दिसम्बर शनिवार की शाम एक संक्षिप्त कार्यक्रम रखा गया है।

दूसरे दिन 10 बजे से एक सेमिनार होगा कि जिसमें "साम्राज्यवादी विश्व दृष्टि का नया प्रसार और कविता का संघर्ष" विषय पर आप सब भागीदारी करेंगे। जैसा कि आप जानते हैं कि कविता के अस्तित्व पर ही अब तरह-तरह के आक्रमण हो रहे हैं। उसकी ज़रूरत और उसके अन्त को लेकर भी एक बड़ा उत्तेजक सिलसिला प्रचलन में आ रहा है। इसलिए कविता के लिए संघर्ष का नया दरवाज़ा खुलता है। मेरा आपसे हार्दिक आग्रह है कि आप अपने ही इस ज़रूरी कार्यक्रम में भागीदारी करके एक सजीव दस्तावेज़ और संवाद बनाने में सहयोग करें।

25 दिसम्बर को दोपहर तक यह सेमिनार चलेगा और दोपहर भोजन के बाद समापन होगा। जयपुर में आप मिलेंगे, इसकी पूरी सूचना दें। हम जल्दी ही आपको अन्य सूचनाएँ भेजेंगे।

आपका
ज्ञानरंजन

अगर जयपुर आ सको तो आना। अच्छा लगेगा। तुम्हारा कार्ड मिला था।

*

कर्मेन्दु शिशिर

न्यू पुनाई चक; हनुमान नगर; शास्त्री नगर, पटना
22/11/1994

आपका कार्ड मिला। बड़े भाई साहब के अचानक जाने की सूचना ने व्यथित किया। मैं इस पीड़ा को समझ रहा हूँ। हम सभी आपके साथ शोक में हैं। इसकी भी ख़बर यहाँ 'दै. हिन्दुस्तान' में दे दिया। 'पहल-सम्मान' का समाचार 'नभाटा' में दे चुका था। वह छप भी गया। कतरन भेज नहीं पा रहा। दूसरे के यहाँ से जाकर लाना था। मैं बिहार लोक सेवा आयोग में एक अनुबन्ध के तहत व्यस्त हूँ। अर्थाभाव में इसके लिए प्रतिदिन 5 घंटा देना पड़ रहा है। आगे से 'दै. हिन्दुस्तान' के लिए आप समाचार मदन जी को भेज दें तो ठीक

रहेगा। निश्चित छपने के लिए कह रहा हूँ। 'नभाटा' में मेरे लिए काफ़ी आसान रहता है। 'दै. हिन्दुस्तान' में ज़्यादा साहित्यिक लोग हैं।

• आपका समाचार पढ़ा। रचनात्मक क्षण को लेकर आपने बहुत महत्त्वपूर्ण बातें की हैं। इसके गद्य ने ख़ासतौर से आकृष्ट किया। 'हंस' के आसंग में आपकी राय से मेरी राय लगभग अलग है। मैं उसे सकारात्मक नहीं नकारात्मक मानता हूँ। समकालीन लेखन और रचनाकारों के आसंग में आपकी निजी राय पर कोई टिप्पणी नहीं करूँगा। सबका अपना आकलन है। यह साक्षात्कार बहुत ही महत्त्वपूर्ण है और गम्भीर बहस को उत्तेजित करता है।

• कुछ पते हैं। ज़्यादा नाम जुटा नहीं पाया। एक लिहाज़ से कम-से -कम एक प्रतिशत आबादी साहित्य के नाम पर निकल आये। तमाम रंग-बिरंगे लेखकों के पते जुटा पाना, अभी नहीं कर पा रहा।

• आजकल आद. द्विवेदी के उपन्यासों को दुबारा पढ़ रहा हूँ।

• भाभी को सादर! बिटिया को स्नेह। शीला ने भाभी की साड़ी से पहचान किया कि यह तस्वीर हाल ही की हैं। क्योंकि भाभी ने, बकौल शीला, वही साड़ी पहनी थी। उसे और बच्चों को बहुत अच्छा लगा। सभी का आदर और विनम्र प्रणाम! ग़लती क्षमा।

आपका
कर्मेन्दु शिशिर

*

143. ज्ञानरंजन

02/12/94

प्रिय कर्मेन्दु,

तुम्हारा पत्र मिला। तुम पतों के मामले में जादा परेशान मत हो। तुम अपने आर्थिक संघर्ष में व्यस्त हो। उस काम को पूरा करो।

पहल सम्मान की तैयारी चल रही है। तुम्हें कार्ड और पत्र भी गया है। अब 15 जनवरी तक कार्यभार कुछ कम होगा। शीला और बच्चों को हमारा हार्दिक स्मरण।

तुम्हारा
ज्ञानरंजन

*

144. ज्ञानरंजन

27/03/95

प्रिय कर्मेन्दु,

तुम्हारी याद आती रही है। पर तुम्हें लिख नहीं सका। अभी-अभी तुम्हारा पत्र मिला। मन मसोस के रह जाता हूँ। जहाँ कहीं भी हमारे साथी हमारे अभिन्न दिक़्क़तों में हैं उनके लिए मन टूटता है। हमको भाग्य ने इतना समर्थ नहीं किया। हमारे यहाँ त्रिलोक सिंह 80 साल की उमर में सायकिल पर वामपन्थी साहित्य लादकर पूरे शहर में घूमता है। अब उसके जीवन की रात है। हम उसे एक लूना भी नहीं दिला सके। सारा संगठन सारा भाईचारा दुख के दिनों में और भी तिरोहित हो गया है। सहाय जी को वेद व्यास, खगेन्द्र जी, कमला जी का अपार सहयोग है। उनकी किताबें कहीं मिलती नहीं। कभी किसी को पैसा नहीं दिया। और उनका सम्मान होता है। संगठन करते हैं। मैंने उनको लिखा कि भाऊ की बेवा बच्ची को उनकी किताब की रॉयल्टी भेज दें। डकार गये। भाऊ समर्थ की 200 किताबें हमने बेच कर पैसा भेजा। एक-एक कॉपी बिक गयी पर मजाल है कि एक पैसा रॉयल्टी दी हो। मैं तो अब कुछ कहने की स्थिति में ही नहीं हूँ। पर आप सब लोग अगर सहाय जी की असलियत समझ लें तो अच्छा नहीं भी समझेंगे तो अन्तत: हमारा सब कुछ नष्ट भ्रष्ट तो हो ही चुका है। लोग विभाजित हो गये, लोग टूट गये और लोग एक-दूसरे के विरोधी हो गये।

मुझे तुम्हारी कठिन हालत को देख कर बहुत कष्ट हो रहा है। शीला की तबीयत का ध्यान रखना ज़रूरी है। उसकी गड़बड़ी परिवार की रीढ़ को तोड़ देगी। तुम अपने उजाड़ से बचो। उजाड़ कुतरता है। बिहार भस्म हो रहा है। मैं उसे दूर से ही देख कर काँप जाता हूँ। पहल 50 जल्दी ही मिलेगा। इस अंक में हमने साधन एकत्र करने के लिए विज्ञापन में केन्द्रित किया। अब जारी ही होने को है। बच्चों को प्यार।

तुम्हारा
ज्ञानरंजन

*

145. ज्ञानरंजन

20/05/95

प्रिय कर्मेन्दु,

तुम्हारा पत्र मिला। अभी-अभी इसके पहले का कोई पत्र अनुत्तरित नहीं रहा। मुझे तो शीला के पिताजी के निधन की ख़बर कल रात प्रकाश चन्द्रायन ने दी जो यहाँ मेरे पास एक दिन को सपरिवार आये थे। और आज तुम्हारा पत्र मिला। शीला के लिए निश्चय ही यह गहरा आघात है। एक बार हम सबके जीवन में यह हादसा होता है। यह बिछोह बहुत ही संजीदा है कि पिता के प्रति बेटी का लगाव गहरा होता है। मुझे दुख है कि यह ख़बर मुझे इतने विलम्ब से मिली। समय ही इसको कम करेगा। सदा के लिए तो कुछ लुप्त नहीं होता।

तुम एक बहुत ही बर्बर समय से जूझ रहे हो। आर्थिक दिक़्क़तें लोगों का व्यवहार और श्रम का ज़रूरी पारिश्रमिक न मिलने का कष्ट बहुत होता है। अगर खगेन्द्र जी के कहने से सहाय जी तुम्हारा पैसा दे दें तो इस समय वह बहुत काम आयेगा। हम यही प्रार्थना करेंगे कि सहाय जी को यह बात समझ में आ जाय। तुम इस सबसे उबर सको निकलो यही प्रार्थना है।

'पहल' के अंक के मुद्रण वितरण की व्यवस्था दिल्ली में ही की है। अभी वितरण की व्यवस्था बहुत मुकम्मल नहीं हुई है पर अगले अंक तक वह दुरुस्त हो जायगी। पहल का अंक तुमको सबको गया और अब तक ज़रूर मिल गया होगा। तुम्हारा पत्र 7 मई का है जो मुझे आज 20 मई को मिला। 'पहल' मिलते ही सूचना देना।

शीला को सम्बल देना और बच्चों को हमारा गहरा प्यार।

तुम्हारा
ज्ञानरंजन

*

146. ज्ञानरंजन

09/06/95

प्रिय कर्मेन्दु,

हार्दिक अभिवादन। तुम्हारा पत्रा मिला। तुम्हारी लड़ाई में मैं साथ हूँ और हर सूरत साथ हूँ। मैंने तो तुम्हें यह बात इसलिये लिखी थी कि मेरी स्थिति

यह है कि मेरे बोलने और अटैक को यह कह दिया जाता है कि यह ज्ञानरंजन की निजी लड़ाई है जबकि अशोक वाजपयी, नामवर सिंह, शिवकुमार सहाय, कमला प्रसाद किसी से मेरी व्यक्तिगत लड़ाई क्या हो सकती है। तुमको शायद पता हो कि इस समय नामवर जी/विद्या निवास/वेदप्रकाश वैदिक और अशोक वाजपेयी में गहरी छन रही है और राव साहब के दरबार में बैठते हैं। मतलब कंकाल प्रगतिशील/हिन्दू मुस्टंड मतवादी/संघ के वैदिक और कलावादी सबका एक घराना हो गया है। हम लोगों को नये सिरे से अपनी अस्मिता की अपने विचार की लड़ाई को सँवारना होगा। सहाय जी शराब कबाब में 4 हज़ार व्यय कर सकते हैं पर लेखक को देने में जान जाती है। इस मसले को व्यापक रूप से लड़ना होगा। अपने साक्ष्य के साथ।

शीला को सँभालना होगा। यह मार्मिक ज़ख़्म है। पर उनसे मेरा आग्रह है कि अपने बच्चे देखें, अपनी माँ की सेवा भी भरसक करें पर जीवन संग्राम लड़ने वालों को ही जीवन मदद करता है। अपनी कमज़ोरी दूर करें।

राष्ट्रभाषा परिषद के निदेशक का पत्र आते ही मैं उनको सादर पत्र दूँगा। अगर वे हमें विज्ञापन दे सके तो बहुत मदद होगी। ख़याल से यह काम देखना। बच्चों को प्यार।

तुम्हारा
ज्ञानरंजन

*

कर्मेन्दु शिशिर

हनुमान नगर, शास्त्री नगर, पटना
11/07/95

आदरणीय भाई,

सादर नमस्कार!

आपका बाद का लिखा पत्र पहले मिला। मैं I.A., I.Sc. कापी जाँचने में बुरी तरह व्यस्त था। त्रिपाठी जी के बड़े पिता का निधन हो गया। सबसे बड़ी मुश्किल लालू सरकार ने खड़ी कर दी है। उसने घोषणा की है कि 1977

के बाद नियुक्त तमाम प्राध्यापकों की नियुक्तियों को सरकार निरस्त करेगी। सवर्ण घुस गये हैं। मेरा कॉलेज भी इसकी चपेट में है। अन्ततः मिल-जुलकर हाईकार्ट से स्टे लेना पड़ा। अब मुक़दमा चलेगा। प्राध्यापकों को बुरी तरह परेशान करती है, सरकार। सरकार का सोचना है कि ये सवर्ण राजनीति करते हैं। सवर्णों का अड्डा है। पैसे हैं नहीं जो वेतन दें, सो इसी तरह परेशान करती है। इसी कारण मैं व्यस्त रहा। बड़ी मुश्किल से काग़ज़ात जुटाये—मुक़दमा हुआ। खगेन्द्र जी, अरुण कमल और त्रिपाठी जी के अलावे किसी ने हालचाल की भी ख़बर न ली। बड़ी बुरी जगह हो गयी। वैसे मैं भी शहर से कट गया हूँ—इसी से शान्ति है। साहित्य का समाज भी विषाक्त हो चुका है।

• आपके विज्ञापन की बात याद है। मैं फिर कोशिश करूँगा। थोड़ा निश्चिन्त हो लूँ। अभी बुरी तरह परेशानियों का दौर है। 'पहल' मिलते ही मैंने अपनी राय भेज दी थी। इधर सुनने में आया कि आप दिल्ली शिफ़्ट करना चाहते हैं? क्या यह ख़बर सच्ची है? बहुत उत्सुकता है। अब 'पहल' की काफ़ी ज़िम्मेदारियाँ बँटी हैं। भैया! आप अपना उपन्यास और संस्मरणों की पुस्तक पूरी करें। आपकी क़लम में दुर्लभ ताक़त है। आपके गद्य की तुलना नहीं—बेमिसाल है। अगर आपने उक्त दोनों पुस्तकें पूरी कर लीं तो समय की दरिद्रता मिट जायेगी। बहुत बड़ी बात होगी। मेरा विनम्र आग्रह है आप इस दायित्व को गम्भीरता से स्वीकार करें।

• शिवकुमार सहाय हमारी-आपकी कल्पना से भी ज़्यादा बेईमान और भ्रष्ट आदमी हैं। खगेन्द्र जी उनसे पैसे नहीं दिलवा सकेंगे। अनुबन्ध है नहीं। मैं तो बहुत ठगा और लाचार महसूस कर रहा हूँ। आपको लोग क्या कहेंगे—यह महत्त्वपूर्ण नहीं। आपके विरोध गौण हैं। आप इतिहास के अमिट हस्ताक्षर हैं—यह मैं प्रशंसा नहीं—पढ़कर कह रहा हूँ। मैं अकारण नहीं लिख रहा। अक्सर आपके गद्य को पढ़ता रहता हूँ। आपका भाषा पर असाधरण अधिकार है। आपकी कहानियों का ताप कभी कमेगा नहीं। मैं आपसे वह रास्ता जानना चाहता हूँ जिससे उस शातिर, बेईमान से पारिश्रमिक निकल सके। आप उपाय बतावें। मैं आपको अप्रियता आमंत्रित करने को नहीं कहूँगा। मगर मुझे रास्ता तो बतावें। मैं एकदम असमंजस की स्थिति में निरुपाय हूँ। कोई रास्ता निकालें।

• शीला आपके पत्र को पढ़कर विचलित हो गयी। भावुकता में आँखें गीली कर लीं।

• मैंने बहुत समझाया। घाव को समय तो भर देगा। मगर अक्सर अपने पिता की स्मृति चर्चा और माँ की चिन्ताओं से मर्माहत हो उठती हैं। इधर सप्ताह भर बुरी तरह बीमार थीं। अब जाकर स्वस्थ हुई हैं। आपके पत्र से बड़ी राहत मिली। कोई दूसरा तो ढाढस देने वाला भी नहीं। आपके प्रति ऊँचे सम्मान भार से भरी रहीं। उसका अभिवादन लें। उदिता, उमंग का चरण स्पर्श। भाभी को सादर। इन्द्रमणि जी, मलय जी, और दानी को मैं ख़ुद पत्र दूँगा। सभी को मेरा सादर नमस्कार दें। कॉलेज की समस्या अच्छी-बुरी कोर्ट से तय हो जायेगी। उम्मीद है तब अनुकूल स्थिति होगी। अभी तो बुरी आशंकाएँ और परेशानियाँ ही हैं। सहाय जी से निबटना ज़रूरी है–आप मेरी मदद कीजियेगा। मेरा आग्रह है। ग़लती क्षमा। पत्र देंगे।

आपका

कर्मेन्दु शिशिर

147. ज्ञानरंजन

18/07/95

प्रिय कर्मेन्दु,

अभी तुम्हारा बेकरारी भरा पत्र मिला। मैं अपने हिसाब से सोचता हूँ कि तुम्हारी जैसी मेरी स्थिति बन जाती तो बदतर हो जाता। मुझमें इतनी सख़्त आर्थिक हालात के बीच रहने की कल्पना मात्र से कँपकँपी होती है। तुमने अपने को बहुत साधा है।

सहाय जी जब खगेन्द्र जी की नहीं मान रहे हैं तो हम सबकी औकात कुछ नहीं है एक बार तुम स्वयं सीधे उनके पास जाकर रूबरू बात करो। और किसी के दबाव से वे अधिक सामन्त हो उठेंगे। एक नकारा सामन्त। उनका स्वभाव उनकी प्रकृति ही कुछ ऐसी है।

मैं इधर लिखने का प्रयास कर रहा हूँ। किताब घर से आने वाले संग्रह दस कहानियों की एक भूमिका लिख रहा हूँ। मन से। उसके बाद अपने नोट्स पर ध्यान दे रहा हूँ ताकि एक कहानी पूरी कर सकूँ।

तुमको एक पत्र दिया था मैंने जिसमें तुमसे एक कहानी के लिए आग्रह किया था। उसके बाबत नहीं लिखा। समय लेकर भेजना जल्दबाज़ी नहीं है।

शीला को समझाना उसका हाथ बँटाना। उदिता और उमंग को हमारा प्यार।

तुम्हारा
ज्ञानरंजन

*

148. ज्ञानरंजन

25/07/95

प्रिय कर्मेन्दु,

अभी तुम्हारा पत्र मिला। तुम कहानी अपनी सुविधा और सन्तोष से भेजना। हमें इन्तज़ार रहेगा।

हर अंक में 6 कहानी क्या होगी? अंक 52 में हैं। पर आगे कितना चलता है नहीं कह सकते। अच्छी कहानियों का टोटा रहता है। बच्चों को प्यार।

तुम्हारा
ज्ञानरंजन

*

149. ज्ञानरंजन

04/10/95

प्रिय कर्मेन्दु,

अभिवादन!

अभी तुम्हारा पत्र मिला। मैं तुम्हारे एकान्त /विचार और जीवन शैली की निजता को किसी आदेश से ध्वस्त नहीं करना चाहूँगा क्योंकि तुम मेरे कठिन समय के साथी हो। मैं भीतर से तुमको अपने चाहत के रंग से कभी बाहर नहीं करना चाहूँगा। तुम अपना काम करो। और अपनी कठिनाइयों की चादर को

फाड़ो यही कामना है। तुम दूर भी रहो न भी आ सको पर इससे कोई ख़ास फ़र्क़ नहीं पड़ेगा। मेरे काम में तुम सदा उपस्थित हो।

तुम्हारा
ज्ञानरंजन

*

150. ज्ञानरंजन

04/10/95

प्रिय कर्मेन्दु,

अभिवादन!

तुम्हारा कार्ड मुझे आज अभी मिला। अजब है यह डाक। अब तक उदिता का ऑपरेशन आराम से हो गया होगा और वह तन्दरुस्त भी होने लगी होगी। बाप-माँ की अवस्था अपने शिशु जैसे बच्चों के लिए हमेशा ही कारुणिक हो जाती है। बिहार में जीवन कितना दुश्वार है इसकी कल्पना काफ़ी हद तक की जा सकती है।

समाचार भरसक जल्दी देना।

तुम्हारा
ज्ञानरंजन

*

151. ज्ञानरंजन

101, रामनगर, आधारताल, जबलपुर
25/03/96

प्रिय कर्मेन्दु,

अभिवादन!

एक लम्बे अर्से के बाद तुम्हारा पत्र मिला। मुझे लगा कि तुम नाराज़ हो क्योंकि तुम्हारा पत्र महीनों से नहीं है। तुम एक महीने तक बीमार रहे यह ख़बर भी किसी ने नहीं दी। मैं भी जादातर समय व्यस्त रहा।

हम पुस्तिकाएँ कहानी पर उपन्यास पर भी निकालेंगे। कुल 6-7 पुस्तिकाएँ निकलनी हैं। काम चल रहा है। अब 21 नवम्बर 1996 को सेवानिवृत्त हो जाने के बाद पूरा समय इसी में लगाना है।

तुम्हारा कहानी संकलन मुझे मिला नहीं क्योंकि उस समय उसका कवर नहीं बन पाया था। कुछ दूसरी किताबें ज़रूर मिलीं। प्रभात ख़बर का पटना संस्करण आने वाला है। तुम उसमें जुड़ सको तो अच्छा होगा।

बच्चों को प्यार और शीला स्वस्थ होंगी।

तुम्हारा

ज्ञानरंजन

*

152. ज्ञानरंजन

101, रामनगर, आधारताल, जबलपुर

05/07/96

प्रिय कर्मेन्दु,

अभिवादन!

तुम्हारा पत्र मिला। तुम पर रश्क हो रहा है। गंगोत्री हो आये और मैं सालों से सोचता रह गया। अब तो सेहत ऐसी नहीं है कि वहाँ तक जा सकूँ। पर गंगोत्री पर अपनी तरह से लिखना ज़रूर।

प्रताप राव वाली तारीख़ें कुछ आगे चली गयी हैं। रवि भूषण भी आ रहे हैं। बहुत दिन से इधर आये नहीं। मैं भी प्रयास करूँगा कि आ सकूँ। अभी माण्डव में प्रलेस का कविता वर्कशाप था। अब हरदा के भीतरी जंगल में कहानी वर्कशाप है। 15-18 अगस्त को जिसके कारण खण्डवा की तारीख़ें आगे बढ़ा दी गयी हैं।

पाकिस्तान जाने का मन बहुत दिन से हमारा है। फजल ताबिश से तय भी हुआ था पर वे नहीं रहे। अब नये सिरे से मन है और प्रयास करेंगे। तुम्हारे पत्र से बल मिला है। हमें नेपाल भी जाना चाहिए।

प्रभात ख़बर में किसी तरह जुड़ो। बिहार की हालत देख बहुत ही चिन्ता होती है। तुम लोग लगातार किस तरह एक चुनौतीपूर्ण समय का सामना कर रहे हो।

शीला को हमारा स्नेह और उदिता, उमंग को हार्दिक प्यार। हाँ, कर्मेन्दु हमारी बुलबुल के लिए कहीं कोई सुसंस्कृत लड़का मिले तो बताना। अब नवम्बर में सेवानिवृत्ति है। बुलबुल ने बी. काम. निरन्तर प्रथम में किया है। हर परीक्षा में वह आज तक प्रथम ही रही है। अभी कम्प्यूटर में भी ए ग्रेड किया है। 22 साल की होगी अक्तूबर में। कुछ लम्बा लड़का होगा। बस। सस्नेह

तुम्हारा
ज्ञानरंजन

*

153. ज्ञानरंजन

101, रामनगर, आधारताल, जबलपुर
17/11/96

प्रिय कर्मेन्दु,

हार्दिक अभिवादन!

तुम्हारे पत्र और छपे विवरण बिहार के बारे में मय वाद-विवाद के मिलते रहे। मैं एक अपराधी जैसा इसलिए महसूस करता हूँ कि तुम्हें पहली बार तत्परता के साथ पत्र नहीं लिख सका। पर इसके ठोस कारण हैं।

अगस्त-सितम्बर-अक्तूबर तीन महीने मैं देश की परिक्रमा करता रहा। दो साल का चिकित्सा अवकाश बकाया था और नवम्बर इसी साल सेवानिवृत्ति थी इसलिए प्रलेस के 4 वर्कशाप किये। माण्डव/हरदा/पन्ना और पचमढ़ी में। दो और बड़े कार्यक्रम किये। संगठन को गठित करता रहा और व्यापक दौरे में सबसे गहन सम्बन्ध बनाये। शिमला में एक पेपर पढ़ा। भोपाल में एक पेपर पढ़ा। एक किताब इलाहाबाद पर लिखने की तैयारी की और उसका प्रोजेक्ट नेहरू म्यूज़ियम में सबमिट किया। पेंशन के काग़ज़ तैयार करवाने में भागदौड़ करनी हुई। और 'पहल' की गहरी आर्थिक समस्या के लिए भी प्रयास किये।

तीन महीने के बाद घर में काम बहुत एकत्र था। थकान और बीमारी साथ चिपटी हुई है इसलिए उसके बारे में कुछ कहना बेकार है।

बुलबुल के विवाह की चिन्ता है। बिहार के बारे में तुम्हारा कहना ठीक है। दो दिन को रविभूषण मेरे पास रुके थे और उन्होंने भी यही बात कही जो तुमने संकेत दिये हैं। मैं अपने तरह से अन्यत्र लोगों को लिख रहा हूँ प्रयास कर रहा हूँ।

मैंने राजेन्द्र शर्मा को आग्रह किया था कि वे तुम्हें अपना सम्बल सांगठनिक रूप से दें। असल में पूरा विवाद और उसके सूत्र मैं ठीक तरह से आज भी नहीं समझ सका। बार-बार उलझा। और भटका। असल में बहुत धँस कर मैं उसे पढ़ भी नहीं सका।

तुम्हारी बेहतर स्थिति के बारे में ख़बर पाकर बहुत अच्छा लगा। राहत-सी मिली है। मैं तो कल्पना ही नहीं कर सकता कि तुमने इस समुद्र को किस तरह से पार किया, अपने मूल्यों और अपने सम्मान के साथ।

'पहल' का नया अंक अब निकल गया है देश में सब जगह सोमवार के बाद भेजेंगे। 8 दिन मलेरिया के बाद उठकर पहला पत्र लिख रहा हूँ। शीला को, उदिता उमंग को मेरा स्मरण। तुम यात्रा से वापस आ गये होंगे।

तुम्हारा
ज्ञानरंजन

*

154. ज्ञानरंजन

101, रामनगर, आधारताल, जबलपुर
03/12/96

प्रिय कर्मेन्दु,
हार्दिक अभिवादन!

30 तारीख को मैं सेवा मुक्त होकर आज़ाद हो गया। दूसरी बात कि अपनी सेहत/अपना फिर से प्रारम्भ करने वाला लेखन देखते हुए और पहल का काम—इन प्राथमिकताओं के कारण मैंने सचिव पद अस्वीकार कह दिया। सरकारी भूरी फ़ाइलों का काम मेरे बस का न था। फिर अपने पास स्वयं इतने महत्त्वपूर्ण काम हैं कि इधर-उधर लपकना मुझे भीतर से काट रहा था। किंचित आर्थिक दिक़्क़तें हैं पर वे समझौता कराने के लिए पर्याप्त नहीं हैं।

तुमने कुछ समय पहले 'पहल' के लिए कुछ कर सकने की सम्भावना के बारे में लिखा था। विश्वास है पहल की चिन्ताओं में वह प्रसंग तुम्हें पूरी तरह याद होगा। सस्नेह।

तुम्हारा
ज्ञानरंजन

*

155. ज्ञानरंजन

08/01/97

प्रिय कर्मेन्दु,

अभिवादन!

विश्वास है सपरिवार प्रसन्न होंगे। पिछले दिनों तुम्हारी और पटना के कुछ साहित्यकारों की एक महत्त्वपूर्ण विज्ञप्ति देखी थी। तुम्हारा समाचार नहीं है।

मैं उस समय मलेरिया की गहरे चपेट में था जब तुम म.प्र. में थे उसके बाद छोटे भाई का बम्बई में आकस्मिक निधन हुआ और मैं सुनयना भागे। बहुत कमज़ोरी आ गयी। अभी 4-5 दिन और लगेंगे।

तुम्हारी जीवन शैली मुझे प्रिय है। पवारा करना एक हैलो हैलो संसार बनाना कोई अर्थ नहीं रखता। तुम अपने लेखन पर ही ध्यान दो और अपनी अर्थ व्यवस्था पर। साहित्य संसार बहुत ही पोला और ख़ुदगर्ज़ है। उसमें एक कलाकार जीवन की कोई गन्ध भी नहीं मिलती।

बुलबुल का तुम ध्यान बनाये हो बस यही बहुत है। त्रिपाठी जी के यहाँ से विवाह का निमंत्रण मिला है उन्हें पत्र लिख रहा हूँ।

तुम नागपुर जाते तो पाशा को बहुत ख़ुशी होती। वह अन्ततः मेरे जैसा ही है बहुत हद तक। कर्मेन्दु अब पहल की ज़िम्मेदारी बढ़ गयी है। इसे सबको मिल कर सँभालना होगा। अन्तरंग संसार की भी ज़िम्मेदारी बन रही है। तुम इस दिशा में स्वयंस्फूर्त जो कुछ उद्योग कर सकते हो करते रहना। मैं 15 से 30 दिसम्बर बाहर रहूँगा। शीला को अभिवादन और उदिता उमंग को आशीष। वे तो बढ़ रहे होंगे। 'पहल' का अंक 54 गया।

तुम्हारा
ज्ञानरंजन

156. ज्ञानरंजन

101, रामनगर, आधारताल, जबलपुर
22/01/97

प्रिय कर्मेन्दु,

सप्रेम अभिवादन!

कल रात तुमसे टेलीफ़ोन पर बात हुई और आज तुम्हारा पत्र मिला। मैं तुम्हारे उन दिनों के कठिन हाल की कल्पना कर रहा हूँ। तुम्हें व शीला को बहुत यातना सहनी पड़ी। उदिता अब चंगी है और जल्दी ही उछलने-कूदने लग जायेगी यही इन्तज़ार है और यही शुभकामना भी।

कर्मेन्दु जिस व्यक्ति को इतना अच्छा प्रेम करने वाला समय पर काम आने वाला हार्दिक समाज मिला है उसे दो-चार लोगों का मलाल सताता रहे यह बात मुझको अच्छी नहीं लग रही है। आज किस व्यक्ति को वह सब प्राप्त है जो तुम्हारे सैकड़ों मित्र तुम्हें हर सूरत दे रहे थे। यही हमारी थाती है। मैंने इसीलिए साहित्य समाज पर कभी भरोसा नहीं किया और अपनी दुनिया को–वास्तविक दुनिया को–बिखरने नहीं दिया। तुम्हें इससे सबक लेना चाहिए और उत्तेजित नहीं होना चाहिए कि तुमने एक कठोर सच्चाई का अनुभव किया।

बहरहाल, अब तुम नये सिरे से प्रारम्भ करो। उदिता जल्दी ही स्फूर्त और मस्त हो जायेगी। शीला को भी हमारी शुभकामनाएँ और यह कि उनकी प्यारी बच्ची को कोई अपशकुन कभी न होगा।

तुम्हारा
ज्ञानरंजन

*

157. ज्ञानरंजन

17/02/97

प्रिय कर्मेन्दु,

अभिवादन!

15 दिन बाद लौट कर आने पर तुम्हारा पत्र मिला। इन्दौर में राष्ट्रीय पुस्तक मेला था। वहाँ और बीच में नागपुर भोपाल भी गया। यह तसल्ली भरी बात है कि उदिता अच्छी हो रही है। हिदायतों पर तो अमल करना ही होगा। बच्ची अब ख़ुश रहे नीरोग रहे यही हम सबकी तसल्ली होगी।

लड़ाई ख़त्म हुई और शिक्षकों का भविष्य इस लड़ाई से स्थिर हुआ यह भी अच्छी ख़बर है। अब यह ख़बर हक़ीक़त में रहे यही अच्छा है क्योंकि बिहार में लालू ने ग़ज़ब कर रखा है। विज्ञापन आवेदन विधिवत भेज रहे हैं और तुमको उसकी प्रतिलिपि। अपनी तमाम कठिनाइयों के बावजूद अगर तुम पहल की चिन्ता करते हो तो यह बड़े लक्ष्य के लिए तुम्हारा गहरा समर्पण है।

शीला जी को, उमंग को, उदिता को हमारा सबका स्नेह।

तुम्हारा
ज्ञानरंजन

*

158. ज्ञानरंजन

12/03/97

प्रिय कर्मेन्दु,

हार्दिक अभिवादन!

अभी-अभी चंडीगढ़ से वापस आया। तुम्हारा पत्र मिला। कुमार विकल की पत्नी सत्यवती जी के पास गया था अपनी श्रद्धा प्रकट करने। हम बस रोते ही रह गये। चंडीगढ़ में धूल उड़ रही थी पत्ते लहरों की तरह दौड़ रहे थे। बहुत उदासी थी। बस अच्छी बात यही थी कि कुमार अपने दोस्तों की गोद में गये। मन बहुत भारी है। 35 साल लम्बी रील लगातार चल रही है।

चंडीगढ़ में 3 दिन तुम्हारी भी देश से ख़ूब-ख़ूब बातें हुईं। वह तुम पर जान छिड़कता है। उसे अच्छे लोगों की गहरी पहचान है।

अभी ही सहाय जी को पत्र लिख रहा हूँ। वे जो भी कर सकेंगे वह हमारे लिए यादगार होगा और महत्त्वपूर्ण भी। उनका टेलीफ़ोन नम्बर भी भिजवा देना। मैं ही उन्हें टेलीफ़ोन कर दूँगा। उपेन्द्र जी को भी खटखटाते रहना। ये सारे काम बहुत कठिन हैं उन्हें मैं जानता हूँ।

तुमको 'सपना नहीं' भिजवाऊँगा। पिछले महीने ही यह आया है। मैं भेजूँगा। धैर्य रखना।

तुम्हारा
ज्ञानरंजन

*

159. ज्ञानरंजन

101, रामनगर, आधारताल, जबलपुर
04/04/97

प्रिय कर्मेन्दु,

हार्दिक अभिवादन!

तुम्हारा पत्र मिला। सहाय जी सकारात्मक सोच रहे हैं यह सन्तोषजनक है। हम अधीर नहीं हैं। हमें तो आजीवन ही यह यात्रा करनी है। विज्ञापन वाले प्रसंग में तुम ध्यान रखना जैसा हो।

बिहार का जान कर सुन कर और पढ़ कर बहुत ही दहशत होती है। और तुम सब तो उसी के बीच हो।

'सपना नहीं' की प्रति भेज रहा हूँ। सोच रहा था कि अप्रैल अन्त तक आधार वाली किताब भी आ जाती तो तुम्हें साथ ही भेजता पर अब यह भेज ही रहा हूँ।

शीला को हमारा आशीष और उदिता उमंग को प्यार।

तुम्हारा
ज्ञानरंजन

*

160. ज्ञानरंजन

03/05/97

प्रिय कर्मेन्दु,

अभिवादन!

विश्वास है स्वस्थ प्रसन्न होगे। 'सपना नहीं' मिली कि नहीं कोई ख़बर नहीं है इसलिए चिन्ता है। विद्यानन्द सहाय ने मेरे पत्र का जवाब नहीं दिया। यह बहुत ज़रूरी नहीं कि वे सहायता करें। यह उनका अपना स्वतन्त्र निर्णय हो सकता है पर पत्र का जवाब भी न देना अच्छा नहीं लगा। बहरहाल हम तो हर सूरत हर जगह अपना प्रयास ही करते हैं। बच्चों को प्यार।

तुम्हारा
ज्ञानरंजन

*

कर्मेन्दु शिशिर

न्यू पुनाई चक हनुमान नगर, शास्त्री नगर, पटना
28/5/97

आदरणीय भाई!

सादर अभिवादन।

भूकम्प के बाद जब भी फ़ोन की कोशिश की–कामयाब नहीं हो सका। मंडलोई के साथ हुए खेदजनक प्रसंग के अख़बारों में छपने से बड़ी शर्मनाक स्थिति बनी। अन्त में होशंगाबाद उषा किरण खान जी ने फ़ोन पर आपका समाचार मँगाया–तब राहत मिली। ऐसी आपदा और विनाशलीला बुरी तरह डरा गयी और अब भी मन ध्वंस का अन्दाज़ कर मर्माहत है। अपने घर, परिवार, मित्रों और परिचितों के बारे में आश्वस्त करने वाला एक पत्र तो आप तत्काल लिख ही देंगे। अरुण कमल ने मुझसे लगातार समाचार पूछे लेकिन फ़ोन की गड़बड़ी से कुछ भी जानना–बताना नहीं हो सका।

विज्ञापन के प्रसंग में मैंने अनिच्छा के बावजूद लगातार प्रयत्न किया। सम्बन्धित सम्पर्क से अधिकारी ने कहा कि विज्ञापन देना समस्या नहीं है–समस्या भुगतान की है। यह बात उन्होंने जिस तरह उदाहरणों से बतायी उससे लगा कि बिहार पर्यटन में काम करने वालों को कुछ चन्दा देना एक मानवीय कर्म होगा। बिहार से ऐसी उम्मीद अचरज की बात नहीं। बहुत निराश हुआ। श्रम व्यर्थ।

श्री संजय सहाय, अनुग्रहपुरी, गया (बिहार) फ़ोन–0631-420693 से आपने सम्पर्क कर लिया होगा, नहीं तो अवश्य करें। श्री संजय जी के बारे में मैंने जो बातें फ़ोन पर कही थीं–उसके अलावे वे एक नेक, भद्र, उदार और साहित्यिक राग वाले युवा व्यक्ति हैं। उनकी कहानियाँ 'हंस' और राजेन्द्र यादव जी के प्रभाव से 'इंडिया टुडे' में छपती हैं। गोगोल के नाटक का अनुवाद राधकृष्ण से प्रकाशित है। 'पतंग' फ़िल्म भी बनायी थी। अरबपति पिता के अकेले सुपुत्र हैं। मेरा ख़याल है 'पहल' को उनका सहयोग सम्मानजनक तरीक़े से रहेगा और वह पर्याप्त भी होगा। मुझसे उनकी पहचान तो है मगर ज़्यादा निकटता का अवसर नहीं बना–मैंने कभी चाहा भी नहीं, इच्छा और

ज़रूरत भी नहीं। लेकिन मैं कोशिश करूँगा कि मेरे उनके एक मध्यस्थ मित्र हैं–उनके साथ मैं भी उनको प्रेरित करूँ। एक फ़ोन तो मैं तत्काल करूँगा।

ज्ञान भैया! मेरे भीतर आपको लेकर एक समझ भरा सम्मान रहा है–जो आपको पढ़कर बना है। आपकी कहानियों को एक साथ पढ़ने की प्रतीक्षित इच्छा इतने स्नेह-सम्पन्न तरीक़े से पूरी होगी–सोचा नहीं था। 'कबाड़खाना' भी आ जाय तो मैं आपके गद्य को लेकर अपनी बातें कहने की धृष्टता करूँ! लेकिन जहाँ तक पढ़ा और समझा है–उससे एक बात तो उठती है कि आपका सृजनात्मक विचलन मुझे अच्छा नहीं लगता। आप जैसी दुर्लभ प्रतिभा का लेखन से अलग की व्यस्तता अन्ततः दुरुपयोग ही है। मैं यह तो नहीं कहूँगा कि आप 'पहल' बन्द कर दें मगर बाक़ी सक्रियताओं से जिस हद तक ख़ुद को समेट सकें–मुझे बड़ा सुकून मिलेगा। विजय जी ने, 'पुलिन पर अब...' पर निदा फ़ाज़ली की प्रतिक्रिया बताते हुए आपके लेखन पर कई बातें कीं। उसमें निदा फ़ाज़ली की बातों से मैंने असहमति जतायी। कुछ देर मैंने भी बातें कीं। हमारे यहाँ निजी। इच्छित अपेक्षाओं की अनावश्यक माँग का चलन है–यह उचित नहीं। जो 'गद्य' है–उसकी परख–पड़ताल में जीव, और समय के मर्म की पहचान बुनियादी बात है। आकलन का मानक हमेशा रचना से ही तय होगा–उसी से निकलेगा। सवाल तारीफ़ या तीखी प्रतिक्रिया का नहीं–प्रकृति-पहचान का है। एक रचनाकार की पसन्द दूर तक उसकी निजी होती है। कुछ बातें हैं–जिन्हें लिखते हुए हमें बार-बार विचार करना होगा। बिना हड़बड़ी के अपनी प्रबल इच्छा और संयोग से ही करूँगा।

मैंने धीरे-धीरे अपने लम्बित पड़े कामों को दुरुस्त करना शुरू किया है। बिहार, कॉलेज, परिवार, बीमारी, वेतन, नौकरी और ऐसी ही तमाम प्रतिकूलताएँ–कम या अधिक लगी ही रहेंगी। अब इनकी चर्चा फ़िज़ूल है।

शीला भूकम्प के बाद से ही आप सबकी लगातार चर्चा-चिन्ता करती रही है। उसका सादर प्रणाम लें। उदिता, उमंग का चरण स्पर्श। भाभी को आदर। सभी मित्रों को स्मरण दिलावें, कुशल-क्षेम की चिन्ता बनी है। सभी को सादर। बच्चों को प्यार–ग़लती क्षमा।

आपका
कर्मेन्दु शिशिर

*

161. ज्ञानरंजन

101, रामनगर, आधारताल, जबलपुर
03/06/97

प्रिय कर्मेन्दु,

अभिवादन!

तुम्हारा पत्र मिला। भूकम्प के दिन मैं और सुनयना इन्दौर में भैया-भाभी के पास थे। बुलबुल अकेली थी अपनी वृद्ध दादी के साथ। उसने बहुत हिम्मत से सँभाला। सामना किया। हम 26 को ही आ सके भूकम्प के 5 दिन बाद बुलबुल से लगातार टेलीफ़ोन पर दिन में तीन-चार बार हाल लेते रहे थे। भूकम्प का विनाश दूर-दूर तक हुआ जैसे जहाज़ का मलवा बिखरा रहता है उस तरह। कहीं-कहीं पता ही नहीं चलता कि भूकम्प है। पर शहर में बहुत बरबादी हुई गाँवों में और जादा। अभी तक नींद सामान्य नहीं है। उसके बाद दो बार और झटके आये। पूरी नर्मदा घाटी में भूकम्प की शंकाएँ हैं। हमारे घर में भी दो जगह दरारें हैं। दरारें करीबन 2 लाख घरों में हैं पर वे मामूली हैं। हाँ हमारे यहाँ काँच के सभी बरतन टूट गये। लेकिन यह सब मामूली है। मलय जी के सामने वाला पुराना उनका घर बरबाद हुआ।

दोस्तों के पत्र, टेलीफ़ोन से बेटी को लगा कि दुनिया में हिम्मत से रहा जा सकता है। मैं तुम्हारे पत्र से बहुत कृतज्ञता और ताक़त महसूस कर रहा हूँ।

संजय सहाय को मैं लिखूँगा। बस संकोच यह था कि मेरा उनसे परिचय नहीं है। फिर भी लिख रहा हूँ। दूसरे विज्ञापन के प्रसंग में मैं इतना ही कहूँगा कि निराश मत हो। हमारा काम केवल प्रयास करना है। बाक़ी कुछ नहीं।

देश ने बहुत देर कर दी किताबों और पहल में। बस आज कल आज कल कहते हैं। मैं स्वयं इन्तज़ार कर रहा हूँ। 'कबाड़खाना' तुम्हें भेजूँगा। शीला जी को, दोनों बच्चों को हमारा अभिवादन और स्नेह।

निदा ने मुझसे एक जगह अकस्मात मिलने पर वही बात कही थी। भारती के प्रसंग में। पर मुझे नहीं लगता कि मैंने कुछ ग़लत किया है। निदा मेरे पुराने

ग्वालियर के ज़माने के गहरे दोस्त हैं। मैंने उनकी बात पर विचार किया है। अन्तिम रूप देने पर एक बार फिर सोचूँगा।

तुम आजकल क्या लिख रहे हो। बताना विस्तार से। क्या योजना है।

तुम्हारा
ज्ञानरंजन

*

162. ज्ञानरंजन

101, रामनगर, आधारताल, जबलपुर
14/07/97

गोपनीय

किन्हीं दो रचनाकारों के नामों की संस्तुति हमें जल्दी से जल्दी भिजवाने की कृपा करें। इससे हमें ज़्यादा सन्तुलित निर्णय लेने में सहायता मिलेगी।

शुभकानाओं सहित।

आपका
ज्ञानरंजन

*

163. ज्ञानरंजन

101, रामनगर, आधारताल, जबलपुर
25/08/97

प्रिय कर्मेन्दु,

अभिवादन!

तुम्हारा पत्र और संस्तुति मिलीं। आभारी हूँ। इस बार 20 लोगों से प्रस्ताव मँगाये। बहुत कठिनाई है क्योंकि इतने विविध नाम आये हैं कि निर्णय आसान नहीं रहा। फिर भी करना तो है।

अब सहाय जी के पीछे पड़ जाना उचित नहीं होगा। अगर उनकी व्यावसायिक कठिनाइयाँ हैं तो उन्हें समाप्त होने तक हमें इन्तज़ार होगा। शराफ़त भी यही कहती है।

तुम्हारा समाचार अब बहुत लम्बे व्यवधान के बाद मिलता है। ऐसा क्यों। हम मज़े में और तुमको सदा की तरह याद करते हैं। उदिता उमंग को स्नेह। शीला को आशीष।

तुम्हारा
ज्ञानरंजन

*

164. ज्ञानरंजन

101, रामनगर, आधारताल, जबलपुर
12/09/97

प्रिय कर्मेन्दु,
अभिवादन!

कल तुम्हारा पत्र मिला। तुम्हारा पत्र जब भी आता है हम सबको एक अन्तरंग शक्ति मिलती है। अब इसकी और जादा ज़रूरत हो गयी है। जीवन घट रहा है हमले बढ़ रहे हैं शिकंजा कस रहा है। हम सबके अन्तरंग संसार में एक समझ एक ज़रूरत और संगठन बनी रहे इसका प्रयास हम सबको करना है। अन्त समय तक हम अपने विचार और मूल्य के लिए हर स्तर पर सक्रिय रहें यह ज़रूरी है।

बिहार की पृष्ठभूमि और एक सम्मानजनक जीवन का संघर्ष, नौकरीचाकरी का चक्र और साहित्य संसार की अपनी दुर्गतियां, इन सबके बीच काम करना जिन्दादिल बने रहना बहुत आसान नहीं है। लेकिन यही वह समय है जबकि तुम्हें अपने को और जादा बचाना है। यह दुश्वार है पर अपने मन को शांत रखो, चिड़चिड़ेपन से बचना। लेखक को सारे प्यार मुहब्बत के बावजूद एक एकान्त बहुत ज़रूरी है। यह एकान्त उसका बहुमूल्य साथी होता है। हम उम्मीद करते है कि तुम्हें नया घर मिल जायगा।

देश का क्या कहूँ। वह भावुक है तुम्हारी बहुत ही इज़्ज़त करता है पर कुछ तो उसकी अपनी अव्यवस्था कुछ प्रकृतिगत गैर व्यवसायीपन और कुछ पूंजी की बेहद कमी के कारण उसके पहल सम्मान के लिए तुम्हारी संस्तुति मिली थी पर कई संस्तृतियों में शेखर जोशी का नाम था इसलिए हम उनको

अनदेखा नहीं कर सके। उन्हें समर्पित किया गया है। विज्ञापन के लिए अपने पूरे सम्मान के साथ ही ध्यान रखना। शीला, उदिता, उमंग, को हमारा स्नेह।

तुम्हारा
ज्ञानरंजन

*

165. ज्ञानरंजन

21/09/97

प्रिय कर्मेन्दु,

सभी संस्तुतियों को ध्यान में रखकर जिसमें गहरी विभिन्नता थी हमने इस साल पहल सम्मान कथाकार शेखर जोशी को समर्पित किया। रिवाज़ के तहत इसे 25 दिसम्बर को होना है और इलाहाबाद में होना है।

तुम आजकल बाहर नहीं निकलते। मैं तुम्हारी प्रकृति के प्रतिकूल किसी तरह का दबाव नहीं डालूँगा, पर पहल एक ऐसा यज्ञ है कि जिसमें परिजन न रहें इसकी कल्पना अब नहीं होती। अन्यथा हर के अपने अकेलेपन तो है हीं।

तुम्हारा
ज्ञानरंजन

*

166. ज्ञानरंजन

101, रामनगर, आधारताल, जबलपुर
13/10/97

प्रिय कर्मेन्दु,

अभिवादन!

मुझे तुम्हारे पत्र से गहरा सन्तोष इसलिए मिला कि तुम 'पहल सम्मान' के निर्णय से सहमत हो उसके साथ हो। हम इलाहाबाद में तैयारी को गरिमायुक्त बनाने का प्रयास कर रहे हैं।

तुम मन करे तो भागीदारी करना नहीं तो यह तुम्हारी स्वतन्त्र इच्छा है। तुम्हारी उपस्थिति हमारे लिए महत्वपूर्ण है। 26 को एक गोष्ठी है जिसमें कहानी के ललित कार्तिकेय के पर्चे पर बातचीत होगी। तुम इसे सहज रूप से लेना।

देश से मैं तुम्हारे बारे में उपयुक्त अवसर मिलने पर ज़रूर कहूँगा। तुम निश्चिन्त रहो। रायल्टी के बारे में भी। यह हमारे परिवार का सवाल है।

बच्चों को प्यार। शीला को आशीष! दशहरे पर तुमको सबको हम सबकी शुभकामनायें।

सस्नेह।

तुम्हारा
ज्ञानरंजन

*

167. ज्ञानरंजन

20/11/97

प्रिय कर्मेन्दु,

विश्वास है स्वस्थ प्रेम में होंगे। घर में सभी मजे में होंगे।

25-26 दिसम्बर को इलाहाबाद में पहल सम्मान (शेखर जोशी) के अवसर की फिर याद दिला रहा हूँ।

तुम्हारा
ज्ञानरंजन

*

168. ज्ञानरंजन

13/12/97

प्रिय कर्मेन्दु,

अभिवादन!

तुम्हारा कार्ड अभी मिला। तुम्हारी भयानक तकलीफ़ों का मुझे एहसास है और देश तुम्हारी एक किताब छापना चाहते हैं। मेरी अभी चण्डीगढ़ में चर्चा

हुई। मैंने उन्हें संकेत किया है। मैंने कहा कि उनकी राशि जो बनती हो उसे दो। वह इलाहाबाद जायेगा तब और दबाव डालूँगा पर उसके मन में तुम्हारे प्रति गहरी इज़्ज़त है। तुम इलाहाबाद आना। तुम अगर मन न करेगा तो बहस में मत शामिल होना, पर आना। मैं तुम्हारी दिक़्क़त को दूर करने का प्रयास करूँगा। अभी इतना ही शीला, उदिता, उमंग कैसे हैं। बिहार तो अब लूट का राज्य बन गया है।

तुम्हारा
ज्ञानरंजन

*

कर्मेन्दु शिशिर

पटना
12/05/1998

आदरणीय भैया,
सादर नमस्कार!

आपको लम्बे समय बाद पत्र लिख रहा हूँ। इसके कारणों की चर्चा अनावश्यक विस्तार ही होगा, क्योंकि आप प्रदेश की स्थितियों से परिचित हैं। दिन प्रतिदिन स्थिति कठिन ही होती जा रही है। ख़ासतौर से उच्च शिक्षा की दुर्दशा, क्योंकि सरकारी कोप स्थायी भाव में है।

• 'पहल' मार्च 1998 मिला। लम्बे समय बाद किसी पत्रिका का ऐसा अंक मिला जिसे पूरा का पूरा एक साथ पढ़ गया। सभी लेखकों ने अध्ययन, मिहनत, से साधिकार लिखा है। लिखने में भी संयम, और भाषा का परिष्कार है। एक आलेख में इतने विस्तार से समेटने की अपनी सीमायें हैं। इसलिए कुछ उपन्यासों का छूट जाना स्वाभाविक है। कोई दूसरा लिखता तो सम्भव था ज़्यादा छूट जाता। लेकिन वीरेन्द्र यादव को महेन्द्र भल्ला की विस्तार से चर्चा अवश्य करनी चाहिए। अगर मनमोहन पाठक को इतनी जगह मिलती है तो उनके समकालीन चन्द्रकिशोर जायसवाल के उपन्यासों की चर्चा ज़रूरी थी। ख़ासतौर से 'गवाह ग़ैरहाज़िर' का, लेकिन एक प्रश्न ऐसा है जो उनके आलेख के प्रतिमानों से जुड़ा है। सम्भव है कि कोई मधुकर सिंह की पक्षधरता करे, लेकिन अगर वह उन्हें अज्ञेय से बड़ा कथाकार सिद्ध करे तो उसे अपने

प्रतिमानों की पुनर्समीक्षा करनी चाहिए। मनमोहन पाठक के उपन्यास को विनोदकुमार शुक्ल के सापेक्ष रख कर 'गगन घटा घहरानी' की श्रेष्ठता सिद्ध करना ऐसा ही मामला है। लेकिन फिर भी, मैं वीरेन्द्र यादव के लेख को महत्त्वपूर्ण मानता हूँ, लिखा बहुत बढ़िया है। मधुरेश जी वैसे भी समर्थ लेखक हैं और उपन्यासों–कहानियों पर उनकी विशेषज्ञता है। सबसे अधिक प्रसन्नता मुझे शम्भु गुप्त से हुई ख़ासतौर से शशांक की कहानियों पर अन्दर उतर कर लिखा है। सबकी भाषा में आश्चर्यजनक परिष्कार हुआ है और समझ भी पैनी हुई है। उन्हें राजनीतिक शब्दावलियों वाले समीक्षा के जार्गन्स से अपने को मुक्त करना होगा। दूसरी बात यह कि सीमाओं को साहस के साथ बताना चाहिए। हरि की कहानियों की समीक्षा में एक जगह उन्होंने पूरी हिन्दी कहानी के सापेक्ष टिप्पणी की है। मेरा ख़याल है ऐसे टोन से बचना चाहिए। वैसे उनके तीनों लेख मुझे आश्वस्त करते हैं।

• आप 'कथा-समय' को मूल्यांकित करने का जो कठिन कार्य पूरा कर रहे हैं–यह बहुत ही ज़रूरी था। हिन्दी की अजीब स्थिति है कि वह कविता पर बात करते हुए इस तरह संकीर्ण हो जाती है कि अनेक टिटहरियाँ बाज़ की भूमिका में उतर आती हैं। सृजन में अगर समय का कूड़ादान न होता तो पता नहीं क्या स्थिति होती? मेरी हार्दिक शुभकामनाएँ, प्रसन्नता और बधाई स्वीकार करें।

भाभी को चरण स्पर्श! बिटिया बुलबुल को स्नेह! पत्र दें! अब देर नहीं होगी। शीला, उदिता, उमंग का सादर अभिवादन!

आपका
कर्मेन्दु

*

169. ज्ञानरंजन

101, रामनगर, आधारताल, जबलपुर
30/05/98

प्रिय कर्मेन्दु,

तुमको मैंने पठानकोट के लिए इसलिए नहीं लिखा कि तुम्हारी सेहत पिछले दिनों ठीक नहीं थी। पठानकोट की यात्रा कठिन है। असुविधायें हैं। ऑक्सीजन की कमी है और 120 फिट नीचे उतरकर वापस चढ़ना होगा।

इसके अलावा मैं जानता हूँ कि तुम कठिन आर्थिक हालातों में रहते हो। हम भोपाल तक तो किसी को किराया भी नहीं दे पायेंगे। वहाँ से सारी व्यवस्था है, अन्यथा कभी मत लेना और तुम्हें यात्रा अगर अनुकूल हो तो पूरा स्वागत है, आओ।

तुम्हारा
ज्ञानरंजन

*

170. ज्ञानरंजन

101, रामनगर, आधारताल, जबलपुर
04/06/98

प्रिय कर्मेन्दु,

तुम्हारे पत्र से राहत मिली। अन्यथा कई लोग नाराज़ हैं, उन्हें अपना ही दीख पड़ता है बस। विश्वास मानो तुम्हें अच्छा लगा तो मुझे अब किसी की परवाह नहीं।

अभी-अभी 15 दिन बाद प्रवास से लौटा हूँ। शीला, उदिता उमंग को हमारा स्नेह!

तुम्हारा
ज्ञानरंजन

*

171. ज्ञानरंजन

101, रामनगर, आधारताल, जबलपुर
16/06/98

प्रिय कर्मेन्दु,

अभिवादन!

तुम्हारा पत्र मिला। और बहुत समय के बाद तुमने विस्तार से लिखा है। शायद मैं भी तुम्हें इत्मीनान से अन्तराल के बाद ही लिख पा रहा हूँ। यह सही

है कि अर्थ व्यवस्था के बारे में तुम चिन्ता भी रखते हो, प्रयास भी करते हो और कठिनाई में जीवित रहने का मनोबल भी रखते हो। तुम्हारी हालत में दूसरे लोग हाहाकार करने लगते हैं। तुम योजनाबद्ध तरीक़े से नियोजित रूप में काम करने वाले नये लोगों में अप्रतिम हो। लोगों को यह सब सीखना चाहिये।

हम अपना काम करते हैं और उसमें अगर चूक होती है तो आत्मलोचन भी करते हैं और मित्रों से सीखते भी हैं। 'पहल पुस्तिका' पर मृदुला गर्ग, नासिरा शर्मा और विजयकान्त की असन्तुष्ट चिठ्ठियाँ आयीं। मृदुला गर्ग से तो मेरा संवाद हुआ और वह ठीक था। विजयकान्त ने लिखा कि इसमें उन लोगों पर चर्चा हो रही है जो सूचना संसार से आये हैं। हाशिये के लोगों को नहीं लिया गया है। असल में, जिसका नाम नहीं होता वही नाराज़ होता है। हम हिन्दी के न्यायाधीश नहीं हैं और सारा काम कर लेने का ठेका भी हमारा नहीं है और फिर यह जो कर रहे हैं इसमें आगे भी बहुत कुछ हो सकेगा। यह कोई पटाक्षेप तो है नहीं। मैं अविचलित काम करता हूँ।

मदन कश्यप और निलय के बारे में तुमने जो ख़बर दी है वह बहुत दुखद है। हिन्दी में व्यक्तित्व निर्माण की सारी सम्भावनाओं को इन लोगों ने धूमिल कर दिया है। निलय की तो कवितायें हम छाप रहे हैं, इसलिए ताज़ा अंक में आ जायेंगी। बहरहाल अब क्या किया जा सकता है। अफ़सोस होता है।

शीला मज़े में होंगी और उदिता उमंग भी।

तुम्हारा
ज्ञानरंजन

*

172. ज्ञानरंजन

101, रामनगर, आधारताल, जबलपुर
22/10/98

प्रिय कर्मेन्दु,

अभिवादन!

उस दिन टेलीफ़ोन पर चर्चा हुई और आज तुम्हारा पत्र मिला। बहुत दिन बाद तुम्हारे ऐसे पत्र को पाकर बहुत अच्छा लगा जिसमें कुछ सुखद ख़बरें हैं।

जैसे शीला की तबियत का चंगा होना, बड़े खुले मकान में जीवन बसर, उमंग और उदिता की प्रगति और नये सिरे से लेखन आदि का तुम्हारा कामकाज यह सब उत्साहित करते हैं। तुम्हें इस नये घर में ख़ूब शान्ति और सुख मिले यही कामना है।

तुम भोपाल आओगे यह भी मेरे लिए अच्छी सूचना है। तुमको करना कुछ नहीं है, बस अपने मित्र समाज से मिलना-जुलना बातचीत करना है। तुम्हारी वहाँ कोई औपचारिक भूमिका नहीं रखेंगे। बहुत समय से तुम निकले भी नहीं और तुमसे मिलना भी नहीं हुआ।

आधार से तुम्हारी किताब आ रही है। चलो एक लम्बे इन्तज़ार का अन्त हुआ और सब ठीक ही है। बुलबुल की बात कई जगह चल रही है। नाव किनारे आते-आते किसी अदृश्य कारण से रूक जाती है। अभी दो जगह उम्मीद है। प्रयास कर रहे हैं।

शीला, उमंग, उदिता को हमारा स्मरण। सस्नेह।

तुम्हारा
ज्ञानरंजन

*

173. ज्ञानरंजन

101, रामनगर, आधारताल, जबलपुर
07/12/98

प्रिय कर्मेन्दु,

अभी-अभी तुम्हारा पत्र मिला। तुम्हें लिखने-कहने की ज़रूरत नहीं। मैं भली तरह जानता हूँ कि तुम नारकीय बिहार में किसी तरह अपना पूरा सम्मान बचाये हुए एक कठिन संघर्ष कर रहे हो। तुम कैसे करते हो इस पर आश्चर्य ही होता है। और कोई होता तो टूटकर बिखर जाता। मैं कृतज्ञ हूँ कि तुम 'पहल सम्मान' में आ रहे हो। अब मैं भी कठिनाई से ही यह आयोजन कर पा रहा हूँ। पर मित्र सम्बल है, पता नहीं कब तक चलेगा। इस शताब्दी तक तो निर्वाह करूँगा ही। तुम और अरुण कमल ज़रूर आना। रिजर्वेशन करा लिया होगा। तुमको मंच पर नहीं भेजेंगे। इतना विश्वास करो। तुम हमारे बीच श्रोताओं में ही रहना।

सस्नेह, बच्चों को प्यार, शीला जी को आशीष!

तुम्हारा
ज्ञानरंजन

*

174. ज्ञानरंजन

101, रामनगर, आधारताल, जबलपुर
09/01/99

प्रिय कर्मेन्दु,

अभिवादन!

तुम्हें लौटते ही लिखना चाहता था। पर इधर 'पहल' की पोस्टिंग और बक़ाया काम और थकान। तुम भोपाल आये बहुत दिन बाद मिलना हुआ मुझे अच्छा लगा। तुम सब गहरी तकलीफ़ों और ख़र्च के बावजूद आये यह हमारी सामूहिकता का प्रमाण है। हम एक बार बेहतर के लिए सीखते हैं। मुझे विश्वास है कि तुमको भी अच्छा लगा होगा।

मेहता जी को मैं उनकी कविताओं के लिए लिख रहा हूँ। उन्होंने हमें पहले भी कुछ महत्त्वपूर्ण कवितायें भेजी थीं पर सामग्री, मतलब स्वीकृत सामग्री के दबाव के कारण उन्हें रख नहीं सका था यह बात उन्हें लिखी भी थी। अब समय लगे पर उनकी कवितायें छापेंगे, पर मैं किसी प्रकार के अन्य सहयोग के लिए नहीं लिखूँगा। वह बहुत ग़लत होगा और अन्यथा भी लगेगा। मनोज 'पहल' को सहयोग करें इसके लिए तुम्हारे सम्बन्ध और सीधे तुम्हारे मार्फ़त ही स्वाभाविक तौर पर होना ठीक है। 'पहल' का सारा कारोबार एक व्यापक सहकार से चला है और चलेगा।

शीला ठीक होंगी और बच्चों को हमारा गहरा प्यार।

तुम्हारा
ज्ञानरंजन

*

175. ज्ञानरंजन

101, रामनगर, आधारताल, जबलपुर
31/01/99

प्रिय कर्मेन्दु,

अभिवादन!

तुम्हारा पत्र मिला। हम सब जिस काम में लगे हैं और कम से कम जो हमारा सुदूर लक्ष्य है उसमें गहरी समझदारी, अभिन्नता और विवेक की बहुत आवश्यकता है। इसमें से बहुत कुछ हमारे पास कम-ज़्यादा होता है पर समूचे जीवन और अन्त तक हम इसको हासिल करना चाहते हैं। यही हमारी तड़प है, कोशिश है और बेचैनी है। अब इस काम में अपार काम के सिलसिले में बहुत सी चूक होगी, बहुत सी भिन्नतायें होंगी। एक ही विचार एक ही लक्ष्य और एक ही काम में भी विभिन्नतायें आती है। सो हमें अपना समय बचाना है और अधिकतम करना है। एक विशाल फ़लक पर बहुतेरे आयामों के साथ हम सब मिल रहे हैं। बिछुड़ने के लिए नहीं और अधिक निकटता के लिए।

मैंने तुमसे कहा नहीं, मैंने किसी से कहा नहीं, पर संजय ने सच की गन्ध भीतर-भीतर से ही ले ली। कोई जाने या न जाने पर मैं यह ज़ानता हूँ कि तुम मेरे क्या हो। तुम चुप हो जाते हो, रुष्ट हो जाते हो तो मैं यही समझता हूँ कि पाशा भी ऐसा करता है, मैं भी ऐसा करता हूँ, अपने दैनिक जीवन में। दैनिक जीवन मेरे लिए बहुत छोटा है, मेरे लिए है अपार और अन्तहीन जीवन। कम से कम इसी सुरसुराहट और सपने के साथ यह ज़िदगी चल रही है।

हमारे निजी रिश्तों में और हमारे सार्वजनिक कार्य में बहुत सारी चीज़ें आयेंगी जिनसे हम सहमत नहीं होंगे। हम असहमति के साथ कितना चलते हैं, यह हमारी परीक्षा है। यह दुनिया हमारे क़दम पर नहीं है। मैं चाहता हूँ कि अपने विचार और अपनी रचना के संसार में ही अपने विरुद्ध को भी मैं प्रकाशित कर सकूँ, ताकि यह गाड़ी बड़े प्रबल रूप में चल सके। यह अभ्यास और प्रयोग ही है, इस तक पहुँचना दुर्लभ है।

तुम अपनी जिजीविषा के साथ अपने कर्मठ क्रियाकलापों में बने रहो। यही मैं चाहता हूँ। लोग बहुत क्षुद्र हो गये हैं आसपास, पर हमें तो अपने

ही तरह से चलते रहना है। अरुण कमल वाला प्रसंग ऐसा है जिससे लोगों की मानसिकता का पता चलता है। यह सभी विचार विमर्श के बावजूद एक प्रफुल्ल होने वाली बात है। अरुण कमल को क्या सभी को, यहाँ तक कि पिछला पुरस्कार प्राप्त जूगड़ी को भी अरुण कमल को पुरस्कार मिलने का अवसाद है। यह हिन्दी का समकालीन चेहरा है। सस्नेह।

तुम्हारा
ज्ञानरंजन

*

176. ज्ञानरंजन

पहल : 101, रामनगर, आधरताल, जबलपुर
04/03/99

प्रिय कर्मेन्दु,

अभिवादन!

तुम्हारा पत्र और कहानी मिली। बहुत संक्षेप में लिख रहा हूँ। कहानी तुमने पहली बार भेजी अच्छा लगा। कहानी अगले अंक में भरसक छपेगी। अच्छी लगी है। 'पहल' का अंक 60 भेजा है। मिलते ही ख़बर करना, मन लगा रहेगा। मनोज मेहता ने 2000 रु. भेजे हैं। तुम्हें बताना ज़रूरी है। चीज़ें पारदर्शी होनी चाहिए। हमारे लिए जो जितना देता है वह सब बहुमूल्य है। 'पहल' का एक कोष बनाना है। जो कठिनाई में हमारे साथी हैं वे ही पूरे मददगार हैं।

शीला, उदिता, उमंग को हमारा स्नेह!

तुम्हारा
ज्ञानरंजन

*

177. ज्ञानरंजन

101. रामनगर, आधरताल, जबलपुर
23/03/99

प्रिय कर्मेन्दु,

अभिवादन!

पत्र मिला। 'पहल' की पोस्टिंग अपने अन्तिम दौर में है। 30 मार्च को अगले अंक की सामग्री कम्पोजिंग में चली जायेगी। तुम्हारी कहानी जा रही है। भाऊ समर्थ 'पहल व्याख्यान' भी अगले महीने मृणाल सेन देंगे। एक दो दिन में तारीख़ तय होगी। लक्ष्मीधर मालवीय का पता पीछे है। अभी इतना ही सस्नेह।

तुम्हारा
ज्ञानरंजन

*

178. ज्ञानरंजन

101. रामनगर, आधरताल, जबलपुर
27/07/99

प्रिय कर्मेन्दु,

तुम्हारा पत्र मिला। 'पल-प्रतिपल' के सभी चित्रों की प्रतियाँ देश निर्मोही के पास चण्डीगढ़ में हैं। वहाँ से प्राप्त हो जाने के बाद तुम्हें एक फ़ोटो भेज दूँगा।

'राष्ट्रीय सहारा' में छपा तुम्हारा लेख पढ़ा, जो बहुत ही विचारपूर्ण और समीचीन है।

जबलपुर आने के लिए तुम्हारी अलग व्यवस्था की जा सकती है, लेकिन यह मेरे लिए बहुत असुविधाजनक होगा। इस काम के लिए सात-आठ दिन का समय निकालने के लिए अच्छे मौसम में कोशिश करेंगे।

कल मैं इलाहाबाद से लौटा। कालिया के साथ पूरे दिन रहता हुआ, तुम्हारी चर्चा चली थी। हाथ में चोट लगने के कारण स्वयं नहीं लिख पा रहा हूँ, अन्यथा न लेना।

तुम्हारा
ज्ञानरंजन

*

179. ज्ञानरंजन

101. रामनगर, आधरताल, जबलपुर
19/08/99

प्रिय कर्मेन्दु,

तुम्हारा पत्र मिला। अब आज एक महीने के बाद हाथ काफ़ी ठीक है। आज से ही दो तीन पत्र हाथ से लिखना शुरू किया है, टाइप नहीं कर सकता। होम्योपैथी भी ले रहे हैं, 90 प्रतिशत आराम है।

तुम्हारे प्यार से भावभूत हूँ। मुझे सन्तोष है कि तुम्हारी कहानी पसन्द की गयी है। एक रचनाकार को, एक सम्पादक को इससे तसल्ली मिलती है।

'पहल' का अगला अंक पूरा हो गया है, बस छपना है। एक महीना लगेगा।

अभी इतना ही लिख रहा हूँ, बाद में फिर। काम तो काफ़ी एकत्र हो गया है।

शीला, उदिता, उमंग अच्छे होंगे। उन्हें हमारा प्यार–दुलार!

तुम्हारा
ज्ञानरंजन

*

180. ज्ञानरंजन

101. रामनगर, आधरताल, जबलपुर
04/10/99

प्रिय कर्मेन्दु,

पत्र मिला। बहुत ज़ल्दबाजी में पत्र लिख रहा हूँ। 'पहल' का अंक 62 भेजने की व्यवस्था हो रही है। एक सप्ताह में तुम्हें भेज देंगे, मिलने पर सूचना देना क्योंकि यह मैंने मेहनत से निकाला है।

'पहल सम्मान' इस बार कथाकार विद्यासागर नौटियाल को 25 दिसम्बर देहरादून में दिया जायेगा। प्रयास है कि महाश्वेता देवी यह सम्मान दें। अभी सूचनार्थ।

अभी तबीयत पहले से ठीक है। शीला को हमारा आशीष! उदिता, उमंग आगे बढ़ रहे होगें।

तुम्हारा
ज्ञानरंजन

*

181. ज्ञानरंजन

101. रामनगर, आधरताल, जबलपुर
30/11/99

प्रिय कर्मेन्दु,

तुम सबके प्यार और शुभकामनाओं से बच गया। बेहतर हूँ। आराम कर रहा हूँ। दवायें ले रहा हूँ। धीरज से लड़ रहा हूँ। 14-15 को दिल्ली में एंजियोग्रैफ़ी होगी तब भविष्य के बारे में निर्णय डाक्टर लेंगे। शीला और बच्चों को हमारा स्मरण!

तुम्हारा
ज्ञानरंजन

*

182. ज्ञानरंजन

101. रामनगर, आधरताल, जबलपुर
03/12/99

प्रिय कर्मेन्दु,

मैं कुछ लिख नहीं सकता। मैं लगभग रोते–रोते सो गया। तुम सब का प्यार गहरी शान्ति देता है, पर अभी विश्राम नहीं करना है। बहुत काम करना

है। दो–तीन महीने में ठीक हो जाऊँगा। तब नयी जीवन शैली के साथ काम करूँगा। लोग सहायता करेंगे हर काम में।

मित्रों का अपार स्नेह मिल रहा है। जीवन में विश्वास बढ़ रहा है, बीमारी कमज़ोर पड़ रही है। 14 और 15 को Escorts, दिल्ली में सघन जाँच होगी। दिल्ली में मित्र सक्रिय सहयोग कर रहे हैं। संजय ने appointment डॉक्टरों से लिया है।

तुम चिन्ता मत करो, यह सब ख़त्म होने के लिए आया है। शीला को हमारा स्नेह–बच्चों को प्यार!

तुम्हारी भेजी राशि मेरे जीवन संग्राम को सदैव बल देती रहेगी। यह कभी ख़र्च नहीं होगी, सदा बची रहेगी।

तुम्हारा

ज्ञानरंजन

*

183. ज्ञानरंजन

01/01/2000

प्रिय कर्मेन्दु,

तुम्हारा सगुन मिला। सभी कुछ सानन्द और शोभा के साथ हुआ।

अब चिट्ठी पत्री से नहीं एक बार तुम्हारे पास निजी यात्रा में दो-तीन दिन रहने आऊँगा। भीतर से मन है। आलोक की संगत भी होगी। शीला को आशीष, बच्चों को प्यार

हिम्मत बनाये रखना। मार्च तक किताबें आ जायेंगी जहाँ तक।

तुम्हारा

ज्ञानरंजन

*

184. ज्ञानरंजन

06/01/2000

प्रिय कर्मेन्दु,

मैं दिल्ली में 28 को आया। औषधि और एक महीने का पूर्ण आराम चल रहा है। एक Blocade था, एंजियोप्राटी कर दी गयी है। बेहतर हूँ। तुम्हें अभी लिख पा रहा हूँ। बड़ी आपदा थी। सारा घर अस्त-व्यस्त हो गया। बहार जैसे उड़ गयी। अपने को साध रहा हूँ। बुलबुल, पाशा ने बहुत सँभाला, हिम्मत से काम लिया, दोस्तों ने पूरी हिम्मत दी।

मैं बराबर तुम्हारे प्यार को, दोस्ताने को याद करता रहा हूँ।

शीला को हमारा अभिवादन, बच्चों को प्यार कहना। तुम अपना समाचार देना।

तुम्हारा
ज्ञानरंजन

*

185. ज्ञानरंजन

पहल, जबलपुर
19/01/2000

प्रिय कर्मेन्दु,

आपको नये वर्ष पर विलम्ब से शुभकामनायें दे रहा हूँ। 'पहल सम्मान'-99 अब पूर्वतः शाम 7 बजे देहरादून में 'टाऊन हॉल' में आयोजित है। आपके बिना यह कार्यक्रम अधूरा रहेगा। कृपया, अपना कार्यक्रम पक्का कर लें। आपकी उपस्थिति हमारे कठिन समय में बहुत प्रेरक होगी।

आपका
ज्ञानरंजन

*

186. ज्ञानरंजन

पहल
28/01/2000

प्रिय कर्मेन्दु,

पत्र मिला। मेरे पर विश्वास करो। डॉक्टर और दोस्त लोग जैसे कह रहे हैं, वैसा ही कर रहा हूँ। 'पहल' का काम बँटा है, एक सहायक युवक भी है जितने दिन वह कर सके करेगा, अभी अच्छा कर रहा है। कृपया आश्वस्त रहो।

मेरे जीवन की अमूल्य शक्ति है मेरे आत्मीय, मेरे अन्तरंग।

तुम्हारा
ज्ञानरंजन

*

187. ज्ञानरंजन

763, अग्रवाल कॉलोनी, जबलपुर
18/02/2000

प्रिय शीला,

यूँ तो मुझे लिखने की ज़रूरत नहीं थी। तुम समझ सकती हो। हमारे ऊपर अपनी चिन्ता कम से कम है। हमें अपने समय की ज़िम्मेदारियाँ पूरी करनी हैं। यह निश्चय ही कडुवा काम है और तुम्हारे बिना कर्मेन्दु कुछ नहीं कर सकते। मैं भी सुनयना के बिना अधूरा हूँ। अगर हम सब साथ रहकर काम नहीं करेंगे तो सड़ जायेंगे। तुम दोनों अभिन्न हो जाओगे तो हमें और सबको ताकत मिलेगी।

बहुत सी चीज़ें जिन्हें हम अहमियत देते हैं, समय उनको कचरा कर देता है। अतीत की मामूली बातों को छोड़ो।

तुम्हारा
ज्ञानरंजन

*

188. ज्ञानरंजन

18/03/2000

प्रिय कर्मेन्दु,

तुम्हारा पत्र मिला। मैं विश्व पुस्तक मेले के समाचार लेता रहा हूँ। राजेश से मलयजी से और दिल्ली के मित्रों से।

तुम्हारी किताब कब मिलेगी? देश तो भेजेंगे नहीं। इस समय मैं कथा समय-2 के प्रकाशन में लगा हूँ। पूरा कम्पोज हो गया है, प्रूफ़ देख लिए हैं। बस निकलना है। इसे बहुत विलम्ब हुआ–देहरादून का प्रयास करना।

तुम्हारी अर्थव्यवस्था के कारण लिखने में संकोच होता है। सस्नेह

*

189. ज्ञानरंजन

763, अग्रवाल कॉलोनी, जबलपुर
02/04/2000

प्रिय कर्मेन्दु,

शुभ सूचना। बुलबुल का विवाह दिल्ली में तै हो गया है–रजत सिन्हा से। 9 को बरिच्छा दिल्ली में होगी और अक्टूबर-नवम्बर में विवाह होगा। रजत MBA है इस समय अमेरिका में है। आया हुआ है। परिवार बहुत सुसंस्कृत है। माँ उसकी BHU की पढ़ी हैं, पिता 20 साल पहले सड़क दुर्घटना में मारे गये थे।

तुम सबके प्रति गहरी कृतज्ञता है। तुमने अपनी चिन्ता और सहयोग से गहरा साथ दिया था।

तुम्हारा
ज्ञानरंजन

*

190. ज्ञानरंजन

16/05/2000

प्रिय कर्मेन्दु,

अभिवादन!

विश्वास है तुम सब घर बार सहित अच्छी तरह होंगे। अलग एक्सप्रेस पोस्ट पार्सल से मैं तुम्हें 'पहल' के अंक 1 से 8 तक भेज रहा हूँ। इन्हें अपने पास तब तक रखो जब तक तुम्हारा काम ज़रूरी हो। 'पहल' संचयन के 3 खण्ड तुम्हारे सम्पादन में तुम्हारी भूमिका के साथ प्रकाशित होंगे। एक खण्ड जितेन्द्र करेंगे, क्योंकि उनसे बात हो चुकी थी। दो खण्ड किसी अच्छे प्रकाशक से हम करवायेंगे। यह मेरी ज़िम्मेदारी होगी। जैसे ही प्रकाशक का नाम तय हो जायेगा। तुम्हें सूचित कर दूँगा। सस्नेह!

तुम्हारा
ज्ञानरंजन

*

191. ज्ञानरंजन

763, अग्रवाल कॉलोनी, जबलपुर
26/06/2000

प्रिय कर्मेन्दु,

अलग डाक से तुमको वे सारे लिख भेज रहा हूँ, ज़ेरोक्स कराके जो अंक 8 तक में आये हैं और तुम उनके बारे में विचार कर सकते हो। तुमने विवरिणका में ज़बर्दस्त मेहनत की है। तुम्हारे जैसा श्रम करने वाला अन्य कोई नहीं दिखता। बहरहाल जितेन्द्र भाटिया को सामग्री भेज देना। उनका पता यह है :–

जितेन्द्र भाटिया, 1702, सालिटेयर, हीरानन्दानी गार्डेन्स, पवई,
मुम्बई–400076,
टेलीफ़ोन–5797872,

सस्नेह
तुम्हारा
ज्ञानरंजन

*

192. ज्ञानरंजन

763, अग्रवाल कॉलोनी, जबलपुर
02/07/2000

प्रिय कर्मेन्दु,

'पहल' के जो अंक तुम्हारे पास नहीं हैं उनमें से कुछ छाँट कर तुम्हारे पास भेज रहा हूँ। इनमें से चयन कर लो। मैं समझता हूँ कि विजेन्द्र, भाउ समर्थ, केदारनाथ अग्रवाल को लेना चाहिए। इससे स्तरीय बनेगा चयन। नामावली की दृष्टि से तुम्हारी बनायी विस्तृत सूची में भाऊ समर्थ हैं। उनका लेख भी वैविध्यपूर्ण है। दूधनाथ और राजेन्द्र चोपड़ा को तो रहने ही देना। सामग्री 225 पृष्ठ तक की हो। यही सन्तुलित रहेगा। गोविन्द राजू का अन्टार्कटिका अभियान भी इसलिए अलग कर दो कि वह विधा अलग है, अभी हम विचारपूर्ण लेखों को ही जाने दें। इस तरह तीन लेख निकाल कर लगभग चार लेख तुम इनमें से चुन लो।

मेरा सुझाव यह है :

प्रमोद वर्मा, भाऊ समर्थ, केदार अग्रवाल, विजेन्द्र, सुरेन्द्र चौधरी

सस्नेह।

तुम्हारा
ज्ञानरंजन

*

193. ज्ञानरंजन

763, अग्रवाल कॉलोनी, जबलपुर
25/07/2000

प्रिय कर्मेन्दु,

तुम्हारी भेजी सामग्री मिल गयी। जितेन्द्र को भी मिल गयी। तुमने बहुत ही कम समय में विपरीत परिस्थितियों के बावजूद यह काम जिस तत्परता और गुणवत्ता के साथ किया है उसके आगे मैं नत हूँ। भूमिका बहुत अच्छी है। सभी कुछ मुकम्मल है। जितेन्द्र कह रहे थे कि कुछ आकार अधिक है, शायद

कोई एक लेख कम करना होगा। इसमें दिक़्क़त नहीं है। इसका फोल्डर बन रहा है। अब काम तेज होगा।

तुम्हारी कृति मिल गयी थी। अभी इतना ही

तुम्हारा
ज्ञानरंजन

*

194. ज्ञानरंजन

763, अग्रवाल कॉलोनी, जबलपुर
31/08/2000

प्रिय कर्मेन्दु,

तुम्हारा 4/8 का कार्ड 30/8 को मिला। तुम्हारी तबियत का इसमें एक आकस्मिक ज़िक्र है। पहले से मुझे पता नहीं था। अब ठीक हो गये होंगे। 'पहल' का अंक कल परसों छप जायेगा। दिल्ली-जालन्धर जाना है 8-9 को, काम बढ़ रहा है, ध्यान रखता हूँ।

तुमने जो विवरणी के लिए लिखा है उसको बाद में ही भिजवा सकूँगा। अभी सहयोगी खाली नहीं है। तुम जल्दी चंगे हो जाओ।

तुम्हारा
ज्ञानरंजन

*

195. ज्ञानरंजन

763, अग्रवाल कॉलोनी, जबलपुर
26/09/2000

प्रिय कर्मेन्दु,

तुम्हारा पत्र पाकर मन बुझ गया। तुम्हारी बीमारी यूँ तो ठीक हो ही जायेगी पर यह बला जीवन को तंग कर रही है। बिहार की हालत जिसमें हज़ारों पिस रहे हैं और उस पर यह यक्ष्मा की दवा। मैं कभी भी अपने भीतर इतनी लाचारी

महसूस नहीं करता था। तुम धीरज वाले और गहरी स्थिति वाले व्यक्ति हो। तुम निकलोगे इस सबसे।

10 दिसम्बर को तुम आओगे तो अच्छा लगेगा लेकिन, तुम अपनी सेहत और माली स्थिति को नजरअन्दाज़ मत करना। हमारा तुम्हारा सम्बन्ध मात्र इतने से ही नहीं है, वह तो प्रबल और अटूट है। वह गहरी मनुष्यता के साथ। अपने को भावुकता में अनुशासनविहीन मत करना। बच्चों का, शीला का ध्यान और अपना ध्यान रखना।

प्यार और शुभकामनाओं के साथ।

तुम्हारा
ज्ञानरंजन

*

196. ज्ञानरंजन

15/11/2000

प्रिय कर्मेन्दु,

तुम्हारा पत्र मिला। इस समय काम बढ़ रहा है, पर शान्ति से काम करने का प्रयास कर रहा हूँ। दिल्ली में एक का दो ख़र्च होना था सो हो रहा है, पर यही सोच कर कि अच्छे लोगों से रिश्ता हुआ है हम प्रसन्न हैं।

मैं तुम्हारी विकराल स्थितियों को अच्छी तरह समझता हूँ। तुम कैसे साधते हो यही आश्चर्य है। तुम संकल्प और सन्तुलन के साथ जीवन को चला रहे हो। सो अपने को कठिनाईयों में डाल कर दिल्ली मत आना। नहीं तो मैं स्वयं तुमसे आने की जिद करता। यह सब सम्पन्न हो जायेगा। पहल सम्मान में आना। तुम्हारा प्यार बहुमूल्य है। शीला और बच्चे स्वस्थ रहें।

तुम्हारा
ज्ञानरंजन

*

197. ज्ञानरंजन

09/02/2001

प्रिय कर्मेन्दु,

अभिवादन!

तुम्हारा पत्र मिला। हम याद ही कर रहे थे कि पत्र आया। तुम सबकी विपदा हम सोचते रहते हैं कि कभी तो ख़त्म होगी। लेकिन इस विपदा ने तुम सबको अदम्य शक्ति दी है, नहीं तो इन हालातों में सम्मानजनक जीवन जी पाना कितना कठिन है। तुमने अपना मान, बच्चों की ज़रूरतें और संयत जीवन के साथ सब कुछ चलाया है।

मेरी भीतरी और आग्रहपूर्ण इच्छा है कि एक बार तुम्हारे पास और एक बार रविभूषण जी के पास कुछ समय रहूँ। यह छोटी सी इच्छा एक बार में ही या एक दौर में ही पूरी करूँगा।

मैं 'पहल' का अंक जल्दी ही भेज रहा हूँ। तुम अपने लेखन को सहेजों। शीला को हमारा स्नेह! उदिता और उमंग और बड़े हो गये होंगे।

तुम्हारा
ज्ञानरंजन

*

198. ज्ञानरंजन

पहल
30/03/2001

प्रिय कर्मेन्दु,

14-15 अप्रैल को तुम्हारे रहने की व्यवस्था राजधानी परियोजना गेस्ट हाउस (PWD) में बाणगंगा है। साहित्य परिषद् से 50 कदम पर बगल में है।

आलोक धन्वा, मदन कश्यप की भी इसी में है। कात्यायनी, मंगलेश, ऋतुराज, एकान्त भी इसी में रहेंगे।

तुम्हारा
ज्ञानरंजन

*

199. ज्ञानरंजन

101, रामनगर, आधारताल, जबलपुर
21/04/2001

प्रिय कर्मेन्दु,

अभिवादन!

आज मैं बिलासपुर और सतना से वापस आया तो तुम्हारा कार्ड और पत्र दोनों मिल गये। तुम्हें किताब भी मिल गयी यह सुखद सूचना है। नहीं तो उसको लेकर मैं खिन्न हो गया था। बहरहाल अब दोनों प्रति तुम अपने पास रखो। अगर किसी संकटकालीन समय में उसकी ज़रूरत हुई तो विचार करेंगे। तुम उसे किसी अपने परम प्रिय मित्र या साथी को भी उपहार में दे सकते हो। तुम्हारे पत्र का व्यौरेबार संक्षिप्त उत्तर दे रहा हूँ।

इसके बाद जितेन्द्र भाटिया के पास जो जितना रुका है वह पूरा करके उन्हें संवार कर भेज दो, ताकि वह प्रकाशित हो सके।

कविता का दूसरा खण्ड तुम भूमिका समेत पूरा कर लो और देश के पास भेज देना। कवियों की सूची मुझे सुविधा से भेज देना। यह बिना किसी दबाव के देश से पूछ लो कि उसे छापने में कोई तनाव तो उसे नहीं है। कभी-कभी हमारे साथी ऊपर जो कहते हैं, उसे भीतर तक अपनी कठिनाइयों के कारण स्वीकार नहीं पाते। मैं इस स्थिति को समझता हूँ।

इसके बाद मेरी प्राथमिकता पहल के कहानी खण्ड को प्रकाशित करने की है। पहले तुम अपनी कहानियों की और 'कोचान की धार' का सम्मिलित खण्ड प्राथमिकता से तैयार करो।

*

200. ज्ञानरंजन

23/04/2001

प्रिय कर्मेन्दु,

अभिवादन!

तुम नहीं आ सके। आते तो बहुत अच्छा लगता। इतना शालीन आत्मीय और विशद आयोजन हुआ कि क्या कहें, पर मैं तुम्हारी कठिनाइयों को जानता हूँ। अब ज़रूरी बात तुमने 'पहल' का एक खण्ड किया है जो छपने जा रहा है बहुत ही जल्दी। अब दो खण्ड और करने हैं कविता का जिसमें हिन्दी और अनुवाद रहे। दूसरा कहानी का, तुम्हारी भूमिकाओं के साथ। मैं प्रकाशन का प्रयास कर रहा हूँ। इस सम्पादन के लिए तुम्हें कुछ पारिश्रमिक भी मिल सके यह निश्चय मानो। सस्नेह।

तुम्हारा
ज्ञानरंजन

*

201. ज्ञानरंजन

ज्ञानरंजन,
04/05/2001

प्रिय कर्मेन्दु,

तुम्हारा पत्र पाकर मैं हैरत में रह गया। हम सब लोग किसी न किसी मात्रा में लापरवाह हैं, होते ही हैं पर यह अपनी घातक उपेक्षा समझ में नहीं आ रही है। मैं आज रात तुम्हें टेलीफ़ोन भी करूँगा, ताकि बायप्सी की रिपोर्ट का पता लग सके। हम सब यह उम्मीद करके चल रहे हैं कि सब कुछ सही और आश्वस्तकारक होगा। तुम्हें कभी भी कुछ मेरी आवश्यकता हो तो भूलना और टालना मत। यह सदा ध्यान में रखना कि जिनके पास नहीं होता वे ही साथ दे सकते हैं और जिनके पास विपुल होता है वे अमानवीय हो जाते हैं। हमारे वृहत्तर परिवार में साथ-साथ चलने की गहरी साध बनी रहनी चाहिए। अकेले कोई नहीं जी सकता।

उमंग तो बहुत बड़ा हो गया। वह अपनी पढ़ाई के उत्तर मुकाम पर पहुँच गया। उदिता की चिन्ता तुम्हें अभी से सता रही है। उसके लिए ध्यान रहेगा। पर उसको पढ़ाई पूरी करने दो। विवाह के बाद पढ़ना नहीं होता। हम अगली साल से उसके बारे में विचार करेंगे। जाति का उपजाति का बन्धन मत रखना। बुलबुल मज़े में है। टेलीफ़ोन आते रहते हैं। कभी-कभी अकेलापन लगता है पर वह सहज है, क्योंकि अमेरिका का समाज वहाँ का जीवन हम सबके लिए तत्काल रास नहीं आ सकता।

अब रही पहल सम्पादन की बात। पहले एक कोई कर लो। कविता या कहानी फिर दूसरा कहानी में अनुवाद नहीं रहेगा। कविता में एक कवि की एक से अधिक कवितायें ज़रूर होगी। पर कहानी में नहीं। अधिकतम 200 पृष्ठ या उसके भीतर भूमिका सहित। तीनों खण्डों की भूमिका में एक तारतम्य हो।

1-8 तक की सम्पूर्ण विवरणी भेजवा दूँगा। मई अन्त तक मिल जायेगी। पहल का नया अंक मई में जारी होगा इसलिए यह महीना भारी है। इलाहाबाद नहीं आ पाउँगा। कबाड़खाना की नये संस्करण की प्रति तुम्हें जून तक मिल जायेगी। उसमें कुछ अतिरिक्त भी है। राजकमल से आ रही है। शीला स्वस्थ है यह बढ़िया ख़बर है। सस्नेह।

तुम्हारा
ज्ञानरंजन

*

202. ज्ञानरंजन

ज्ञानरंजन
26/05/2001

प्रिय कर्मेन्दु,

हार्दिक अभिवादन!

तुम्हारा पत्र मिला। इस बीच पहले के आठ अंकों का रजि. पार्सल तुम्हें मिल गया होगा।

मैं तुम्हें पहले भी स्पष्ट कर चुका हूँ। तुम अपनी आज़ादी और विवेक के साथ काम करो। मैं बीच में नहीं हूँ इस सम्पादन में। यही तुम्हारा मौलिक सम्पादन होगा। तुम हमारे स्वप्न, विचार, लक्ष्य, प्रयासों सभी से न केवल परिचित हो, बल्कि उसके साथ-साथ रहे हो। हमारी किसी भी कोशिश में अकेला कोई नहीं था, यह एक समवेत यात्रा थी। इसमें अच्छा बुरा, सफलता असफलता सब कुछ हिस्सेदारी में है। यह न केवल संगत यात्रा थी, बल्कि मूर्त अमूर्त सभी जगह हम मिले-जुले हैं।

इसलिए तुम इस काम को अपनी तरह से मनोयोग से करो। संशय मत रखना। कठोर निर्णय भी और अप्रिय भी ले सकते हो। उसमें मेरा हर सूरत साथ होगा। कहानी में अपनी कहानी रखना और भूमिका में स्पष्ट कर देना कि मेरे आग्रह से यह संकलित है। सबके परिचय भी जाने चाहिए। 'पहल' के ये अंक 1-8 तक अपने पास रख लेना और अपनी फाइल पूरी कर लेना।

क्या राजेन्द्र दानी की या मैत्रेयी पुष्पा की कोई कहानी इसमें नहीं आ सकी है। बाक़ी अगली बार। सस्नेह घर में सभी को याद करना।

तुम्हारा
ज्ञानरंजन

*

203. ज्ञानरंजन

ज्ञानरंजन

23/06/2001

प्रिय कर्मेन्दु,

अभिवादन!

तुम्हारे श्रम और तत्परता और विवेक पर मुग्ध हूँ। गहरी संलग्नता के साथ काम किया है। कोई नहीं कर सकता। तुम्हारे निर्णय सभी सही हैं, पर कहीं-कहीं बहुत कम जगहों पर कमज़ोरी मेरे निर्णय में है। वह विवशता है।

पाण्डुलिपि में हर तुम्हारे नोट पर कहीं-कहीं मेरा निर्णय 'मशविरा' है। अन्तिम निर्णय तुम्हारा है, मेरा नहीं। मुझे काटोगे तो मैं उसे ज़रूरी निर्णय मानूँगा। हक़ तुम्हारा है।

खण्डों के नाम तुम रचनात्मक रखना। अकादमिक नहीं। क्रम में अंग्रेज़ी पद्धति ही ठीक होगी। मान बहादुर सिंह और दिनेश कुमार को न ले पाने के कारण भूमिका में दे देना और विनोद कुमार ओर उदय को न लेने के कारण भी। बाक़ी जिन्हें नहीं लिया है वह ठीक ही है। केवल इब्बार रब्बी और हरीशचन्द्र पाण्डेय पर एक बार फिर विचार करना।

मैं इतना अधिक सन्तुष्ट हूँ कि अधिक कुछ लिखने को नहीं रहा।

कहानी वाला भी जल्दी भेज रहा हूँ। मेरा यह प्रयास है कि तीनों खण्ड लगभग एक साथ रहें। मैं मध्य जुलाई में मुम्बई जा रहा हूँ। जुलाई अन्त तक प्रकाशक आदि तय हो जायेगा। तीनों खण्ड लगभग एक आकार के आसपास रहें तो ठीक हैं।

बच्चों को प्यार शीला स्वस्थ रहें।

तुम्हारा
ज्ञानरंजन

*

204. ज्ञानरंजन

ज्ञानरंजन
24/06/2001

प्रिय कर्मेन्दु,

कहानियों की जो पाँचवी सूची है उसमें हृदयेश, काशीनाथ, पंकज बिष्ट, अशोक शुक्ल योगेन्द्र आहूजा और भालचन्द्र को अवश्य शामिल करना चाहिए।

तीनों भूमिकाओं को मिलाकर एक भूमिका, रचना विवरणी पुस्तिका विवरण आयोजन पुरस्कार सम्मान आदि को लेकर पुस्तिका आराम से तैयार

कर दो। वह अगले 'पहल सम्मान' और उसी समय निकलने वाले अंक के साथ पुस्तिका के रूप में छप जायेगी। काम सब तुमने कर ही दिया है।

अभी इतना ही–

कहानी खण्ड कविता से आकार में बड़ा होना स्वाभाविक है।

तुम्हारा
ज्ञानरंजन

*

205. ज्ञानरंजन

19/11/2001

प्रिय कर्मेन्दु,

तुम्हारा सुखद पत्र मिला। तुमलोग प्रसन्न हो, नये मकान में हो और नये सिरे से काम काज कर रहे हो यह मेरे लिए उत्साहजनक है। तुम्हारा काम पहल का (एक खंड पुस्तक मेले तक आयेगा) अच्छा चल रहा है। एक खंड आलोक श्रीवास्तव (संवाद प्रकाशन) छापना चाहते हैं। हम बेहतर विकल्प चाहते हैं। थोड़ा समय लगेगा पर इसका उचित पारिश्रमिक भी तुम्हें अपने हक के साथ मिलेगा–

शीला को हमारा स्नेह। उमंग की प्रगति भी बनी रहे।

इन्दौर तो आना ही है। सन्तोष दीक्षित भी आना चाहते हैं। सस्नेह

पहल का नया अंक भेजा है।

तुम्हारा
ज्ञानरंजन

*

206. ज्ञानरंजन

19/11/2001

प्रिय कर्मेन्दु,

तुम्हारा पत्र नाज़िम की पुस्तिका के बारे में मिला। बस 10-20 लोग ऐसे हैं जिनकी राय से राहत मिलती है सन्तोष होता है। तुमने वीरेन को लिखा इससे

अच्छी बात क्या होगी। असल हकदार वही है। अरुण कमल का भी पुस्तिका को लेकर बहुत अच्छा पत्र आया है।

इसके अलावा कोई और मार्ग नहीं कि हम अपने सफ़र पर पूरी ईमानदारी के साथ डटे रहें। यही एक कारगर हथियार हमारे पास है। अभिवादन सहित शीला, उदिता, उमंग को हम सबका यथायोग्य।

तुम्हारा
ज्ञानरंजन

*

207. ज्ञानरंजन

प्रिय कर्मेन्दु,

पत्र मिला। 18 को रिसेप्शन है। अगर यह तारीख़ सूट नहीं करती तो इलाहाबाद में 15 को विवाह है 15 अप्रैल की रात 7-8 बजे के बीच काफ़ी हाउस सिविल लाइन्स के सामने होटल 'हर्ष'-पुराना नाम 'बार्नेट' होटल में विवाह है। पास से ही बारात आयेगी। वहाँ 8 बजे तक पहुँचेगी। तुम सुविधा के नाते वहाँ भी जा सकते हो। त्रिपाठी जी को मेरा आग्रह लिख देना। अकेली जान यह सब कभी किया नहीं। पारम्परिक विवाह जैसी हालत है। सो, त्रिपाठी जी को हमारा हार्दिक आग्रह इसी पत्र में है। सस्नेह।

तुम्हारा
ज्ञानरंजन

*

208. ज्ञानरंजन

101, रामनगर, आधारताल, जबलपुर
07/12/2001

प्रिय कर्मेन्दु,

तुम्हारा पत्र मिला। पत्र मैं विजयकुमार को भेज रहा हूँ। इस अंक को निकालने में समवेत हम कामयाब हुए। हम अपना संसार सँभाल कर व्यापक करने का प्रयास कभी नहीं छोड़ेंगे।

इन्दौर में तुम अपनी सुविधा से रहना। चिन्ता न करो। मैं तो सन्तोष जी को जानता भी नहीं सिवाय पत्रों के। वे कहानियाँ भेजते रहे ओर मैं उन्हें पसन्द नहीं कर सका। आज तक छापा भी नहीं। एक कहानी इस बीच में और आयी है।

अगर देश कविता वाला खण्ड आधार से छापना चाहें तो मैं सहर्ष उन्हें भेज सकता हूँ। मेरे मन में कोई द्वेष नहीं है। मेरे काम की एक शैली है जिसमें व्याधात होने के कारण मेरा मन देश से संजीदा हो गया था। मैं उसके काम की उसकी कठिनाइयों की इज्जत करता हूँ, प्यार रखता हूँ। कविता वाला खण्ड कई लोग छापना चाहते हैं। पर मैंने किसी को वचन नहीं दिया। वह खण्ड अद्‌भुत है। तुमने तो देखा किया सब है। अगर देश अपना मन प्रकट करें तो मैं उन्हें भेज सकता हूँ, लेकिन बीच में तुम ही रहोगे उसके उत्पादन संयोजन में।

शीला और उदिता के लिए हमारा स्नेह!

तुम्हारा

ज्ञानरंजन

*

209. ज्ञानरंजन

20/02/2002

प्रिय कर्मेन्दु,

लौट कर तुम्हारा कार्ड मिला। मैं आज ही दिल्ली जा रहा हूँ, बुलबुल को ससुराल छोड़ने। लौट कर तुम्हें रामविलास जी वाली कृति भिजवा दूँगा।

तुम्हारा

ज्ञानरंजन

*

210. ज्ञानरंजन

प्रिय भाई,

कल एक ज़रूरी बैठक में यह तय किया गया कि एक प्रस्ताव हमें पारित करना है सम्मेलन में सांस्कृतिक नीति देश की और सांस्कृतिक दुरावस्था पर

यह प्रस्ताव आपको बनाना है। एक दो पेज का। इसे सितम्बर अन्त तक बना कर भेज देना है।

अभी तक हमें पटना से कोई सामग्री नहीं मिली मात्र आश्वासनों के। अब इंतज़ार है।

तुम्हारा
ज्ञानरंजन

*

211. ज्ञानरंजन

05/06/2002

प्रिय कर्मेन्दु,

तुम्हारे कई पत्र मिले। तुम्हारा टेलीफ़ोन भी कई बार आया। तुम निश्चय ही उथल-पुथल और कठिन परिस्थितियों में होगे। यह दुनिया जिस तरह बनती जा रही है उसमें हमारी हालत बदतर तो होनी ही है। पर इसके बावजूद तुम हिम्मतवर हो।

पिछले डेढ़ महीने से मैं बहुत थका, नाकारा और लगभग डिप्रेशन जैसी स्थिति में हूँ। कोई काम करने का मन नहीं करता। सोने की इच्छा होती है पर मन उचटा होने से नींद भी नहीं आती। हर काम डिले हो रहा है। किसी आवश्यक खत का जवाब देना ठीक से नहीं हो पाता। इसके कारण गर्मी, शारीरिक कमजोरी तो है ही पर चारों तरफ़ जिस तरह लोग सिकुड़ रहे हैं और पैसा पकड़ रहे हैं उसकी देखकर निराशा होती है। नाम क्या लें अब हर साल एक-दो आत्मीय के बारे में गिरने की ख़बर मिलती है। कैसे जियें कहाँ जायें।

मुझे लगता है कि कुछ समय बाद मैं ठीक हो जाऊँगा। शायद जुलाई मध्य के आसपास कलकत्ता जाऊँगा बीच में तुमसे मिलने का मन है। कुछ अन्तरंग बात करेंगे। मुज़फ़्फ़रपुर जाने की और इच्छा है। विजयकान्त लगातार टूट और

बिखर रहे हैं। अब ये जीवन भर के साथी रहे हैं। पता नहीं कितना हो सकेगा पर इच्छा है। प्रयास भी करूँगा।

अभी इतना ही शीला को बच्चों को स्नेह।

तुम्हारा
ज्ञानरंजन

*

212. ज्ञानरंजन

26/08/2002

प्रिय कर्मेन्दु,

तुम्हारा पत्र मिला। हम तुम अपनी पीड़ा एक दूसरे के साथ शेयर करते हैं, यही कम नहीं है। अब इस पर हमको टिकना पड़ेगा। लोगों के बारे में हम बार-बार अगर मत सम्मत बदलते रहेंगे तो ठीक नहीं है। ठेस लगती है लेकिन उसको स्वीकार करना पड़ेगा। देश के साथ 5 साल विमुख रहा। तुमने हरि ने, परितोष ने और कनक तिवारी ने मुझे कड़वाहट समाप्त करने की बात की। मैं अपने मित्रों पर भरोसा करता हूँ मैंने तत्काल देश से सम्पर्क किया हृदय से लगाया। उसके कुछ ही महीने बाद पता चला कि तुम्हे ठेस लगी। अब बताओं कि हम क्या करें। रिश्तों के लिए बहुत संयत होना होता है। केवल मन और चाहत से रिश्ते नहीं बनते। हरि कितनी ग़लती करता है पर हम अपनी अन्तरंगता का त्याग नहीं कर सकते। साहित्य के स्तर पर हमारी खुशी-नाखुशी अलग है आत्मीयता के मार्ग अलग हैं। मैंने जीवन में अगर किसी से अलगाव किया या रिश्ता तोड़ा तो उसका कारण जीवन मूल्य, विचारधारा या नैतिकता थी।

तुम जल्दी दुखी हो जाते हो जल्दी पसीज जाते हो। प्रतिक्रिया तुरन्त करते हो। मेरा आग्रह है कि इतनी कर्मठता, नेकदिली और बलिदान के बाद भी इस ज्वार-भाटे की वजह से तुम्हें अपयश मिलता है। एन्थालाजी का काम तुमने किया। वह महत्त्वपूर्ण हुआ पर उसमें कुछ कमियाँ रह गयी हैं। हमें उसे विनम्रता के साथ स्वीकार करना चाहिए। अगले प्रकाशन में या अगले खण्ड में वह ठीक हो जायेंगी। धीरज रखो। मैं भी तो 28 साल से धीरज रखे हूँ। 5

साल पहले पहल संचयन की कल्पना आयी थी पर अब जाकर एक कतरा पूरा हुआ। समय को न पहचानने के कारण बेकार रूसवाई होती है।

मेरे पत्र को एक दुखी लेकिन जीने की इच्छा रखने वाले भाई का संवाद मानो। शीला को स्नेह। उदिता उमंग के लिए आशीष।

तुम्हारा
ज्ञानरंजन

*

213. ज्ञानरंजन

101, रामनगर, आधारताल, जबलपुर
05/02/2003

प्रिय कर्मेन्दु,

तुम्हारा पत्र मिला। तुम्हारे पास आये दोनों प्रस्ताव अच्छे लग रहे हैं ऊपरी तौर पर। सुलभ जी वाला प्रस्ताव अच्छा है पर अगर वे कूटनीतिक मौन रखे हैं तो निर्णय तक पहुँचना कठिन है। राजेन्द्र कुमार जी को मैं अच्छी तरह जानता हूँ। वे बहुत ही शालीन, सुसंस्कृत और भद्र व्यक्ति हैं। उनमें रत्ती मात्र खोट नहीं है। वे शुद्ध सोना हैं। वह घर भी बहुत आरामदायक और संवेदनशील है। मैं यह मानता हूँ कि कुछ कम तनख्वाह के साथ अगर उच्चकोटि का संस्कारी परिवार मिले तो यह बहुत ही अच्छी बात होगी। लड़के को एक बार देख ज़रूर लो। मेरे लायक जो भी होगा वह अवश्य करूँगा। तुम चिन्ता न करना। उदिता हमारी अपनी से अधिक है। तुम निर्णय पहले करो। फिर बताओ। मेरी ज़रूरत इलाहाबाद जाने की हो तो बताना। फरवरी के बाद खाली हो जाऊँगा। राजेन्द्र जी से तुम सीधे बात करके पूछ लो। वे बुरा मानने वाले व्यक्ति नहीं हैं। उनके कई बार टेलीफ़ोन हिन्दी विभाग में मेरा व्याख्यान कराने के लिए आये थे पर मैं खाली न था। अभी दिल्ली में 6 महीने पहले बहुत प्यार से मिले थे। उनको मैं 25 साल से जानता हूँ। सस्नेह

22-23 को पहल सम्मान दिल्ली में है। तुम्हे कार्ड भी गया है। मिला होगा।

तुम्हारा
ज्ञानरंजन

*

214. ज्ञानरंजन

101, रामनगर, आधारताल, जबलपुर
03/04/2003

प्रिय कर्मेन्दु,

तुम्हारा पत्र मिला। उदिता के लिए तुम्हारी चिन्ताए मैं समझ सकता हूँ। मुझे बुलबुल के विवाह में तीन साल लग गये थे। लोग भरसक उम्मीदें करते हैं और अपसंस्कृति के शिकार हैं। हमने बच्चों को जिस तरह पाला है, उससे उन्हें कष्ट न हो भविष्य में ऐसे परिवार और वर की तलाश बहुत कठिन हो चली है। फिर भी हमारा प्रयास चलता रहेगा। मैं बिलकुल उपयुक्त जगह जाकर ही तुम्हें ख़बर करूँगा। तुम भी सक्रिय रहना - यह अहम और सर्वोपरि काम है।

मैं तुम्हारे साथ हूँ। उदिता के लिए तुम सक्रिय ज़रूर रहो पर परेशान नहीं। चीज़ें समय पर होंगी।

इधर पहल के विरोधी घात-प्रतिघात में लगे हैं। बार-बार झूठ को लिख रहे हैं। पहले मैं चुप था पर अब अपना प्रतिवाद बना रहा हूँ और शीघ्र छपवा कर अपने आत्मीयों, पहल के साथियों और मित्रों को भेजूँगा। मैं कभी भी वैचारिक मामले में अपने मित्रों को लेट डाउन नहीं करूँगा। आजीवन।

तुम्हारा
ज्ञानरंजन

दो-तीन दिन पूर्व उपन्यास मिला। अशोक ने प्रोडक्शन अच्छा नहीं किया फिर भी पढ़ कर लिखूँगा।

*

कर्मेन्दु शिशिर

पटना
08/04/2003

आदरणीय भैया,

सादर अभिवादन!

आपका पत्र मिला। हम सभी को बहुत बल मिला। इस प्रसंग में अब जो करना है, आपको ही। यहाँ इस प्रसंग में सबसे ज़्यादा मदद करने वाले मदन

कश्यप दिल्ली में आजीविका संघर्ष कर रहे हैं। उन्हीं पर आप भरोसा कर सकते हैं। सुलभ जी समय निकाल कर आ जा सकते हैं बस। बाकी पटना में मुँह से भी मदद करने में लोगों को संकोच है।

• आपको लेकर जो विरोध या चरित्रहनन का अभियान चल रहा है, उससे मैं भी बहुत आहत हूँ। मैं दिल्ली से लौटकर (12 से 17 अप्रैल) एक टिप्पणी लिखूँगा। इसमें कई ऐसे लोग हैं, जिन्होंने आपसे भरपूर लाभ उठाया है। मुद्राराक्षस जैसे हल्के व्यक्ति को आपने 'पहल सम्मान' (लखनऊ : कामतानाथ) में सम्मानजनक जगह दी। उनसे यह सब कराने वाले सज्जन हमारे अखिलेश जी हैं। इन्होंने आपके विरुद्ध बंबई में जमकर अनर्गल प्रलाप किया–जिसकी जानकारी मिली, तब तक काफ़ी कुछ हो गया था। 'पहल' के एक अंक में अपूर्वानन्द को ख़ासतौर से छापा। वह आदमी कुछ भी कर सकता है। उसमें तनिक कृतज्ञता नहीं, कोई संस्कार नहीं। इन लोगों के पीछे अशोक वाजपेयी की ताक़त है, यह बात ग़लत नहीं है। अब नामवर जी बाबा की मुद्रा में है। उनसे भी कई लंपट ताक़त पाते आ रहे हैं।

• मेरी कोई हैसियत नहीं कि आपको कुछ कहूँ। कभी कुछ कहा भी तो आप अपनी उदारता में मुझे मना किये, नाराज़ भी हुए। मैं तो गँवई संस्कार का आदमी। एक बार रिश्ता बना तो चाहे जो हो जाय, आजीवन निर्वाह करना ही करना है। जो लोग सामने आकर विरोध नहीं कर रहे, उनमें कितने इससे प्रसन्न हैं और कौन-कौन हैं? अधिकांश आप से लाभ उठाये लोग। मदन कश्यप आये थे। वे आपके विरोधियों के प्रति अत्यन्त तल्ख़ थे और इस साजिश के विरुद्ध लगातार मुखर रहे। हरिनारायण और राजेन्द्र यादव और अखिलेश किस तरह, किससे-किससे रक़म उगाहते हैं और किसको–किसको हाई–हाइट करते हैं, यह छुपी बात नहीं। मैंने आपसे कहा नहीं लेकिन आपके प्रति मेरे स्थायी सम्मान भाव से क्रुद्ध तीन लोगों ने तो क्रमशः सम्पर्क तोड़ा, नुकसान पहुँचाया और अपने तरीक़े से उपेक्षा की। ठेंगे पर ऐसे चूतिया लोगों को रखता हूँ। अपने मन की मर्ज़ी,। तनिक ग़म नहीं। झुकना नहीं सीखा। आप कर्मेन्दु शिशिर, मदन कश्यप, हरि भटनागर, मंडलोई, विजय कुमार जैसे लोगों से कभी ऐसी उम्मीद करेंगे? आप डाँटें, नाराज़ हों–तब भी। इसलिए बिन व्यक्ति के चरित्र को जाने उसे आगे बढ़ाते जाना ठीक नहीं। जब मैंने

अखिलेश के अहंकारी और जहरीला होने की बात जानी तो रात भर नींद नहीं आयी। मुझे हरि ने बताया था कि आपने उसके लिए क्या किया है! सोचकर मन आहत होता रहा।

• आपका यह सोचना ग़लत है कि आपके विरुद्ध फैलाये जा रहे इस कुत्सित अभियान से आपके अपने लज्जित होंगे अथवा आपसे दूर होंगे। उल्टे मेरे जैसे लोग ओर नज़दीक होंगे और इस कुत्सा के विरुद्ध लड़ेंगे। हर टॉवर को गिरा दो–जिसमें प्रतिरोध है। डॉ. नामवर सिंह, अशोक वाजपेयी, राजेन्द्र यादव ने साहित्य के परिदृश्य को सुअरबाड़ा बना रखा है। अखिलेश, हरिनारायण, अपूर्वानन्द–ये छोटे लोग हैं। इनको पैसा चाहिए और प्रभुत्व। इसमें अखिलेश भीतर का दुष्ट और नीच लालची है। अपूर्वानन्द शातिर छंटा हुआ अवसरवादी है। हरिनारायण बेवकूफ है। मुद्राराक्षस तो मायावती है। ऐसे लोग आप पर क्या खाकर कीचड़ उछालेंगे। आपके विरोध की हैसियत चाहिए। इसलिए आप अगर नाम लेकर विरोध करेंगे तो मक्खी पर तोप चलाने वाली बात होगी। आप पूरे प्रकरण और इसके पीछे छिपी कुत्सा पर आक्रमण करें। तनिक आहत न हों। आप अपनी हैसियत जो मानें–लोग आपकी हैसियत समझते हैं। अगर आपसे कभी न कभी इनको अपनापा नहीं मिला होता तो ये ऐसी हरकत की हिम्मत नहीं करते। गाँव में एक कहावत है–'छुद्र दोस्त से संस्कारवान दुश्मन अच्छा! यह सब आपसे जलने वाले लोगों द्वारा किया गया षडयन्त्र है, इसके पीछे ऊपर के तीन त्रिगुटों में हैं। मैं अपने तरीक़े से लिखूँगा।

• आपको मैं क्या बताऊँ? नवजागरण पर मेरा अन्तिम कार्य जिस क्रान्तिकारी लेखक पर है, पढ़कर दंग हो जाना पड़ता है। दिल्ली वाले इस काम को करते तो लाखों बनाते। मैंने दो वर्ष, 10 हज़ार रुपये लगा कर काम किया तो आधार, ग्रंथ शिल्पी, वाणी और मेधा ने अपमानित/उपेक्षा दिया। ग़ुस्से में मैंने बैंक से क़र्ज़ लेकर एक भाग छपवा लिया। उसी को लेने 12 को दिल्ली जा रहा हूँ। जिस पर काम है–राधामोहन गोकुल उनके परिवार के लोगों ने 5 हज़ार मूल्य की ख़रीद का वादा किया है, एक तिहाई निकला। बाक़ी दो तिहाई ख़र्च निकलना है। देश निर्मोही के अपमान से यह कष्ट ज़्यादा आसान लगा। अपने स्वाभिमान को बचाने के लिए बहुत कुछ खोना पड़ता है। यह पुस्तक बिक जायेगी तो दूसरा भाग छपेगा। बैनर सम्भावना का है।

• अशोक अग्रवाल ने जैसा भी हो, प्रकाशित किया। कम से कम देश निर्मोही की तरह लगातार–लगातार न तो अपमानित करता है, न ही पैसे हड़पता है। देश के व्यवहार से अपने पर नियंत्रण रख पाना कठिन हो जाता है। क्या–क्या लिखूँ? अकल्पनीय व्यवहार, बातें हैं। झूठ बोलना, दरेरा देकर अपने को सही–दूसरे को ग़लत साबित करना और लाभ उठाते जाना उसकी आदत बन गयी है। ख़ैर!

• उपन्यास आपको रुचेगा नहीं। आपको आंचलिक भाषा पसन्द नहीं; लेकिन सब कुछ पसन्द का कहाँ हो पाता! आगे ऐसी भाषा से बचूँगा।

भाभी को चरण स्पर्श। शीला, उदिता का चरण स्पर्श। ग़लती क्षमा।

आपका
कर्मेन्दु

• 18–20 तक जबलपुर के सोमदत्त जी वाले आयोजन में रावत जी ने मुझे भी बुलाया था। फ़ोन भी किये, पत्र भी दिया। मगर पूछने पर पता चला कि अशोक वाजपेयी, सुदीप बनर्जी वग़ैरह आ रहे हैं, तो मन बुझ गया। ऐसे बड़े लोगों से रैपो नहीं। सो टाल गया। वैसे भी दिल्ली में 18 तक काम था। जाना ज़रूरी था। कॉलेज मुकद्दमे में जो कमीशन बैठा है, उसमें 14 से 18 तक रहना है। अन्यथा, आपसे मिलने का लोभ था, सो आता ज़रूर। मन ही नहीं किया। मेधा वाले ने सोमदत्त जी की गद्य रचनाओं वाली मेरी चयनित किताब छाप दी है। पता नहीं देश ने उससे क्या कह दिया है, वह एक प्रति भी देने को राजी नहीं। फ़ोन पर ढंग से बात भी नहीं किया और पत्रों का उत्तर तो दूर की बात है। सभी प्रकाशकों को मैं ही मिलता हूँ। कभी–कभी बहुत कोफ़्त होती है। इसलिए वर्ष भर से कोई काम नहीं किया। देश ने तो प्रति तक देने से इंकार कर दिया। चुप्पी साधे रहा। यहाँ भी कुछ जगह घनघोर निन्दा की। ग़लती मेरी है। आपकी बात मान लिया होता तो इस अपमान से बच जाता। खैर!

कर्मेन्दु

*

215. ज्ञानरंजन

101, रामनगर, आधारताल, जबलपुर
22/04/2003

प्रिय कर्मेन्दु,

तुम्हारा विस्तृत पत्र मिला। जब कठिन समय आता है तो हम एक-एक किरण सहेजते हैं। हम तो यह मानते हैं कि यह हमारे ऊपर हमला नहीं है यह हमारी विचारधारा और हमारी प्रतिबद्धता के ऊपर आक्रमण है। धीरे-धीरे हम इस अन्धकार से निकलेंगे। मैं अपने काम को अधिक संयोजन और तेजस्विता से करना चाहता हूँ। अभी मैं बिलासपुर गया था वहाँ राजेश्वर सक्सेना से लम्बी बात हुई कुछ कार्य योजनाएँ भी बनीं। अवसाद के बाहर आ रहा हूँ। तुम्हारे पत्र से बल मिला और हिम्मत बनी। तुम्हें अपने रिश्ते का प्रमाण देने की ज़रूरत नहीं है। हमने यह दुनिया तीन दशक के सघन आदान-प्रदान से बनायी है। समय तो इसकी परीक्षा लेता ही है। हमें बस समय पर खरा उतरना है। मदन कश्यप एक बहुत ही शालीन और बहुत गहरा व्यक्ति है। उसका मेरे पास पता नहीं है। उनसे मैं सम्पर्क करना चाहता हूँ।

मैंने अपना प्रतिवाद बना लिया है। लगातार लोगों के आने-जाने और व्यस्तता के चलते कुछ विलम्ब हुआ। अब 10 दिन में चीज़ें तुम तक पहुँच जायेंगी। तुम अपना घर का ध्यान रखना। जो बुरे अनुभव हो रहे हैं उनसे बाहर निकलना है।

शीला की तबियत बिलकुल ठीक होगी। सस्नेह।

तुम्हारा
ज्ञानरंजन

*

216. ज्ञानरंजन

101, रामनगर, आधारताल, जबलपुर
09/10/2003

प्रिय कर्मेन्दु,

तुमसे टेलीफ़ोन पर बात हुई और तुम्हारा पत्र भी मिला। मैं तुम्हारे काम करने की शक्ति और निष्ठा पर दंग हूँ। लगभग हिला देने वाली आर्थिक

तंगी, बच्चों के भविष्य की चिन्ताओं के बीच भी तुम वह सब कर लेते हो जो कठोर साधना पद्धति के बाद ही प्राप्त किया जाता है। मैं नहीं जानता कि हिन्दी साहित्य संसार और हिन्दी का समाज तुम्हारे काम से कितना अवगत है पर निजी रूप से तो कम से कम और पहल की तरफ़ से तो अपनी कृतज्ञता प्रकट कर ही सकता हूँ। पहल 75 में मैं कुछ पंक्तियाँ सूचना के लिए लिख रहा हूँ।

बिटिया के विवाह के बारे में बार-बार नज़र फैलाता हूँ। दुनिया बदल चुकी है और इसका परिणाम हम नहीं हमारे संस्कारी बच्चे भी भुगत रहे हैं। लेकिन इस कक्षा में सबके लिए जगह अभी भी है। इधर परमानन्द जी ने भी अपनी बेटी के लिए दबाव बनाया। असल में सुनयना 4 महीने से बीमार है और वह इस दिशा में कुछ कर नहीं पा रही है। मैं उसके स्वस्थ होने की राह में हूँ, तुम इसके लिए उद्योग करो पर तनाव मत उठाना। कुछ न कुछ निकल कर आयेगा। शीला माँ है वह तुम्हारी तरह अपनी राह नहीं बना सकती। उसको हिम्मत देना उसको उत्साहित करना तुम्हारा ही फर्ज है। यह सब बिलकुल स्वाभाविक है। हम सब आखिरकार स्पंदित और बेचैन नागरिक हैं। सस्नेह।

तुम्हारा
ज्ञानरंजन

*

217. ज्ञानरंजन

101, रामनगर, आधारताल, जबलपुर
22/11/2003

प्रिय कर्मेन्दु,

तुम्हारा विस्तृत पत्र मिला। इस बीच तुम्हें वली दक्किनी वाली पुस्तिका मिल गयी होगी। पहल का नया अंक भी भेजा रहा है। यह साल मेरे लिए और परिवार के लिए बहुत ही भारी रहा है। और संकट अभी तक समाप्त नहीं हुआ। यही उम्मीद कर रहे हैं कि चलो अब बाकी भी किसी तरह कट जायेगा। पर मैं अपनी तकलीफ़ों का तुमसे तुलना नहीं कर सकता। तुम जिस तरह की उलझनों में हो वह बहुत तीखा और बेचैनी से भरा है।

एक तो तुम्हारी अर्थ व्यवस्था फिर इतना श्रम करने के बावजूद लोगों की उपेक्षा फिर बच्चों के सेटल होने की कशमकश यह सब भारतीय परिवारों का बहुत कठिन जीवन संघर्ष है। हमलोगों की प्रजाति भी ऐसी है मनुष्यों के बीच कि दुख तो उठाना ही होगा दोगुना-तीनगुना।

अनिल के बारे में मैंने तुम्हें संकेत दिया था। मैं इसी वजहों से उसको डील नहीं करना चाहता था। वह लम्बे समय से शराबखोरी और पैसों की बरबादी की गिरफ्त में है। किसी तरह की समझाइश का कोई असर नहीं। पत्रिका जो अच्छी भली थी, को बरबाद कर दिया। और तुम्हारे साथ जैसा व्यवहार किया वह तो चौंकाने वाला है। पतनोन्मुखता की हद है।

जीवन का यह हिस्सा बहुत कठिन होता है। यहीं हमारा धीरज छूटता है। यहीं बचने बचाने और संयत रहने की ज़रूरत है। बच्चों को कामकाज की तरफ़ लगाने का प्रयास करना है। विवाह अगर देर में होता है तो यह अब एक सामान्य स्थिति है। जब पूरा समाज पूरा देश ही धंस रहा है तो हम भी उससे बचेंगे नहीं। उसकी चिनगारी हमें भी लगेगी।

मैंने कई जगह विवाह के लिए कहा है पर तुम जानते हो कि आजकल लड़के अपने मन के हिसाब से ही करने लगे हैं। सुधीर विद्यार्थी भी अपनी बेटी के लिए परेशान हैं। हमारे कई साथी मित्र इसी तरह परेशान हैं।

शीला को हिम्मत तुम दे सकते हो। माँ को जितनी बेचैनी होती है उतनी किसी को नहीं। उदिता उमंग को प्यार।

तुम्हारा
ज्ञानरंजन

*

218. ज्ञानरंजन

101, रामनगर, आधारताल, जबलपुर
20/12/2003

उदिता बिटियाँ और उमंग बेटे,

25 को और 27 को तुम लोगों का जन्म दिन है। अपने न होने के बाद भी हम तुम लोगों में ही अपना सपना देखते हैं। हमारे पास कुछ भी ऐसा नहीं

है जो तुमलोगों को भुलावा दे सके। पर एक बात हमेशा याद रखना–दुख और लोभ सबसे गंदी चीज़ें हैं। उत्फुल्लता और धीरज से ही लड़ाई लड़नी है, हमारे समय की।

तुमलोग वास्तविक बहादुर और दृढ़ बनो। जो विचार हमें छूते हैं, वे ही तुम दोनों को, सभी को छुएँ।

प्यार से
ज्ञानरंजन

*

219. ज्ञानरंजन

बम्बई
26/12/2003

प्रिय कर्मेन्दु,

मैं लखनऊ 19 से 23 तक रहा। एक दिन इलाहाबाद। 12 घंटे जबलपुर और कल से बम्बई में हूँ। 2 को वापस जाऊँगा। तुम्हारा पत्र लेता आया था जवाब देने के लिये। सभी बातों का संक्षेप में जवाब दे रहा हूँ।

पटना की रिपोर्ट मुझे भरपूर मिल गयी लखनऊ में ही मिल गयी थी। फिर कुछ पत्रों के माध्यम से। मदन कश्यप, भृगुनन्दन त्रिपाठी काफ़ी दुखी मिले अपने पत्रों में। तुम देखो कर्मेन्दु कि हमारी गम्भीरता, हमारी सच्चाई और हमारी निष्ठा बहुत बड़े सुफल देगी। हमें कहीं अपना जहर नहीं उठने देना है। अपने संगठन में बहुत लोग आयेंगे।

मैनेजर पांडे से मेरा सम्पर्क है। हम उन्हें दो बार बुला भी चुके हैं। मैं उन्हें गम्भीर व्यक्ति मानता हूँ और उनकी भूमिका की कद्र करता हूँ।

प्रकाश चन्द्रायन को मैं दो पत्र दे चुका था तब पता चला कि वे नागपुर गये हैं। अब यहीं से उन्हें पत्र दे रहा हूँ। अब उनसे गहरा सम्पर्क होगा। प्रेमकुमार मणि के लिए जबलपुर लौट कर तीन लेख भेजूँगा जो उनके तुम्हारे मतलब के हो सकते हैं। तुम देख लेना-नयी पत्रिका के लिए। संकेत अश्क निकालते थे। समय संकेत तो जम नहीं रहा है।

भारत यायावर पर तुम्हारा ध्यान होगा ही-लगातार। आवर्त के सम्पादक से मेरा पत्र व्यवहार चल रहा है। मेरी तरफ़ से उसे पूरी सहायता होगी।

तुम्हारा
ज्ञानरंजन

*

220. ज्ञानरंजन

101, रामनगर, आधारताल, जबलपुर
25/11/2004

प्रिय कर्मेन्दु,

तुम्हारा पत्र और योगेन्द्र कृष्णा का अनुवाद मिला। तुम्हारा हाल भी मिला जो बहुत समय से नहीं मिला था। हमलोग इस बीच सपरिवार दो महीने भटकते रहे। अमरीकी वीजा दूसरी बार भी नहीं मिला। सारे शिड्यूल बिगड़ गये और बुलबुल बहुत निराश हुई। पहल की आर्थिक दिक़्क़तें भी बढ़ती जा रही हैं। चारों तरफ़ अंधेरा न सही पर घिर रहा है हम जूझ रहे हैं और उम्मीद बनी हुई है।

तुम अपनी सेहत का ध्यान रखो। तुम्हारी चिन्ताएँ भी बनी हुई हैं पर अन्ततः सब कुछ अच्छा हो जायेगा। कहीं अच्छी ताकतें मिलेंगी। और तुम्हारा जीवट हमसे कहीं आगे बढ़ा हुआ है।

यह अनुवाद हम छापेंगे यह बेजोड़ चयन और अनुवाद है। तुम ध्यान रखते हो पहल का यह हमारे लिए बलशाली है। पहल सम्मान आलोक धन्वा को 26-27 फरवरी को दिया जायेगा और जबलपुर में ही इस बार आयोजन होगा। तुम इस बार आना घर पर ही रहना। शीला को स्नेह

तुम्हारा
ज्ञानरंजन

*

221. ज्ञानरंजन

101, रामनगर, आधारताल, जबलपुर
10/12/2004

प्रिय कर्मेन्दु,

आपको विदित होगा कि, पहल-सम्मान 2004 आलोक धन्वा को समर्पित किया गया है। यह आयोजन आगामी 26-27 फ़रवरी को कोलकाता में होगा जिसमें हिन्दी-बांग्ला के अनेक नये-पुराने रचनाकार भाग लेंगे। पहल-सम्मान आयोजनों की एक गरिमापूर्ण परम्परा है जिसको आप सब लोगों ने लम्बी भागीदारी से संजोया है। हम चाहते हैं कि आप इन आयोजन में अपनी उपस्थिति अभी से तय कर लें ताकि महानगर में आपको असुविधा न हो और हम भी भरसक आपके लिए समुचित व्यवस्था कर सकें। अगर आपकी अपनी कोई सहज व्यवस्था हो तो वह भी सूचित करें।

शुभकामनाओं सहित

अब कलकत्ता भी पास है आना ही है। पहल का अंक मिल गया होगा?

तुम्हारा
ज्ञानरंजन

*

222. ज्ञानरंजन

101, रामनगर, आधारताल, जबलपुर
11/01/05

प्रिय कर्मेन्दु,

तुम्हारा पत्र मिला। मैं कलकत्ते से दो दिन पहले लौटा। व्यवस्था करने गया था। सबसे पहले Cat में उमंग के आ जाने के लिए हमारी बधाई स्वीकार करो। यह एक उत्साहजनक ख़बर है। एक दिन उदिता के लिए भी अच्छी ख़बर मिलेगी।

मैं समय पर प्रमोद कुमार तिवारी को गुवाहाटी आमंत्रण भिजवा दूँगा। तुम भी ख़बर भेज देना।

तुमने मदन से कहने के लिए लिखा है। गिरीश पांडे और मदन से मेरी मुलाकात दिल्ली में हुई थी। पर संकोच लगता है। ये लोग मदद करेंगे तो फिर कविता भी ठेलेंगे (पांडेजी)। पांडे जी भले व्यक्ति हैं, विचारवान हैं पर उनकी सांस्कृतिक दुविधा अलग है।

फिर भी मदन को कहूँगा। शीला, उदिता, उमंग को हमार स्नेह

तुम्हारा
ज्ञानरंजन

*

223. ज्ञानरंजन

101, रामनगर, आधारताल, जबलपुर
19/04/2005

प्रिय कर्मेन्दु,

अभिवादन!

तुम्हारा पत्र मिला। सभी समाचार विस्तार से मिले। मैं 25 अप्रैल को इलाहाबाद जा रहा हूँ और प्रयास करूँगा कि राजेन्द्र कुमार जी से सीधी मुलाकात और बातचीत हो सके। उन्हें सक्रिय कर सकूँ। विनोद जी तो एक सप्ताह से बाहर हैं इलाहाबाद से और काफ़ी दिन और भी आते जाते रहेंगे। उनसे सहयोग कठिन लगता है। वे जबरदस्त आपदा में हैं। उनकी माँ तो गम्भीर है हीं, उनकी पत्नी भी काफ़ी पेचीदा सेहत को लेकर मुम्बई में है। सभी का इलाज चल रहा है। विनोद जी के बेटे ने स्वयं जाति से बाहर विवाह अभी-अभी किया है, इसलिए जातिवादी विवाह में उनसे मदद मिलना कठिन है। वे एक साल में सेवानिवृत्त होनेवाले हैं। वे अभी तक सेटल नहीं हुए हैं इसीलिए परेशान हैं।

इलाहाबाद में और भी प्रयास करूँगा।

पटना में लगता है कटा कटी बहुत बढ़ रही है। आपस की समकालीनता नहीं है। मेरे पास भी लानत मलामत करने वाले कुछ गुमनाम पत्र आये हैं जिसमें तुम्हारे ऊपर लाँछन लगाया गया है। मैंने उस पर ध्यान नहीं दिया लेकिन यह दुखद तो है ही।

मैरेज ब्यूरो के लिए राजेन्द्र जी की मदद की आवश्यकता नहीं है। वह तो तुम स्वयं ज्पउमे में विज्ञापन करवा सकते हो। कुछ हिन्दी अखबारों में भी। बहरहाल हिम्मत रखो।

तुम्हारा
ज्ञानरंजन

*

224. ज्ञानरंजन

101, रामनगर, आधारताल, जबलपुर
23/04/2008

प्रिय कर्मेन्दु और शीला,

अभिवादन, हमने तय कर रखा था कि 23 को पटना पहुँच कर रहेंगें। मन में उत्साह था सुनयना के भी। जीवन के अन्तिम दौर में थोड़ी बहुत खुशियाँ जो सम्भव भीं और जिनकी प्रतीक्षा थी उनमें से एक हमसे छिनने जा रही है। पता नहीं यह पंडितों की कैसी गिरफ्त है कि एक ही दिन असंख्य शादियाँ हो जाती है। परसों जब मृदुला ने फ़ोन किया मेरी बहन ने कि 23 की ही तै हुई है तो मेरा मन काँप गया। तुम्हें दुखी किया। मैं लाचार हूँ।

विवाह तो शुभ सानन्द होगा ही। तुम धीरे-धीरे तैयारी कर ही रहे थे। कठिनाइयाँ भी आयेंगी पर बेटी के विवाह की खुशियाँ ऊपर ही रहेंगी। शीला को बरसों से नहीं देखा। मैं प्रयास करूँगा कि बीच में एक बार तुम्हारे बच्चों के पास आऊँ।

पत्र के साथ एक छोटा सा चेक भेज रहा हूँ। इसे उदिता के लिए समर्पित करना। बैंक कमीशन भी जोड़ दिया है। सभी को स्नेह, अभिवादन।

तुम्हारा
ज्ञानरंजन

*

कर्मेन्दु शिशिर

न्यू पुनाईचक, शास्त्री नगर, पटना
10/12/2008

आदरणीय भैया!

सादर अभिवादन।

अन्ततः आप सबकी शुभकामना और सहयोग का सुफल मिला और उदिता का विवाह अच्छी तरह सम्पन्न हो गया। वह दिल्ली चली गयी और प्रसन्न है। उसके जाने के बाद शीला और मैं अकेले की कचोटती दिनचर्या गुज़ार रहे हैं। इस दिनचर्या के लिए ख़ुद को अभ्यस्त करने में वक़्त लगेगा। आपकी आत्मीय उपस्थिति और लगातार ढाँढस ने एक कठिन दायित्व से मुक्ति पाने में अहम भूमिका निभायी। नरेश भैया, हरि, अष्टभुजा शुक्ल, मदन कश्यप, देवेन्द्र चौबे सहित कई मित्रों ने आकर इस समारोह को अविस्मरणीय बना दिया।

'पहल' को लेकर मन नहीं मानता। लगता है किसी दिन फिर आपका पत्र आयेगा और पत्रिका के निकलने का समाचार भी। परिदृश्य की केन्द्रीयता का लोप कितनी बड़ी क्षति है, इसका अहसास जिसे भी है, वह सकते में है। किसी को यक़ीन नहीं हो रहा है। आपने वामपंथ की सारी धाराओं का उसे ऐसा सर्वमान्य मंच बना दिया था उससे जुड़कर कोई भी वैचारिक आश्वस्ति महसूस करता। दिल्ली की दबंगई से अलग क़स्बों, गाँवों से जुड़े लेखक, कवि आपसे रचनात्मक प्रेरणा पाकर सक्रिय थे, वे सभी ख़ुद को अनाथ महसूस कर रहे हैं। वैचारिक और रचनात्मक दोनों स्तरों पर 'पहल' हिन्दी समकालीनता का सर्वोत्तम साक्ष्य बन चुका था। आप अकेले ऐसे व्यक्ति थे, जो तमाम समकालीनों के बीच कलह, विवाद, वैमनस्य और मतभिन्नता को अभिभावकत्व की तरह सलटाते रहे और सही सुझावों से विचलन और अराजकता से बचाते रहे। 'पहल' का लोप दरअसल समकालीन हिन्दी नायकत्व का लोप होना है। आप इसे ज़्यादा अच्छी तरह समझ रहे होंगे, सो हम या कोई क्या कहेगा! अगर आप इसके बाद ख़ुद लेखन करते हैं, तो निजी स्तर पर मैं सन्तुष्ट रहूँगा। आपका लिखना बहुत बड़ी बात होगी और कम से कम इससे 'पहल' के बन्द होने की तार्किकता भी सिद्ध होगी। लेकिन मैं

जानता हूँ, आपने जो भी अन्दर से सोचा होगा, माना होगा-वही सही होगा और आप वही करेंगे भी। फिर भी, लोग आदतन आग्रह तो करेंगे ही।

आपने फ़ोन पर कहा कि आपको लगा विजय जी उदिता की शादी में पटना गये होंगे। कितनी सदाशयता से आप अपनी तरह सोच लेते हैं। विजय जी और उनकी तरह बहुत सारे लोग ब्ला ब्लॉग पर अपनी टिप्पणी में छद्म नाम देते हैं और मंगलेश जी कहते हैं कर्मेन्दुवा ख़ुद ब्लॉग पर लिखता है। पटने में एक दिन के लिए आये और कई नये लड़कों के बीच गंदगी फैलाकर लौट गये। ख़ुद की भद् करायी। फिर विजय जी भला इतना गौरव क्यों देंगे कि वे मेरी बिटिया की शादी में आते? मेरी तरह लोग बेवकूफ़ नहीं।

"अब हिन्दी में किसी के प्रति कोई मोह और भावुकता नहीं रही। लालच कभी था नहीं, न ही कोई महत्त्वाकांक्षा। जो हुआ, सो हुआ अब चुपचाप जिन्दगी जीना है और मन में आये लिखते-पढ़ते रहना है। बात चल रही है, छुट्टियाँ किसी ML आधार क्षेत्र में गुजारने के लिए व्यवस्था कर रहा हूँ। लिखने वालों की दुनिया में अपवाद की बात अलग वरना जेनुइन सरोकार नहीं बचा है। बस प्रसिद्धि पाने, अवसर साधने और मंगलेश जी की तरह बुश की भाषा इस्तेमाल करने वाले आत्ममुग्ध तानाशाह हैं। विरक्ति भी है और गुस्सा भी। अभी तो महीना लग जायेगा ख़ुद को व्यवस्थित करने में। आगे की आगे देखा जायेगा।

भाभी को सादर। शीला का चरण स्पर्श।

आपका
कर्मेन्दु शिशिर

*

कर्मेन्दु शिशिर

न्यू पुनाईचक, शास्त्री नगर, पटना
17/04/2009

आदरणीय भाई,

सादर अभिवादन।

उदिता के विवाह के बाद पढ़ने-लिखने का जो सिलसिला टूटा था, वह अब जाकर शुरू हो पाया। इससे बड़ी राहत मिली। यह भी सुखद रहा कि

नवजागरण सम्बन्धी हज़ारों पृष्ठों की पाण्डुलिपियाँ अनामिका पब्लिशर्स ने क्रमशः छाप दीं। जो शेष है, वह भी इस साल आ जायेंगी।

आजकल सारा ध्यान 70-72 से आज तक की कविता, और कविता पर लिखी समीक्षात्मक सामग्री को पढ़ने और नोट्स लेने में लगा रहा हूँ। अनुसंग में कुछ मित्र कथाकारों पर भी नोट्स ले रहा हूँ। आठवें और नवें दशक पर मार्च 2010 तक जितना हो सकेगा कर लूँगा। फिर अगले साल से कुछ अधूरे पड़े कामों को पूरा करूँगा। बीच-बीच में तुविंगन (जर्मनी) तथा 'फ़िलहाल' (ट्रस्टी हूँ) का काम छिटपुट व्यस्तता तो रहती है। स्वास्थ्य भी रात भर जगने की इजाज़त नहीं देता, लेकिन फिर भी काफ़ी देर तक काम कर लेता हूँ।

उदिता के लिए मंडलोई जी और अशोक त्रिपाठी को भी कहा था। आप दिल्ली जायेंगे, तो उदिता आपसे बात कर, मिलकर मदद लेगी। उसका कहीं लग जाना, बहुत ज़रूरी है। उसके पति बहुत अच्छे और सज्जन तो हैं, मगर नौकरी बड़ी नहीं है। आप जानते ही हैं कि पैसे का विकल्प सिर्फ़ पैसा होता है, इस नाते उदिता का मुझ पर बार-बार दबाव बनाना जायज ही लगता है। मेरी भी सीमा है, स्वभाव का संकोच है। आप जैसे से नहीं कहूँगा तो और किससे?

'पहल' के आसंग में 'पहल सम्मान' का वर्ष, स्थान, पुरस्कृत नाम, मुख्य अतिथि वाला विवरण तो भेज ही दें तथा कहानी संकलनों की समीक्षा की अधूरी कड़ी भी पूरी करा दें। पुस्तिकाओं वाला विवरण भी देख लें। उसे मैं तुरन्त प्रकाशित कर लेना चाहता हूँ।

आशा करता हूँ, भाभी जी स्वस्थ होंगी। सादर।

आदर, अभिवादन सहित।

आपका
कर्मेन्दु शिशिर

*

225. ज्ञानरंजन

101, रामनगर, आधारताल, जबलपुर
30/09/09

प्रिय कर्मेन्दु,

हार्दिक अभिवादन!

जर्मनी प्रवास का एक महत्वपूर्ण अवसर तुम्हें मिला। सारा जीवन तुम जिस दिशा में काम करते रहे, उसका प्रतिफल बहुत सुकून देने वाला है। यह

पत्र तुम्हें बधाई और शुभकामना देने के लिए लिख रहा हूँ। शीला भी बधाई और खुशी की हकदार हैं।

तुम तैयारी में होगे। शिव कुमार जोशी बर्लिन रेडियो में हैं, उनका नम्बर नहीं मिल सका। पर तुम अपने किसी जर्मन मित्र को कहकर प्राप्त कर सकते हो। सस्नेह।

तुम्हारा
ज्ञानरंजन

*

226. ज्ञानरंजन

101, रामनगर, आधारताल, जबलपुर
24/10/2010

प्रिय कर्मेन्दु,

पहल को निकालते हुए हमें, पैंतीस वर्ष पूरे हुए। इसे पाठकों, लेखकों का अप्रतिम सहयोग मिला है। हमने भी भरसक अपना सम्पादकीय दायित्व पूरा किया। हमारी कई कल्पनाएँ और स्वप्न अभी भी अधूरे रह गये हैं। अब अपनी सेहत के कारण मेरा इसको आगे चलाना सुविधाजनक नहीं है। दूसरे मुझे लगता है कि 'पहल' का पटाक्षेप होना भी ज़रूरी है। इसे आजीवन चलाने का कोई लोभ और आवेग मैं उचित नहीं समझता। पूरा समय इसने वर्चस्व और सत्ता के खिलाफ काम किया और पहल ने अपनी आयु भी पूरी की।

आपने समय-समय पर हमें जितना सहयोग दिया है उसके प्रति कृतज्ञता हमेशा बनी रहेगी। पहल 90 अन्तिम अंक होगा, जो प्रकाशनाधीन है। सूचनार्थ निवेदन है कि पहल के आगे के प्रकाशन में हमारे सामने किसी भी प्रकार का रचनात्मक या आर्थिक अवरोध नहीं है।

शुभकामनाओं सहित।

आपका
ज्ञानरंजन

तुमलोगों की बहुत सी शिकायतें थीं। इसके पहले कि मुझे कोई आत्मतृष्टि का नशा हो मैं निवृत हो जाना चाहता हूँ। यूँ तो पहल कोई मुठभेड़ नहीं कर

रही थी। सामूहिकता की हमारे समाज में सम्भावना चूर-चूर हो चुकी है। अगर मुझसे अनजाने में कोई ठेस पहुँची हो तो मैं खेद प्रकट करता हूँ।

*

227. ज्ञानरंजन

101, रामनगर, आधारताल, जबलपुर
07/09

प्रिय कर्मेन्दु,

जैसा कि आपको विदित है कि आगामी 10 दिसम्बर को हमारी बेटी वत्सला श्रीवास्तव (बुलबुल) का विवाह चिरंजीवी रजत सिन्हा से दिल्ली में सम्पन्न होने जा रहा है। आपका सपरिवार इस विवाह में शामिल होना अनिवार्य है। यह हमारे लिए गहरा सम्बल होगा। वत्सला और रजत के लिए आपका आशीर्वाद भी बहुमूल्य है।

कृपया दिल्ली पहुँचने के अपने यात्रा सम्बन्धी कार्यक्रम से अवगत करायें। जाड़ों के दिन रहेंगे, आपको किसी तरह की असुविधा न हो यह चिन्ता है। आपके पास अपने ठहरने की व्यवस्था है या हम बन्दोबस्त करें यह सब अग्रिम जानकारी के लिए अभी से पत्र लिख रहे हैं।

विवाह की तिथि के आसपास किसी प्रकार की सूचना या जानकारी के लिए कृपया नीचे के पतों का ध्यान रखें–

विश्वमोहन बडोला
सुशीला बडोला
212 समाचार अपार्टमेंट
मयूर विहार फेज।
दिल्ली–10091
दूरभाष–2712806

अखिलेश झा
65/60, न्यू रोहतक रोड
नयी दिल्ली
दूरभाष 5758603

आपके
ज्ञानरंजन
सुनयना

*

228. ज्ञानरंजन

763, अग्रवाल कॉलोनी, जबलपुर

प्रिय कर्मेन्दु,

साथ का समाचार पटना के सभी दैनिकों में जो महत्त्वपूर्ण हैं जाना है। इस बारे में तुम्हारे सक्रिय सहयोग की ज़रूरत है। एक-दो प्रति कम पड़े तो तुम फ़ोटोस्टेट कराके अतिरिक्त प्रति निकलवा लेना।

तुम्हारा
ज्ञानरंजन

*

229. ज्ञानरंजन

763, अग्रवाल कॉलोनी, जबलपुर
18/07

प्रिय कर्मेन्दु,

मैंने तुम्हें एक पत्र भेजा है, तब तक तुम्हारा दूसरा मिला।

मेरे पास नामवर अंक नहीं है। मैंने हरि भटनागर को लिख दिया है। वह जल्दी ही तुम्हें रजि. डाक से भेज देगा। शीला जी को हमारा आर्शीवाद कहना। उदिता, उमंग को प्यार।

तुम्हारा
ज्ञानरंजन

*

230. ज्ञानरंजन

763, अग्रवाल कॉलोनी, जबलपुर

प्रिय कर्मेन्दु,

पत्र मिला। जहाँ तक ज्ञात है परसाई जी ने भूमिका सोमदत जी को भेज दी है काफ़ी पहले। फिर भी आजकल में परसाई जी से मुलाकात होगी तो इस बारे में चर्चा करूँगा।....ले आऊँगा।

दूसरे आप पहल, वसुधा के पैसों के बारे में चिन्ता न करे।

मैं इलाहाबाद जा रहा हूँ। फिर...इसलिए जल्दी में यह पत्र।

तुम्हारा
ज्ञानरंजन

*

231. ज्ञानरंजन

01/10/

प्रिय कर्मेन्दु,

तुम पहल से अभिन्न हो। 10 को भोपाल तो रहना ही होगा। तुम रामविलासजी को हमारा प्रणाम देना। इतिहास अंक तो हमने उन्हें ही समर्पित किया है।

*

232. ज्ञानरंजन

7/12

प्रिय कर्मेन्दु,

प्रदीप सक्सेना के बुलेटिन पर अपनी ज़रूरी प्रतिक्रिया भेजो। आधिकाधिक एक महीने में। सारी प्रतिक्रियाएँ सम्पादित होकर दूसरे बुलेटिन में जायेंगी।

तुम्हारा
ज्ञानरंजन

*

233. ज्ञानरंजन

11/11/

प्रियवर,

मैं 2 विस्तृत पत्र आपको भेज चुका हूँ–पूरे उत्तर के साथ। शायद अब तक मिले हों। कुछ समझ नहीं आ रहा है। राजकमल में पहल गयी हैं।

तुम्हारा
ज्ञानरंजन

*

234. ज्ञानरंजन

प्रिय कर्मेन्दु,

तुम जो तैयारी कर रहे हो, वह असाधारण और विश्वसनीय होगी यह मैं जानता हूँ। मेरा मंतव्य केवल इतना है कि सम्मेलन में व्यापक विचार और उत्तेजना के लिए गहरी चिन्ता डेलीगेट्स की बने और फैल जाये चारों ओर इसलिए मसौदा बहुत बड़ा नहीं हो–जितना कसा और आकार में छोटा हो वह बेहतर होगा-ज़रूरी के मूल्य पर छोटा नहीं पर प्रभावी आकार हो। लेखक ही आकार का अनुशासन कर सकता है। मैं या कोई दूसरा नहीं। इर्द-गिर्द तथा पुस्तिकाओं की जानकारी से सन्तोष हुआ और व्याख्यानमाला तो नायाब योजना है। बधाई

यह काम हमारे आन्दोलन को दृढ़ता, विकास और उद्वेलन देगा।

तुम्हारा
ज्ञानरंजन

*

235. ज्ञानरंजन

प्रिय शिशिर,

मुझे गहरा दुख है कि तुम हड़बड़ी में ग़लतफहमी पाल लेते हो।

तुम्हें जो काम दिया गया है वह अलग है। त्रिपाठी जी को एक साहित्यिक गोष्ठी में पढ़े जाने वाले निबन्ध के लिए लिखा गया है। उस पर वे और राजेन्द्र शर्मा लिखेंगे।

आपका काम अलग है–उससे इसका कोई सम्बन्ध नहीं है। आप अपना काम पूरा करें। विस्तृत पत्र मिल गया है।

तुम्हारा
ज्ञानरंजन

*

236. ज्ञानरंजन

प्रिय कर्मेन्दु,

तुम्हारा कार्ड मिला। तुम दुखी मत हो और न क्षुब्ध। मेरा मशवरा है। यह ईर्ष्याओं से मेरा मध्यवर्गीय संसार है–काम यहीं करना है–और काम से ही सबको पराजित करना है। मैं बहुत ख़्वाबों में काम करता हूँ। मेरा दुख देखो। हमारे यहाँ बहुत से लोग। अशोक वाजपेयी, भारत सकारात्मक तरह से ही काम करेंगे और समय की ज़रूरत से–

तुम्हारा
ज्ञानरंजन

*

237. ज्ञानरंजन

11/09

प्रिय कर्मेन्दु,

स्नेह अभिवादन!

तुम अपने को आर्थिक जद्दोजहद से निकाल लो, यही प्रार्थना है।

पहल सम्मान मंजूर एहतेशाम को 25 दिसम्बर को भोपाल में कृष्णा सोबती देंगी। अध्यक्षता हृदयेश जी करेंगे। 26 को सुबह उपन्यास पर संगोष्ठी होगी। इस बार तुम्हें आना है। साथी साथ रहते हैं तो निराशा भी हिम्मत में बदल जाती है। तुम अन्तरंग हो।

15 नवम्बर को त्रिवेणी सभागार में 6 बजे पहल भाऊ समर्थ व्याख्यान माला के अन्तर्गत श्री एजाज अहमद, बीसवीं सदी के अन्त में मार्क्सवाद पर बोलेंगे। इरफान हबीब अध्यक्षता करेंगे। यह पहल का दिल्ली में पहला कार्यक्रम है।

अभी मैं सभी मित्रों को ख़बर कर रहा हूँ। बच्चों को प्यार शीला को स्नेह।

तुम्हारा
ज्ञानरंजन

*

कर्मेन्दु शिशिर

न्यू पुनाईचक, शास्त्री नगर, पटना
20/7/16 (रात)

आदरणीय भैया!

सादर प्रणाम!

आपके पत्रों के प्रूफ देखते हुए, पूरे अतीत से गुज़रने का सुयोग मिला। इन पत्रों में आपकी नाराज़गी, खीझ, उलाहने और सीख के पीछे अनवरत बहते दुर्लभ अपनापे का राग मुझे बार-बार कृतज्ञता से भरता रहा। यह मेरे जीवन का अद्‌भुत संयोग था कि आपका प्यार मिला और आपने मिट्टी से मूरत गढ़ दी। अब जब मैं कुछ प्रसंगों को याद करता हूँ कि किस तरह मैं अपने साथ जुड़े लोगों से अपेक्षा करता था कि वे नैतिक आस्था और सृजनात्मकता विकसित करें। कई के कहने पर उनको आपसे, 'पहल' से जोड़ने के लिए उनके बारे में भावुक होकर लिख देता था और बाद में विचलनों से आहत होकर फिर वास्तविक बातें लिखकर खुद की छवि ख़राब कर लेता था। यह सच है कि अगर आपकी डाँट नहीं मिलती तो अनेक नकारात्मक लोगों से मैं चिपका ही रह जाता। व्यक्तियों की पहचान, रिश्तों की ईमानदारी और नैतिक दृढ़ता के साथ नकार-स्वीकार का विवेक आपके पत्रों से ही विकसित हुआ। इन पत्रों की भूमिका निकाल दी जाये तो मेरा जीवन, मेरा व्यक्तित्व कितना क्षत-विक्षत होकर बना होता, इसकी कल्पना कर ही भयभीत हो जाता हूँ। इसीलिए आपका साथ जीवन का अद्‌भुत संयोग रहा। भाभी को चरण स्पर्श! अभी इतना ही।

आपका
कर्मेन्दु शिशिर

❑❑